Indianer Nordamerikas
Die Sammlungen des
Ethnologischen Museums Berlin

Peter Bolz
Hans-Ulrich Sanner

INDIANER NORDAMERIKAS

Die Sammlungen des Ethnologischen Museums Berlin

G+H Verlag Berlin

Staatliche Museen zu Berlin – Preussischer Kulturbesitz

Dieses Buch erscheint anläßlich der Ausstellung
»Indianer Nordamerikas. Vom Mythos zur Moderne«
im Ethnologischen Museum – Staatliche Museen zu Berlin.
Eröffnung: 25. November 1999.

Abb. auf dem Umschlag:
Adlermaske. Nootka vom Barkley Sound.
Sammlung Adrian Jacobsen 1881.
Inv.-Nr. IV A 1277

Abb. Rückseite:
Federhaube. Hidatsa, um 1830.
Sammlung Herzog Paul von Württemberg.
Inv.-Nr. IV B 298

Frontispiz:
Schamanenmaske in Gestalt eines Seetauchers.
Yup'ik-Eskimo, Alaska.
Sammlung Adrian Jacobsen 1882.
Inv.-Nr. IV A 5190

Objektfotos:
Alle Aufnahmen Dietrich Graf
mit folgenden Ausnahmen:
Martin Franken Abb. 53f., 67f., 89, 136f., 141, 153, 156, 158, 191, 193, 214
Claudia Obrocki Abb. 65, 72, 101, 116, 119, 132, 140, 167

Die Deutsche Bibliothek - CIP-Einheitsaufnahme

Indianer Nordamerikas : die Sammlungen des Ethnologischen Museums Berlin ; [anläßlich der Ausstellung »Indianer Nordamerikas. Vom Mythos zur Moderne« im Ethnologischen Museum - Staatliche Museen zu Berlin, Eröffnung: 25. November 1999] / Peter Bolz ; Hans-Ulrich Sanner. - Berlin : G-und-H-Verl., 1999
ISBN 3-931768-38-4 (Museumsausg.) brosch.
ISBN 3-931768-33-3 (dt. Buchh.-Ausg.) Hc
ISBN 3-931768-34-1 (engl. Buchh.-Ausg.) brosch.

Gesamtherstellung: Reiter-Druck, Berlin
ISBN 3-931768-33-3 Buchhandelsausgabe Hardcover deutsch
ISBN 3-931768-34-1 Buchhandelsausgabe Broschur englisch
ISBN 3-931768-38-4 Museumsausgabe Broschur deutsch

Printed in Germany

Vorwort

Die Nordamerika-Sammlung im Ethnologischen Museum Berlin (bisher Museum für Völkerkunde) gehört zu den bedeutendsten in Europa. Vertreten sind hier die verschiedenen indianischen Kulturen der USA und Kanadas sowie die Völker der Arktis, die wir als »Eskimo« kennen.

Obwohl der größte Teil der im Zweiten Weltkrieg ausgelagerten Nordamerika-Bestände bald nach Berlin zurückkehrte, boten selbst die Neubauten in Berlin-Dahlem nicht genügend Platz für eine Dauerausstellung. Erst nach dem Auszug der abendländischen Skulpturen und Gemälde, die dort nach dem Kriege eine vorübergehende Heimat gefunden hatten, entstanden Räumlichkeiten, in denen nun erstmals seit etwa 60 Jahren die Nordamerika-Sammlung in umfassender Weise präsentiert werden kann. Mit der 1991/92 erfolgten Rückführung von Stücken, die als Kriegsbeute der Sowjetunion nach Leningrad gebracht worden waren, besitzt die Sammlung heute wieder die Qualität, die sie vor dem Kriege hatte.

Umfang und unterschiedliche Gewichtung der einzelnen Teilsammlungen machten es notwendig, in der Ausstellung thematische Schwerpunkte zu setzen, so daß nicht alle Regionalkulturen gezeigt werden können. Zum Ausgleich liefert der Katalog einen Überblick des *gesamten* Bestandes, gegliedert nach dem ethnologischen Prinzip der Kulturareale. Ein wichtiges Anliegen war es den Autoren, Antworten auf die immer häufiger gestellte Frage zu liefern: »Wie sind all die indianischen Dinge ins Museum gekommen?« Deshalb werfen wir einen Blick auf die Geschichte der Nordamerika-Sammlung, von ihren Anfängen in der Königlich Preußischen Kunstkammer bis zur heutigen Stiftung Preußischer Kulturbesitz, die zugleich ein Teil der Geschichte Preußens, Berlins und der Nachkriegszeit ist. Auf diese Weise erfahren viele Stücke der Berliner Sammlung einen Bedeutungswandel: Sie sind nicht mehr allein Repräsentationen des Exotischen, sondern enthüllen Verbindungslinien, Kontraste oder auch Mißverständnisse zwischen der fremden und der eigenen Kultur.

Der Hauptteil des Katalogs soll Sammlungsgeschichte transparent machen. Die chronologische Darstellung des Erwerbs einzelner Sammlungen und ihrer manchmal faszinierenden Hintergründe richtet sich an alle, die einen Blick hinter die Kulissen des Museums werfen wollen. Natürlich konnte in diesem Rahmen nur ein Bruchteil der Materialfülle ausgewertet werden, die sich zwischen den unscheinbaren Deckeln der alten Erwerbungsakten verbirgt. Den Fachkollegen im In- und Ausland möge der Überblick Hinweise und Anregungen für Detailstudien geben. Nicht zuletzt aber wendet sich der Katalog an alle *Native Americans*, deren Vorfahren die Dinge, die sich heute im Berliner Museum befinden, mit Können und Sinn für Ästhetik geschaffen haben. In zunehmendem Maße nutzen sie die Institution Museum, um historische Objekte zu studieren und dabei ihren kulturellen Wurzeln zu begegnen.

Dem Katalog ist, ebenso wie der Ausstellung, ein Prolog vorangestellt, der einen kritischen Blick auf Klischeevorstellungen wirft, die das Bild der Indianer Nordamerikas in der Öffentlichkeit noch immer prägen. Der deutsche Anteil daran, von Karl Mays Winnetou bis zum Indianer-Hobbyismus, steht dabei im Vordergrund. Der beste Weg, der Einfalt des Klischees zu begegnen, ist das Aufzeigen der Vielfalt indianischer Lebensformen und ihrer materiellen Erzeugnisse.

Die Berliner Nordamerika-Sammlung umfaßt nahezu 30 000 Objekte und besteht aus etwa 220 großen und kleinen Einzelsammlungen. Die Auswahl der abgebildeten Objekte kann nur einen kleinen Einblick in die reichen Schätze dieses Bestandes vermitteln. Es lag auf der Hand, ästhetisch besonders ansprechenden Stücken den Vorzug zu geben. Viele von ihnen besitzen den Rang von Kunstwerken, auch wenn ästhetische Kategorien und Konzepte indianischer Kulturen mit unserem abendländischen Kunstbegriff mitunter nur ungenügend erfaßt werden können.

Ausstellung und Katalog klingen mit einem Blick in die Gegenwart aus: Die moderne indianische Kunst demonstriert, daß Indianer keine Wesen der Vergangenheit sind. Es sind Angehörige von Völkern, die trotz einer 500-jährigen leidvollen Geschichte der Verfolgung und Vertreibung überlebt haben und ihr reiches kulturelles Erbe heute stolz präsentieren. In ihrer modernen Malerei reflektieren sie diese Erfahrungen, beleben traditionelle Formen mit neuen Inhalten und schlagen damit eine Brücke zur indianischen Gegenwart, dem Leben auf den Reservationen und in den Großstädten.

Wir danken allen, die uns bei der Arbeit an der Ausstellung und diesem Buch unterstützt haben. Dazu gehört das Ausstellungsteam des Ethnologischen Museums unter der Leitung von Klaus Scharn und der Mitarbeit von Helene Tello. Die Gestaltung der Ausstellung übernahmen Ulrich Gebauer und Renate Sander. Den Herren Ulf Bankmann und Kilian Klann danken wir für die Überlassung von Manuskripten und Bildvorlagen. Ein herzlicher Dank an Dieter Eisleb, den früheren Leiter der Abteilung Amerikanische Archäologie, für die Hilfe bei der Transkription von Erwerbungsakten. Schließlich danken wir Frau Ann Davis für ihre unermüdlichen kritischen Kommentare.

Peter Bolz
Hans-Ulrich Sanner

Für Horst Hartmann,
von 1956 bis 1985
Leiter der Abteilung
»Amerikanische Naturvölker«
des Museums für Völkerkunde
Berlin

Inhalt

Vorwort 5

Indianer und Deutsche: eine klischeebeladene Beziehung 9
Peter Bolz

Entstehung und Geschichte der Berliner Nordamerika-Sammlung 23
Peter Bolz

Die Regionen Nordamerikas

Das östliche Waldland 51
Peter Bolz

Prärien und Plains 71
Peter Bolz

Südwesten 103
Hans-Ulrich Sanner

Kalifornien 131
Hans-Ulrich Sanner

Plateau und Großes Becken 147
Hans-Ulrich Sanner

Nordwestküste 161
Peter Bolz

Subarktis 191
Peter Bolz

Arktis 203
Hans-Ulrich Sanner

Moderne indianische Malerei 223
Peter Bolz und Hans-Ulrich Sanner

Bibliographie 235

Index 239

Indianer und Deutsche: Eine klischeebeladene Beziehung

Stereotype Bilder von Indianern

»Indianer« – das klingt nach Freiheit und Abenteuer, nach Romantik und unerfüllten Jugendträumen. Warum nur? Wie konnte eine ethnische Minderheit, die auf leidvolle 500 Jahre Tod, Vertreibung, Ausbeutung, Unterdrückung und Diskriminierung zurückblicken muß, zum Synonym für die unerfüllten Sehnsüchte und Wunschvorstellungen von Millionen Mitteleuropäern werden?

Stereotype Bilder von Indianern sind so alt wie die Entdeckung Amerikas durch Kolumbus. Die ersten Europäer sahen sich in der für sie »Neuen Welt« mit einer Vielzahl von ihnen unbekannten Kulturen konfrontiert, deren Lebens- und Denkweise ihnen völlig fremd war. Der von Kolumbus geprägte Begriff *Los Indios* ging als *Indian*, *Indien* oder *Indianer* in andere europäische Sprachen über, ohne daß dabei eine genauere Differenzierung vorgenommen wurde. »Indianer« war daher lediglich eine Bezeichnung, die das kollektive »Anderssein« gegenüber den europäischen Entdeckern zum Ausdruck brachte. Der »Indianer« war der Fremde, dessen Werte- und Normensystem man nicht verstand, der als »Heide« keinen christlichen Gott kannte und dessen »Wildheit« im Gegensatz zur »Zivilisation« der Europäer stand. Aus diesen Gründen fühlten sich die Europäer nicht nur waffentechnisch, sondern auch moralisch als die überlegene Rasse. Bei der Beschreibung »indianischer« Eigenschaften und Tugenden benutzten sie »Anti-images« von sich selbst und schufen somit eine negativ definierte Bezugsgruppe, mit deren Hilfe sie ihre eigene Identität bestimmen konnten (Berkhofer 1988: 527).

Je nach dem Bild, das Weiße sich von ihrer eigenen Gesellschaft machten, konnte sich das Bild vom Indianer verändern. Dabei ergaben sich merkwürdigerweise zwei fundamental entgegengesetzte Klischeebilder, in denen sich zwei unterschiedliche Einstellungen der Weißen ihrer eigenen Kultur gegenüber zeigen. Es handelt sich dabei, vereinfacht ausgedrückt, um den »guten« und den »bösen« Indianer. Der »gute« Indianer wurde als entgegenkommend, höflich und gastfreundlich beschrieben, verbunden mit gutem Aussehen, großer Ausdauer und Standhaftigkeit. Er zeigte stets Ruhe und Würde, Tapferkeit im Kampf, Stolz und Unabhängigkeit, führte ein einfaches Leben und freute sich stets an den Gaben der Natur. Kurz gesagt: er lebte in Freiheit, Genügsamkeit und Unschuld (Berkhofer 1988: 528).

Die »bösen« Indianer hingegen besaßen in den Augen der Weißen genau entgegengesetzte Eigenschaften: Nacktheit und Lüsternheit, Leidenschaft und Eitelkeit führten zu einem Leben in Polygamie und sexueller Promiskuität und zu ständigen Kriegszügen und Racheakten gegenüber ihren Feinden. Kannibalismus und Menschenopfer wurden als die schwersten ihrer Sünden angesehen, gefolgt von Grausamkeit gegenüber Gefangenen und unaufhörlicher Kriegführung. Hinzu kamen der Aberglaube, der sich in den unverständlichen Handlungen der »Medizinmänner« manifestierte, die harte Sklavenarbeit der Frauen (abfällig als »Squaws« bezeichnet) und die Faulheit der Männer (stets »Krieger« oder »Häuptlinge« genannt). In den Augen der Weißen bewegten sich Indianer in einer zeit- und geschichtslosen Welt, in der »Indianertum« und »Zivilisation« zwei unvereinbare Gegensätze bildeten. Ein Indianer, der sich der Welt der Weißen anpaßte und sich »zivilisieren« ließ, war nach diesem Konzept kein »echter« Indianer mehr.

Die Dezimierung der Ureinwohner Nordamerikas durch Krankheiten und Kriege führte bereits Ende des 18. Jahrhunderts zum Bild von der »sterbenden Rasse«,

Abb. 1
Zigarrenladen-Indianer als Symbol des unvergänglichen Indianerklischees. Moderne Kunststoff-Nachbildung einer Figur aus dem 19. Jahrhundert, erworben 1998 in Berlin.

deren unaufhaltsames Verschwinden, entweder durch Tod oder Assimilation, mit einem gewissen nostalgischen Bedauern vorausgesehen wurde. Im evolutionistischen Denken des 19. Jahrhunderts stand es außer Frage, daß die »Zivilisation« früher oder später über die »Wildheit« siegen würde (Berkhofer 1988: 529).

Das im 18. Jahrhundert entstandene Bild des »edlen Wilden« verwandelte sich im frühen 19. Jahrhundert in das des »letzten Mohikaners«, dem letzten seiner Rasse, dessen Verschwinden man zwar bedauerte, aber letztlich als unausweichlich ansah, da der technische Fortschritt in Form der amerikanischen Ideologie der »Manifest Destiny« unbedingten Vorrang hatte vor jeglicher Rücksichtnahme auf ethnische Minoritäten.

Stereotype Vorstellungen erhalten dann einen besonderen Stellenwert, wenn sie als Rechtfertigung für politische Entscheidungen dienen. Wenn ein begehrenswertes Stück Land »nur« von heidnischen Wilden besiedelt war, die keinerlei Besitzurkunde vorweisen konnten, dann fiel es um so leichter, diese zu enteignen, zu vertreiben oder zu ermorden. So lange ein Indianer nicht christianisiert oder zivilisiert war, brauchte man ihn nicht als gleichberechtigten Partner zu behandeln, sobald er jedoch missioniert und mit der Kultur der Weißen vertraut war, betrachtete man ihn nicht mehr als »echten« Indianer, sondern als verachtenswertes »Halbblut«, dem man seinen Platz am äußersten Rand der weißen Gesellschaft zuwies. Dieses Dilemma der klischeebehafteten Kategorisierung von Indianern ist trotz aller Indianergesetze und fortschreitender »Political Correctness« in den USA und Kanada bis heute nicht gelöst.

Das »Bild des Indianers« in der amerikanischen und europäischen Kultur wurde in den letzten Jahrzehnten zunehmend zum Forschungsgegenstand von Historikern, Kunstwissenschaftlern, Ethnologen und Soziologen und fand selbst in dem von der Smithsonian Institution herausgegebenen »Handbook of North American Indians« unter der Überschrift »Conceptual Relations« einen würdigen Platz (siehe Washburn 1988: 522–616). Als besonderer deutscher Beitrag wird dabei unter anderem auf den Schriftsteller Karl May (1842–1912) hingewiesen (Feest 1988: 584, 665), dessen Romanfigur »Winnetou« zum populärsten Indianer Mitteleuropas geworden ist. Winnetou hat dabei schon längst die literarische Ebene verlassen und besitzt in Film, Fernsehen oder Freilichtaufführungen eine Präsenz, die sich sein Schöpfer Karl May in seinen kühnsten Phantasien nicht vorstellen konnte. »Winnetou« ist im deutschen Sprachraum zum Synonym für »Indianer« geworden, und wenn in der Presse von »Winnetous Brüdern und Schwestern« die Rede ist, dann weiß jeder Leser, daß damit die Indianer Nordamerikas gemeint sind.

Wie keinem anderen deutschen Schriftsteller ist es Karl May gelungen, »die Indianer« in Deutschland populär zu machen und dabei ein Indianerbild zu schaffen, das für eine nach Millionen zählende Leserschaft nahezu ein Jahrhundert lang prägend war. Viele andere Autoren, wie z.B. Balduin Möllhausen (1825–1905), die in der zweiten Hälfte des 19. Jahrhunderts ebenfalls Indianer in den Mittelpunkt ihrer Romane stellten und damit Karl May Vorlagen für seine schriftstellerische Massenproduktion lieferten, sind heute weitgehend vergessen. Der Name Karl Mays hingegen lebt nicht nur in seinen Büchern und Romanfiguren fort, sondern auch in dem nach seinem Tode gegründeten Karl-May-Verlag und dem von seiner Witwe eingerichteten Karl-May-Museum.

Karl Mays Winnetou – ein deutscher Indianer

Von den inzwischen auf 80 Bände angewachsenen Gesammelten Werken Karl Mays spielt etwa ein Drittel im »Wilden Westen« Nordamerikas. Von diesen gehören die drei 1893 erschienenen »Winnetou«-Bände zu den beliebtesten. Darin schließt der junge »Häuptling der Apatschen« mit dem deutschen »Westmann« Old Shatterhand feierlich Blutsbrüderschaft und bekennt am Ende seines Lebens, nachdem ihn die tödliche Kugel des Feindes getroffen hat: »... ich glaube an den Heiland. Winnetou ist ein Christ. Leb wohl!« (May 1983: 401).

Die Figur des Winnetou geht auf eine Erzählung Karl Mays zurück, die 1875 erstmals im »Deutschen Familienblatt« erschien. Damals hieß Winnetou allerdings noch »Inn-nu-woh« und war kein Apache, sondern ein Sioux-Häuptling, der als bester Schwimmer der Vereinigten Staaten bekannt war. In seinem ersten Abenteuer rettet er auf einem Mississippi-Dampfer ein kleines Mädchen, dessen Vater ihn zuvor beleidigt und tätlich angegriffen hatte, vor einem aus dem Käfig entflohenen Tiger, wobei er schwimmend und tauchend sein eigenes Leben riskiert (May 1967: 7–20). Erst in der 1878 erschienenen zweiten Version dieser Geschichte nennt May seinen Helden Winnetou und macht ihn zum Apachen (May 1998: 357–375). Mit diesem ersten »Winnetou«-Abenteuer hat Karl May bereits das Grundmuster für seine bekannteste Heldenfigur gelegt: Winnetou rettet ohne Ansehen der Person oder der Hautfarbe alle, die sich in Not befinden.

In der Erzählung »Auf der See gefangen« von 1878 erklärt Karl May, wie aus den »bösen« Apachen, »deren bekannte Feigheit und Hinterlist ihnen früher unter ihren Feinden den Schimpfnamen ›Pimo‹ zugezogen hatte«, »gute« Indianer wurden, denn seit Winnetou ihr Anführer war, »hatten sich die Feiglinge nach und nach in geschickte Jäger und verwegene Krieger verwandelt« (May 1998: 94). Damit verlieh May den Apachen ganz bewußt ein positives Image, das im Gegensatz zu dem stand, das in zeitgenössischen Berichten über sie verbreitet wurde.

Außer von den »guten« Apachen sind Mays Romane jedoch von einer ganzen Reihe dunkler, hinterlistiger und bösartiger Indianerfiguren bevölkert. Besonders die Sioux (allen voran die Oglala), die Ute (»Utahs«), die Kiowa und die Comanche (»Komantschen«) treten abwechselnd als Feinde Winnetous und Old Shatterhands auf, die ihnen aber regelmäßig eine blutige Abfuhr erteilen. Das Bild, das vor allem die Plains-Stämme dabei abgeben, ist nicht dazu angetan, sie besonders sympathisch zu finden, und einmal läßt Karl May nach einem Zugüberfall den Lokomotivführer sagen: »Das ist in kurzer Zeit das dritte Mal, daß sie es wagen, Züge zu überfallen und auszurauben, und allemal sind es die verdammten Ogellallah gewesen, dieser verteufelste Stamm der Sioux, denen die Wildheit und Feindseligkeit nur durch eine gute Kugel ausgetrieben werden kann« (May 1998: 110).

Ganz im Gegensatz zu diesem stereotypen Negativbild, das May von den Sioux und anderen Plains-Indianern geschaffen hat, stehen seine leidenschaftlichen Anklagen der Vernichtungspolitik der weißen Amerikaner gegenüber der »roten Rasse«, die er bereits in seine frühen Arbeiten einfließen läßt. Er äußert sich dabei in reflektierenden Passagen, die von der Handlung losgelöst sind und wie Kommentare zu Ereignissen der Indianerkriege klingen, über die May wahrscheinlich aus der Zeitung erfahren hat (siehe z.B. May 1998: 79).

Eine der persönlichsten Stellungnahmen dieser Art formulierte er in der Erzählung »Ein Ölbrand« von 1883: »Ich gestehe nämlich freimütig, selbst auf die

Gefahr hin, vielerorts anzustoßen, daß ich das bisherige Verhalten der Weißen gegenüber den Roten nicht billige. Auch der Indianer ist Mensch und steht im Besitz seiner Menschenrechte; es ist eine schwere Sünde, ihm das Recht zu existieren, abzusprechen und ihm die Mittel der Existenz nach und nach zu entziehen. Man halte im Vereinigte-Staaten-Kongreß noch so schöne Reden, man sende dem sogenannten ›Wilden‹ Missionare, Agenten und alle möglichen Sorten von ›Zivilisatoren‹, der Unparteiische aber wird die Rede von der Tat zu unterscheiden wissen« (May 1998: 381–382). Nach dieser Einleitung folgt auf zwei weiteren Seiten Anklage nach Anklage, z.B. gegen »das Feuerwasser, die Pocken und andere ähnliche Geschenke der Weißen«, die Karl May mit den Worten beschließt: »Das ist meine Ansicht als Mensch und als – Deutscher« (May 1998: 383). Als Deutscher protestiert er mit den Mitteln des Schriftstellers gegen Rassismus und Unterdrückung der Indianer und fordert für diese die Anerkennung der Menschenrechte durch die Regierung der Vereinigten Staaten. Dies ist zweifellos ein bemerkenswerter Schritt eines Schriftstellers in einer Zeit, als Deutschland selbst bestrebt war, zur Kolonialmacht aufzusteigen.

Abb. 2
Winnetou mit »Silberbüchse« in der von Karl May beschriebenen Tracht eines Plainsindianers. Titelbild einer Gesamtausgabe von Karl Mays Winnetou-Erzählungen. Karl-May-Verlag, Bamberg, ca. 1975.

Diese humanitären, für die Indianer Nordamerikas eindeutig Partei ergreifenden Aussagen Karl Mays stehen in einem seltsamen Gegensatz zu den von ihm erdachten Handlungen, in denen er Indianer immer wieder als bösartige Schurken darstellt, die die zivilisatorischen Einrichtungen der Weißen überfallen und als gerechte Strafe dafür von den weißen Helden (mit Unterstützung Winnetous!) reihenweise niedergemetzelt werden. Diesen Widerspruch von gleichzeitiger Verteufelung und Glorifizierung der Indianer, der seinem im »Wilden Westen« spielenden Werk innewohnt, hat May versucht zu entkräften, indem er den »bösen« Indianern noch schlimmere weiße Schurken zur Seite stellte, die sie zu ihren Missetaten anstifteten. Das heißt, die ursprünglich »guten«, aber äußerst naiven Indianer werden durch den Kontakt mit der Zivilisation verdorben und müssen »böse« werden, damit Karl May daraus spannende erzählerische Elemente gewinnen kann, die er wie am Fließband produziert.

Als eine Art von Wiedergutmachung für die vielen bösen oder toten Indianer, die May auf seinen literarischen Schlachtfeldern hinterlassen hat, gestaltete er die Figur des Winnetou immer mehr zu einem überdimensional »guten« und heldenhaften Wesen, das nur noch durch seine Kleidung (die der eines Plains-Indianers entsprach und nicht der eines Apachen) an einen Indianer erinnerte. Im Jahre 1893 hatte May die Idealgestalt des »Apatschenhäuptlings« bereits so weit entwickelt, daß er ihr mit der »Winnetou«-Trilogie ein bleibendes Denkmal zu setzen gedachte. Seine vier Seiten umfassende Einleitung dazu beginnt mit den Worten: »Der rote Mann liegt im Sterben!« (May 1982: 5). Wie schon zuvor, prangert May den unaufhaltsamen Untergang der Indianer an. Er sieht sich bereits am Sterbebett des roten Mannes stehen und beweint seinen Tod, den er nicht abwenden kann. Als Schriftsteller fühlt er sich jedoch dazu berufen, der Nachwelt wenigstens ein literarisches Denkmal des roten Mannes zu hinterlassen, indem er die Figur des Winnetou zum Symbol für das Leben und Sterben aller Indianer erhebt: »Er, der beste, treueste und opferwilligste aller meiner Freunde, war ein echter Typus der Rasse, der er enstammte, und ganz so, wie sie untergeht, ist auch er untergegangen, ausgelöscht aus dem Leben durch die mörderische Kugel des Feindes... Ihm will ich hier das wohlverdiente Denkmal setzen, und wenn der Leser dann ein gerechtes Urteil fällt über das Volk, dessen treues Einzelbild der Häuptling war, bin ich reich belohnt« (May 1982: 8).

In einer neueren Studie ist Ekkehard Bartsch (1998) der Entwicklung Winnetous als literarische Gestalt nachgegangen, vor allem unter dem Aspekt des Abbildes

Abb. 3
Karl May als Old Shatterhand, in der Hand Winnetous »Silberbüchse«. Solche Fotos verschickte Karl May an seine wachsende Fangemeinde, um ihr die Glaubwürdigkeit seiner Abenteuer zu beweisen. Aufnahme von Alois Schießer, 1896.

von Karl Mays Schaffen, und geht dabei auch auf den 1910 erschienenen vierten »Winnetou«-Band (heute: »Winnetous Erben«) ein, der für ihn eine Abkehr Karl Mays von der heroischen Western- und Abenteuerromantik darstellt: »Der Roman revidiert das Winnetou-Bild entscheidend und korrigiert auch die jahrzehntelang vertretene These vom Sterben der Indianer, indem das erwachende Selbstbewußtsein der indianischen Völker und ihre Rückbesinnung auf alte Traditionen betont wird« (Bartsch 1998: 485).

Winnetou ist im Spätwerk Karl Mays zum »Edelmenschen« geworden, der keinerlei Bezug mehr zur realen indianischen Welt besitzt. Er denkt und handelt wie ein Weißer und hat sogar, wie sich in »Winnetous Erben« herausstellt, ein schriftliches Testament verfaßt, um der Nachwelt eine Botschaft zu hinterlassen. Winnetous besondere Beziehung zur Welt der Weißen, zum Christentum und zu Deutschland erklärt sich aus seinem deutschen Lehrmeister Klekih-petra, der zu Beginn des ersten »Winnetou«-Bandes auftritt. Dieser hatte aus Deutschland fliehen müssen und verbrachte nun seinen Lebensabend bei den Apachen, wobei er auf die Erziehung Winnetous größten Einfluß hatte. Mit diesem literarischen Kunstgriff konnte sich Karl May der Mühe entziehen, sich mit Hilfe der damals vorhandenen Quellen in die Kultur und Geisteswelt der Apache zu versetzen. Statt dessen ließ er Winnetou als »gebildeten« Indianer auftreten, der sich, völlig losgelöst von allen tribalen Wurzeln, mit Hilfe seines deutschen »Blutsbruders« auf den rechten Weg des Christentums begibt.

Was erfährt der interessierte Leser also aus Karl Mays »Reiseerzählungen« über Indianer? Einmal, daß die Apachen, dem Klischee des »edlen Wilden« entsprechend, die »Guten« sind, während die Sioux und andere Plains-Indianer, die sich gegen die Einflüsse der Zivilisation wehren, als die »Bösen« dargestellt werden, die stets gegen die weißen Heroen verlieren. Die besondere Attraktivität der Winnetou-Geschichten liegt darin, daß May es verstand, seine deutschen Leser in eine fremde Welt zu entführen, die mit unglaublich romantisierten Figuren angefüllt ist, ihnen aber gleichzeitig die Möglichkeit gab, darin die Werte ihrer eigenen Gesellschaft bestätigt zu finden. Daher muß Winnetou den Weg des weißen Mannes beschreiten und Christ werden, was er jedoch nur mit Hilfe eines deutschen Lehrmeisters und eines deutschen Blutsbruders vermag. Dieser Kunstgriff erlaubt es Mays deutschen Lesern, sich mit den edlen Indianern zu identifizieren, die so einfache Tugenden wie Loyalität, Standhaftigkeit oder Nächstenliebe besitzen, die in der eigenen Gesellschaft nicht immer selbstverständlich sind. Hartmut Lutz (1985: 355) sieht Winnetou als einen Spiegel, in dem deutsche Bürger ihre Wünsche und Sehnsüchte wiedererkennen, die sie eskapistisch in ferne Räume und Zeiten verlegen. Karl Mays Mischung aus Fluchtphantasien und bürgerlichen Wertvorstellungen ist für ihn der eigentliche Schlüssel zu seiner Massenwirksamkeit.

Der dramatische Höhepunkt dieser Geschichten ist die Szene von Winnetous Tod, in der sich die ganze Tragik der Winnetou-Figur offenbart: Im Konflikt zwischen Indianern und Weißen kann er sich nicht eindeutig entscheiden und er stirbt als Gefangener zweier gegensätzlicher Welten. Dieser Tod wiederum symbolisiert das von Karl May in echter Sympathie wiederholt beklagte Ende des »roten Mannes«, das aus heutiger Sicht als Ende des »freien« Indianerlebens und Beginn der Reservationszeit interpretiert werden sollte.

Als Winnetou 1962 in Gestalt des Franzosen Pierre Brice seine Karriere als Filmstar begann, gesellten sich zu den literarischen Klischees Karl Mays die noch einprägsameren visuellen Klischees der Filmemacher, die sie zum Teil aus Hollywood übernommen hatten. Die Leinwandabenteuer Winnetous und Old Shatterhands machten Kasse, trugen jedoch noch weniger als Karl Mays Romane zum Verständnis der realen Situation der Indianer Nordamerikas bei.

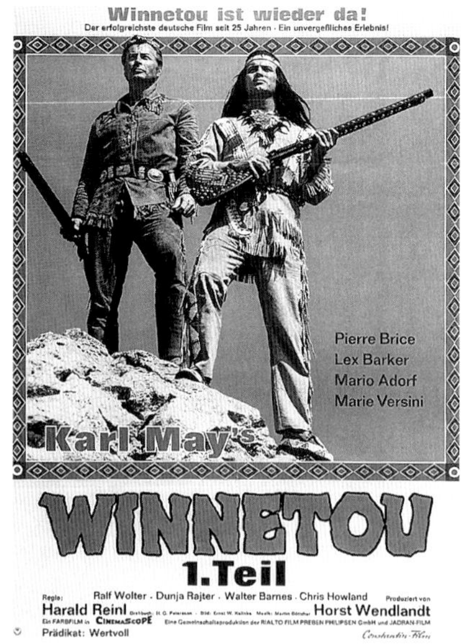

Abb. 4
Pierre Brice als Winnetou und Lex Barker als Old Shatterhand in der Verfilmung von Karl Mays Winnetou-Erzählung, 1963. Plakat der Wiederaufführung von 1988.

Indianer-Hobbyismus in Deutschland

Romantische Vorstellungen vom Leben der Indianer Nordamerikas in freier Natur, ohne die Bürden der Zivilisation, in malerischer Lederkleidung und im Tipi als der »typischen« Behausung, wecken bei weißen Amerikanern ebenso wie bei Europäern immer wieder den Wunsch, zumindest temporär ein Indianer zu sein. Viele erfüllen sich diesen Wunsch, indem sie ihren »indianischen Traum« zum Hobby machen, sie werden Indianer-Hobbyisten.

Im Gegensatz zu den USA, wo die Indianerhobby-Bewegung sich um 1900 aus der Boy Scouts-Bewegung entwickelte (Powers 1988: 557), hat die Hobby-Szene in Deutschland andere und vielfältigere Wurzeln. Vor allem lassen sich Indianer-Hobby und Western-Hobby nicht klar voneinander trennen, so daß es kaum möglich ist, die Zahl der »Indianisten« auch nur annähernd zu schätzen. Boger (1990: 15) spricht von etwa 50 000 Personen, die in der alten Bundesrepublik in Vereinen aktiv waren. Durch das Aufblühen des Western-Hobbys nach der Wende in den Neuen Bundesländern läßt sich diese Zahl heute sicherlich verdoppeln.

Die Ursachen für das Entstehen des Indianer-Hobbyismus in Deutschland liegen in tief verwurzelten Sehnsüchten nach politischer Freiheit und räumlicher Weite, die bereits ab dem 17. Jahrhundert die Deutschen in großen Auswanderungswellen ins »gelobte Land« Amerika trieben. Diese Sehnsüchte wurden von denen weiter geschürt, die es über den »großen Teich« geschafft hatten und entweder in Reiseberichten oder Abenteuerromanen ein Bild des amerikanischen Westens schufen, in dem grenzenlose Freiheit, Chancengleichheit und die Möglichkeit zur Selbstverwirklichung herrschten. Balduin Möllhausen beispielsweise, der 1849 Deutschland verließ, wollte in Nordamerika ein freies Leben als Jäger führen. Seine Erlebnisse waren so abenteuerlich, daß sie ihn nach seiner Rückkehr zu fast 40 Romanen inspierierten, in denen er den Westen Amerikas lebendig werden ließ (siehe Graf 1991).

Für diejenigen, die nicht nach Amerika auswandern konnten oder wollten, gab es vor allem im 19. Jahrhundert Ersatz durch Schausteller, die wenigstens einen Hauch von Exotik nach Europa brachten, indem sie Menschen aus fernen Ländern präsentierten. Gruppen von Indianern aus Nordamerika waren immer wieder in den großen Städten zu Gast, doch keiner verstand es so wie der Amerikaner George Catlin (1796–1872), Indianer in Europa populär zu machen. Er reiste zwischen 1830 und 1836 durch den Westen Amerikas und malte dabei etwa 600 Bilder, die er ab 1839 zusammen mit einer Sammlung indianischer Gegenstände in London und später in anderen europäischen Städten zeigte. Catlin verbrachte 32 Jahre in Europa, in denen er versuchte, von der Vermarktung seiner Indianersammlung zu leben. Er benutzte dazu das Image des »edlen Wilden«, der dem Untergang geweiht war, und trat als derjenige auf, der die letzten authentischen Zeugnisse dieser sterbenden Kultur vermitteln konnte. Noch einflußreicher als seine »Indian Gallery« waren seine Bücher, vor allem sein Hauptwerk »Letters and Notes on the Manners, Customs, and Condition of the North American Indians«, das 1841 erstmals in London erschien und in zahlreichen Versionen immer wieder nachgedruckt wurde. Die darin enthaltenen etwa

Abb. 5
Ein Phantasie-Indianerdorf, das sich aus vier Einzelbildern der Maler Karl Bodmer und George Catlin zusammensetzt. Der Titel »Ein Indianerdorf« suggeriert, daß in indianischen Dörfern ausschließlich Tipis stehen und alle Indianer Plainsindianer sind. Farblithographie aus dem Lehrbuch »Bilder zum Anschauungsunterricht für die Jugend«, Eßlingen 1891.

400 Abbildungen zeigen überwiegend Portraits von Indianern aus dem Gebiet der Prärien und Plains, von denen die interessantesten sehr rasch in die Werke anderer Autoren übergingen und dort stellvertretend für »die Indianer« standen. Ähnlich erging es den Illustrationen aus dem Reisewerk des Prinzen Maximilian zu Wied, der 1832–34 den Westen Amerikas bereiste. Sie wurden permanent »abgekupfert« und zu neuen Szenen verarbeitet, wodurch sich das Bild vom »Prärieindianer« als dem Indianer schlechthin sowohl in Amerika als auch in Europa immer mehr verfestigte.

Der berühmteste Nachfolger Catlins als Schausteller war Buffalo Bill, der mit seiner Wild West Show die Dynamik des Westens im Osten der USA und danach in Europa vermitteln wollte. Dazu brauchte er berittene Cowboys und Indianer, die den Zuschauern dramatische Szenen aus der Geschichte des Wilden Westens zeigen konnten. Wieder waren es die »Prärieindianer«, die dafür in idealer Weise geeignet waren, und damit verewigte Buffalo Bill das Klischeebild vom federgeschmückten Reiterkrieger als dem »typischen« Indianer in den Köpfen seiner Zuschauer.

Als Buffalo Bill mit seinen indianischen Kriegern nach Deutschland kam, feierte er Triumpfe. Die Indianerromane Karl Mays und anderer Autoren hatten den Nährboden gelegt für die ausbrechende Indianerbegeisterung, aber »echte« Indianer in ihrer »traditionellen« Tracht lebendig vor Augen zu sehen, das konnte kein Roman ersetzen. Viele Zirkusunternehmen Europas heuerten daher Indianergruppen aus den Plains-Reservationen an, so daß Wild-West-Vorführungen bald zum Standardprogramm ihrer Schau gehörten. Der in Dresden stationierte Zirkus Sarrasani hatte zwischen 1912 und dem Ausbruch des Zweiten Weltkrieges immer wieder Indianergruppen in seinem Programm. Der bekann-

Abb. 6
Oglala-Sioux von der Pine Ridge-Reservation beim »Kampf ums Blockhaus« während einer Völkerschau in Hagenbecks Tierpark in Hamburg, organisiert von Johan Adrian Jacobsen. Links Spotted Weasel, der Führer der Gruppe. Foto: Theodor Reimers, 1910.

teste »Sarrasani-Indianer« war Edward Two-Two, ein Oglala von der Pine Ridge Reservation, der bei einer Tournee 1914 starb und auf eigenen Wunsch in Dresden begraben wurde. Sein Grab wird noch heute von Indianerfreunden gepflegt.

Patty Frank, mit dessen Unterstützung Klara May, die Witwe Karl Mays, 1928 das Karl-May-Museum in Radebeul gründete, kam ebenfalls aus dem Schaustellergewerbe (siehe Seifert 1998). Der 1876 als Ernst Tobis in Wien geborene Junge schloß sich im Alter von 14 Jahren der Truppe von Buffalo Bill als Stallbursche an, als diese im Oktober 1890 in Frankfurt am Main gastierte. Dieses Erlebnis prägte ihn so sehr, daß er lieber Artist statt Gärtner werden wollte. Im Alter von 20 Jahren gründete er seine eigene Artistentruppe und trat unter dem Künstlernamen Patty Frank auf. Gastspiel-Reisen führten ihn durch die USA, wo er damit begann, indianische Objekte zu sammeln. Später tauschte er Objekte mit Privatsammlern und Museen (darunter auch das Berliner Museum für Völkerkunde), so daß seine Sammlung schließlich auf etwa 540 Stücke anwuchs, die überwiegend aus dem Gebiet des östlichen Waldlandes und der Prärien und Plains stammen. Besonders stolz war er auf seine Sammlung von 14 Skalpen (siehe Hoffmann 1992).

Im Alter von 50 Jahren beendete Patty Frank seine Artistenlaufbahn, verkaufte seine Sammlung an Klara May und ließ sich in der »Villa Bärenfett« nieder. Dieses Blockhaus war 1926 speziell zur Beherbergung der von Karl und Klara May zusammengetragenen Indianersammlung, die nun mit der von Patty Frank ergänzt wurde und dadurch auf etwa 1900 Stücke anwuchs, im Garten hinter dem Wohnhaus der Familie May errichtet worden. Das mit sehr viel Wildwestromantik ausgestattete Blockhaus entwickelte sich bald zur Wallfahrtsstätte all derer, die sich für Karl May und Indianer begeisterten. Das Zusammenspiel zwischen Patty Frank, dem Zirkusdirektor Hans Stoch-Sarrasani und dem Namen

Abb. 7
Gruppe von Sioux mit ihrem Häuptling Big Snake (2. v. l.), die im Dresdener Zirkus Sarrasani auftraten, zusammen mit Patty Frank (vorne rechts), Zirkusdirektor Stoch-Sarrasani (dahinter) und Frau Klara May (hinten Mitte). Aufgenommen vor dem Blockhaus »Villa Bärenfett« des Karl-May-Museums in Radebeul, Januar 1928.

Karl May funktionierte vorzüglich. »Echte« Indianer (ausschließlich Plains-Indianer), die am Grabe Karl Mays Gedächtnisreden hielten, sorgten für Publicity, und deutsche Künstler wie Elk Eber und Vittorio Güttner statteten die Innenräume mit lebensechten Kostümfiguren und realistischen Schlachtengemälden aus. Anfangs versuchte der Ethnologe Hermann Dengler noch einen gewissen wissenschaftlichen Anspruch zu vermitteln, doch die Dominanz von Patty Franks Wildwestromantik war so überwältigend und prägend für das Museum, daß Dengler sich 1936 frustriert zurückzog (Seifert 1998: 117–156).

Im Radebeuler Indianermuseum befanden sich zwar auch Objekte aus dem östlichen Waldland, von der Nordwestküste, aus Kalifornien und aus dem Südwesten, doch der überwiegende Teil der Sammlung stammte von den Plains-Indianern, vor allem den Sioux. Die Konzeption paßte somit wunderbar zu dem herrschenden Klischeebild der Federhauben tragenden Reiterkrieger, das durch die Kostümfiguren und das dominierende Gemälde Elk Ebers von der Schlacht am Little Bighorn geprägt war. Wen wundert es da, daß sich Indianer-Hobbyisten fast ausschließlich für die dort gezeigten Plains-Indianer begeisterten?

Als ältester deutscher Wild-West-Klub gilt der 1913 gegründete »Cowboy-Klub« München, gefolgt im Jahre 1919 von dem Freiburger »Cowboy Club Buffalo« und dem 1921 ebenfalls in Freiburg gegründeten »Wild-West-Club«. Einer der ersten Vereine, der auch die Beschäftigung mit Indianern in seinem Namen zum Ausdruck brachte, war der »1. Dresdner Indian- und Cowboy Club Manitou« von 1930, gefolgt 1934 vom Frankfurter »Hunkpapa-Klub« (siehe Bolz 1987).

Wie alte Fotos belegen, war die Qualität der Kostüme sehr unterschiedlich. Einige wenige orientierten sich an »echten« Museumsstücken, die Mehrzahl der Hobbyisten jedoch hielten sich an die Vorbilder aus Hollywood, die ihnen die frühen Wildwestfilme lieferten. Eines hatten jedoch alle gemeinsam: Viele Federn, viele Glasperlen (oder Imitationen davon) und viele Fransen. Wer keine große Federhaube trug, band sich wenigstens ein Stirnband um den Kopf und steckte hinten ein oder zwei Federn hinein. Gerade der Gebrauch von Stirnbändern, der auf authentischen Darstellungen von Plainsindianern höchstens vereinzelt vorkommt, weist wie ein »Leitfossil« auf die Wurzeln des Indianer-Hobbyismus hin: zuerst von Show-Indianern in Truppen wie der von Buffalo Bill getragen, fand es Eingang in die frühen Hollywood-Produktionen, in denen die überwiegend weißen Indianerdarsteller dafür sorgen mußten, daß ihnen beim wilden Ritt über die Prärie oder beim aktionsreichen Zweikampf die Perücke nicht vom Kopf fiel. Hübsche »Häuptlingstöchter« trugen in der Regel perlenbestickte Stirnbänder analog zum Diadem einer europäischen Prinzessin. Dieses Hollywood-Klischeebild wurde von der Hobbyismus-Bewegung aufgegriffen und über mehrere Generationen weitertradiert, wie ältere Fotos aus den 50er und 60er Jahren zeigen (siehe Kitz 1986: 12–24).

Abb. 8
Indianer-Hobbyismus im Hollywood-Stil: Mitglieder des Wyoming Clubs in Frankfurt am Main im Jahre 1947. Foto aus Hermann Kitz: 50 Jahre Wyoming Club, 1986.

Eine besondere Tradition, in der sich deutsche von amerikanischen Hobbyisten unterscheiden, ist die Teilnahme an Fastnachtsumzügen, in der Frühzeit des Hobbyismus offenbar die einzige Gelegenheit, sich als »Indianer« oder »Cowboy« in der Öffentlichkeit zu präsentieren. Für einige der während des Zweiten Weltkriegs auseinandergefallenen Vereine waren diese Umzüge die erste Möglichkeit, sich in den späten vierziger Jahren wieder zusammenzufinden und ein neues Klubleben aufzubauen (Kitz 1986: 14).

In der Nachkriegszeit wurden die meisten der alten Vereine wieder neu gegründet, und in den fünfziger und sechziger Jahren kamen viele neue hinzu, so daß heute in fast jeder größeren Stadt Deutschlands ein oder gar mehrere Indianer-, Cowboy- oder Wild-West-Klubs existieren. Seit 1951 treffen sich die Vereine einmal im Jahr zum großen »Council«, bei dem auf einem Freigelände ein Tipi-Dorf aufgebaut wird, das aus mehreren hundert Zelten bestehen kann. Hinzu kommt eine »Westerntown« mit Handelsposten und Saloon. Für diese Councils bestehen strenge Regeln bezüglich der Kleiderordnung, »Zivilisten« werden nur ausnahmsweise zugelassen. Der »Hundebund« wacht über die Ordnung im Indianerlager, Sheriffs über die bei den »Westmännern«. Gemeinsame Feierlichkeiten, Tänze und Zeremonien laufen nach »traditionellem« indianischem Vorbild ab, wobei man allerdings betonen muß, daß sich inzwischen bei den einzelnen Vereinen und auch beim gemeinsamen Council langjährige Traditionen entwickelt haben, deren Regeln befolgt werden müssen.

Da unter den Hobby-Indianern das Nachempfinden der Kulturen der Prärie- und Plainsindianer dominiert, bestehen die Kostüme nach wie vor aus den Bestandteilen Federn, Leder, Glasperlen und Fransen, wobei es seit den 70er Jahren allerdings immer mehr Differenzierungen gibt. Eine allmähliche Abkehr vom Image des Hollywood-Indianers bewirkte eine größere Authentizität der Kostüme, für deren Herstellung man sich entweder an Originalstücken orientiert (Vorlagen sind meist gute Farbabbildungen in Museumskatalogen), oder man greift auf die Abbildungen nach Gemälden Karl Bodmers zurück, die in den 1830er Jahren am oberen Missouri entstanden. Solche historisch getreuen Kostüme aus der ersten Hälfte des 19. Jahrhunderts bedürfen besonderer Materialien wie Pony Beads oder Techniken wie dem Quillwork (der Applikation mit gefärbten Stachelschweinborsten). Heute gibt es unter den Hobbyisten Spezialisten, die das mühsame Herstellen von Quillapplikationen meisterhaft beherrschen. Aber auch für die »einfacheren« Techniken der Perlenstickerei bedarf es langer Übung, bis man sie originalgereu nachempfinden kann.

Abb. 9
Die Mitglieder des Indianer-Clubs Hunkpapa aus Frankfurt am Main laden zum Tag der offenen Tür, an dem sie in Kostümen von Indianern, Trappern oder Siedlern die Pionierzeit Amerikas lebendig werden lassen. Plakat aus dem Jahre 1981.

Als Ethnologe, der sich besonders darum bemüht, die Vielfalt indianischer Kulturen Nordamerikas nach außen hin zu vermitteln, beobachtet man die Aktivitäten der Hobby-Indianer mit gemischten Gefühlen: Einerseits ist offensichtlich, daß hier nach wie vor das Klischeebild vom Plainsindianer als dem »richtigen« Indianer im Mittelpunkt steht und bei jedem Council oder Auftritt in der Öffentlichkeit einem größeren Publikum vermittelt wird. Andererseits besitzen Hobbyisten oftmals solch detaillierte Materialkenntnisse, daß sie in der Lage sind, alte indianische Techniken perfekt zu rekonstruieren. In Verbindung mit historischen Studien haben sich auf diese Weise schon oftmals Indianer-Hobbyisten in Hobby-Ethnologen oder Hobby-Historiker verwandelt, durch die der Wissenschaft neue Erkenntnisse zugeflossen sind.

Die Mehrzahl jedoch betreibt ihr Hobby aus der Verbindung von romantischer Indianerschwärmerei, Liebe zur freien Natur und geschickter handwerklicher Arbeit. Dabei haben sich allerdings in den ehemals getrennten Teilen Deutschlands unterschiedliche Schwerpunkte herausgebildet: Während man im früheren Westdeutschland fast unbegrenzten Zugang zu den benötigten Materialien hatte, konzentrierte man sich auf die historische Rekonstruktion von »indianischer« materieller Kultur und betrieb das Hobby ansonsten weitgehend unpolitisch. Die Verhältnisse im ehemaligen Osten waren nahezu umgekehrt: Originalmaterial und Literatur aus Amerika war, wenn überhaupt, nur mit äußerster Mühe zu beschaffen, während das sozialistische Regime es nicht erlaubte, daß sich jemand mit dem kapitalistischen Klassenfeind USA solidarisierte. Cowboys, Trapper oder Vertreter der US-Kavallerie hatten es daher besonders schwer, in Vereinen auftreten zu können, zumal jeglicher Besitz von Schußwaffen, auch der von historischen Stücken, verboten war. Die »Indianer«, als die vom US-Imperialismus unterdrückte und ausgebeutete Klasse, hatten es diesbezüglich etwas leichter und konnten sich als »Indianistikgruppen« etablieren, allerdings meist mit der Auflage, sich politisch-aufklärerisch zu betätigen (siehe Turski 1994).

Abb. 10
Das Klischee vom Indianer als unermüdlichem Widerstandskämpfer. Plakat zu einer Veranstaltung des American Indian Movement an der Humboldt-Universität Berlin, Mai 1993.

Mit dem Fall der Mauer fielen bei den »roten Brüdern« im Osten (Boger 1990: 36) diese Beschränkungen weg, so daß sich Ost und West allmählich aneinander anglichen und heute das betreiben, was das ursprüngliche Ziel des Indianer-Hobbyismus war: Für wenige Stunden oder mehrere Tage dem deutschen Alltag zu entfliehen, sich in Gedanken in eine Landschaft im Westen Amerikas zu versetzen und »indianisches« Leben nachzuempfinden. Dieser Wechsel von einer Identität in eine andere (der auch mit einem Wechsel des Namens verbunden ist), macht den eigentlichen Reiz aus, Indianer-Hobbyist zu sein.

Widerstandskämpfer und Öko-Heilige

In den sechziger Jahren entdeckte die Flower-Power-Generation in den USA die Ureinwohner des Landes als Vorbilder für alternative Lebensformen. Die Mitglieder von Hippie-Kommunen trugen bunte fransenbehängte Kleider, dazu Stirnbänder und exotischen Schmuck und bezeichneten sich als »Stämme«. Marijuana, LSD, Peyote und andere »psychodelische« Drogen dienten der »Bewußtseinserweiterung«, und die Bücher von Carlos Castaneda, mit deren Hilfe man sich in eine »andere Wirklichkeit« versetzen konnte, wurden zu Bestsellern (Brand 1988).

Für die deutschen Anhänger der Hippie-Bewegung waren die »echten« Indianer zu weit entfernt, um mit ihnen direkt in Kontakt zu treten, so daß sie hauptsächlich über Bücher wahrgenommen wurden. Erst die »Red Power«-Bewegung der späten sechziger Jahre erreichte auch die Massenmedien in Deutschland. Alcatraz wurde auch hier zum Symbol für indianischen Widerstand, der endgültige Durchbruch kam mit der Besetzung von Wounded Knee 1973.

Es war vor allem die rebellische Studentenschaft der siebziger Jahre, die sich mit dem Kampf unterdrückter ethnischer Minderheiten solidarisierte. Für sie bildete das American Indian Movement (AIM), eine von Stadtindianern gegründete Protestorganisation, das ideale Vorbild für den eigenen Drang zum politischen Aktionismus. Es entstand das Klischee vom Indianer als Widerstandskämpfer, insbesondere gegen den US-Imperialismus und -Kapitalismus. »Poster von Geronimo oder Sitting Bull wurden neben die von Che Guevara gehängt, und der AIM-›Krieger‹ galt fortan als Reinkarnation jener verblichenen Widerständler« (Peyer 1994: 57).

An zahlreichen Orten im deutschsprachigen Raum entstanden Unterstützergruppen (meist »AIM Support Groups« genannt), die mit viel Engagement und wenig Sachkenntnis Informationen über »Indianer im Widerstand« verbreiteten, meist auf der Grundlage von Artikeln, die in der pro-AIM ausgerichteten indianischen Zeitung »Akwesasne Notes« erschienen. Hinzu kamen Sachbücher von engagierten Journalisten, die auf ein größeres Publikum abzielten. Dem Autor Claus Biegert gelang es sogar, eine Art von Monopol in diesem Bereich zu erlangen und mit seinem 1979 erschienenen Buch über Indianerschulen großen Teilen der Öffentlichkeit (vor allem linksorietierten Lehrern) weiszumachen, daß Indianer nur durch Gründung von AIM-gesteuerten »Survival Schools« eine Chance hätten, den verderblichen Einflüssen des weißen Establishment zu entkommen. Daß es zu dieser Zeit verschiedene andere, wesentlich erfolgreichere indianische Schulkonzepte gab, die nicht auf Widerstand, sondern auf Kooperation mit den amerikanischen Schulbehörden aufbauten, wurde von Biegert ignoriert. Diese einseitig ideologisch ausgerichtete Form der Berichterstattung über das indianische Amerika beruhte auf dem in deutschen Landen weit verbreiteten Irrglauben, AIM sei die einzige überregionale Interessenvertretung aller Indianer Nordamerikas. Bekräftigt wurde diese Meinung vor allem durch AIM-Vertreter, die seit den frühen siebziger Jahren häufig und gerne nach Europa reisten und sich dabei als »Häuptlinge« hofieren ließen.

Abb. 11
Die Vermarktung des Indianers als Bewahrer von Mutter Erde. Kommerzielles Schmuckposter mit einer angeblichen Prophezeiung der Cree Kanadas und einem Portrait des Oglala-Lakota Ben Black Elk (1899–1973) aus South Dakota. Hergestellt in Deutschland, 1996.

Das Klischee vom »Indianer als Widerstandskämpfer« wurde in den achtziger Jahren abgelöst durch das vom »Indianer als Heilsbringer« (Schmidt 1988). Die über Deutschland hereingebrochene Ökowelle ließ auch die Indianer Nordamerikas nicht verschont, denn ihre angebliche Naturverbundenheit bestimmte sie automatisch zu Hütern von »Mutter Erde«. Die von einem weißen Poeten erdichtete Rede des Häuptlings Seattle, die dieser angeblich 1855 vor dem Präsidenten der Vereinigten Staaten gehalten hat, wurde von Umweltschützern und Natur-Romantikern wie das indianische Evangelium gelesen. In dieser »Rede« wird ein völlig undifferenziertes panindianisches Ökologiebewußtsein propagiert, das es in historischer Zeit niemals gegeben hat. Heute sind sowohl »echte« als auch falsche Indianer auf diesen Zug aufgesprungen und verkünden ökologische und sonstige Weisheiten am Fließband. Esoterik-Zirkel und Neo-Schamanen sind ohne indianische Gurus kaum noch vorstellbar, und Schwitzbad-Zeremonien werden immer häufiger von weißen »Schülern« bekannter und unbekannter indianischer »Medizinmänner« geleitet. Wer in die Zukunft schauen will, kann dies entweder mit indianischen Tarot-Karten tun oder läßt sich ein indianisches Horoskop stellen – die Esoterik überspringt die Grenzen jeglicher indianischer Kultur.

Auf diese Weise werden echte oder falsche »Traditionen« von Indianern Nordamerikas zur beliebig handelbaren und veränderlichen Ware deklassiert, von der clevere Geschäftemacher reichlich profitieren. Die Indianer selbst gehen dabei meist leer aus – wie so oft in ihrer Geschichte.

Gerade die jüngsten Klischeebildungen von Indianern als »Widerstandskämpfer« und als »Öko-Heilige« (Bolz 1994) zeigen, wie sehr das Indianerbild Europas und insbesondere Deutschlands von gesellschaftlichen Strömungen beeinflußt wird, die wenig mit Indianern, aber sehr viel mit unseren eigenen Lebensvorstellungen zu tun haben. Auch wenn sich die neuen Klischees von den alten unterscheiden, so besitzen sie doch eine gemeinsame Basis: sie projizieren indianische Kultur zurück ins 19. Jahrhundert und lassen Indianer noch immer als »edle Wilde« auftreten und gegen den weißen Mann um ihre Freiheit kämpfen. Die bereits hundert Jahre währende Geschichte der Indianer des 20. Jahrhunderts wird weitgehend ignoriert, sie ist in der Öffentlichkeit (zu der auch die Völkerkundemuseen gehören) kaum präsent und wird selbst im akademischen Bereich nur sporadisch wahrgenommen. So lange Indianer nicht als Menschen der Gegenwart, sondern lediglich als Wesen einer mythischen Vergangenheit betrachtet werden, sind sie weiterhin der Bildung immer neuer Klischeevorstellungen ausgesetzt.

Entstehung und Geschichte der Berliner Nordamerika-Sammlung

Abb. 12
Der Lichthof des Museums für Völkerkunde mit dem von Jacobsen 1881 erworbenen Haida-Pfahl (IV A 2299). Foto von Caecilie Seler, 1894. Übersee-Museum, Bremen.

Bevor im Jahre 1873 die Gründung eines selbständigen »Königlichen Museums für Völkerkunde« beschlossen wurde, befanden sich in der »Königlich Preußischen Kunstkammer« etwa 560 Objekte aus Nordamerika, die frühesten dokumentierten Stücke kamen 1819 nach Berlin. Die Erwerbungsgeschichte dieser »älteren Ethnographica« ist sehr unterschiedlich, sie reicht von Geschenken preußischer Gesandter an die königliche Familie bis zu Kuriositäten, die die preußischen Handelsschiffe *Princess Louise* und *Mentor* auf ihren Fahrten rund um den Erdball mitgebracht haben. Ein anderer Teil kam aus Sammlungen, die frühe Nordamerika-Reisende nach Europa gebracht hatten. Dies bedeutet, daß die Zusammensetzung der alten Berliner Nordamerika-Sammlung ein reines Zufallsprodukt war, das keine Form von Systematik erkennen läßt. Andererseits ist sie ein Spiegelbild der vielfältigen Beziehungen des Staates Preußen nach Übersee und läßt erahnen, wie viel oder wenig man damals vom amerikanischen Kontinent und seinen Ureinwohnern wußte. Mit der Institutionalisierung der Sammlung als Teil des Berliner Museums für Völkerkunde erfolgte zwar eine planmäßigere Anlage der Sammlung, doch schränkten die Zufälligkeiten des Angebots und die vorhandenen finanziellen Möglichkeiten es immer wieder ein, zu einer ausgewogenen Sammlung zu gelangen, in der alle Regionen Nordamerikas in vergleichbarer Weise vertreten sind.

Interne und externe Museumspolitik waren somit ein wesentlicher Faktor für die Gestaltung und das Werden der Nordamerika-Sammlung. Daher ist es unumgänglich, die Vorstellungen und Ziele der »Gründerväter« des Museums mit einzubeziehen und einen Überblick zu vermitteln, auf welche Weise die Sammlung der Öffentlichkeit präsentiert wurde. Räumliche Enge ist ein Thema, das die gesamte Geschichte des Museums durchzieht und bis heute zu keinen befriedigenden Lösungen geführt hat.

Die einschneidendsten Veränderungen in den Sammlungen brachte der Zweite Weltkrieg mit sich. Zahlreiche Objekte wurden völlig zerstört, ein großer Teil, als Kriegsbeute in den Osten abtransportiert, kam mit schweren Beschädigungen nach Berlin zurück. Der Verbleib vieler bedeutender Stücke ist bis heute ungeklärt.

Dieses Kapitel ist als Übersicht gedacht über die verschiedenen Phasen der Sammeltätigkeit, wobei den älteren Sammlungen ein etwas breiterer Raum zugemessen wird. Details zu einzelnen Sammlungen und Sammlern finden sich sodann in den Kapiteln der jeweiligen Regionalgebiete.

Die Kunstkammer

Kurfürst Joachim II. von Brandenburg, der von 1535 bis 1571 regierte, begründete erstmals eine Sammlung von »künstlichen Sachen« sowie »Seltenheiten und merkwürdigen Dingen«. Seine Nachfolger, Kurfürst Johann Georg und Kurfürst Joachim Friedrich erweiterten die Sammlung, die damals »Churfürstliche Kunstkammer« genannt wurde. Es handelte sich dabei hauptsächlich um Geräte aus Edelmetall, Schmuck, Kleinodien, Glas- und Alabasterarbeiten, Elfenbein und Bernstein. Aufbewahrt wurde die Sammlung im Schloß zu Berlin in der »Kunstkammer im Gewölbe«.

Bis ins 18. Jahrhundert hinein veränderte sich diese Sammlung ständig, da nicht nur Stücke hinzukamen, sondern auch wieder herausgenommen wurden, vor allem als Gastgeschenke für andere Fürsten- oder Königshäuser. Die größten

Abb. 13
Die Königlich Preußische Kunstkammer um 1704. Ansicht eines Raumes des »Antiken- und Münzkabinetts« im Schloß zu Berlin. Kupferstich von 1704 (Theuerkauff 1981: 17).

Verluste jedoch brachten Kriege mit sich, und im Verlauf des Dreißigjährigen Krieges (1618–1648) gingen sämtliche Stücke verloren.

Als Friedrich Wilhelm von Brandenburg, genannt der Große Kurfürst, im Jahre 1640 die Regierung antrat, baute er die Kunstsammlungen erneut auf. Ab 1671 wurden erstmals ethnographische Objekte erworben, die größtenteils über die Holländische Ostindien- Compagnie nach Berlin gelangt waren. Darunter befanden sich Waffen, Kleidungsstücke und Gerätschaften aus Japan, Ceylon und von den Molukken, chinesisches Porzellan und indische Manuskripte sowie »Merkwürdigkeiten« aus Afrika (Theuerkauff 1981: 13–15).

Ein Inventar von 1688 verzeichnet 320 Nummern, ein weiteres von 1693 bereits 600 Nummern, und 1713 war die Sammlung auf 1500 Nummern angewachsen. Mit der Erweiterung der Sammlungen erfolgten inhaltliche Teilungen, so ab 1696 in das »Antiken- und Münzkabinett« und die »Kunst- und Naturalienkammer«. Mit der Krönung von Kurfürst Friedrich III. von Brandenburg im Jahre 1701 zum ersten König von Preußen (er nannte sich jetzt König Friedrich I.) wurde aus der kurfürstlichen eine königliche Kunstkammer, deren Bezeichnung nun »Königliches Antiken-, Kunst- und Naturalien-Cabinet« lautete.

Wie der Name erkennen läßt, spielten völkerkundliche Sammlungen zu dieser Zeit noch eine untergeordnete Rolle. Das änderte sich erst, als der Bibliothekar und Prediger der französischen Gemeinde in Potsdam, Jean Henry, 1794 zunächst zum »Aufseher über das Kunst- und Medaillen-Kabinett« und 1816 schließlich zum »Director der Königlichen Antiken-, Münz- und Kunstkammer« ernannt wurde (Theuerkauff 1981: 31). In die Zeit seiner Tätigkeit fällt der

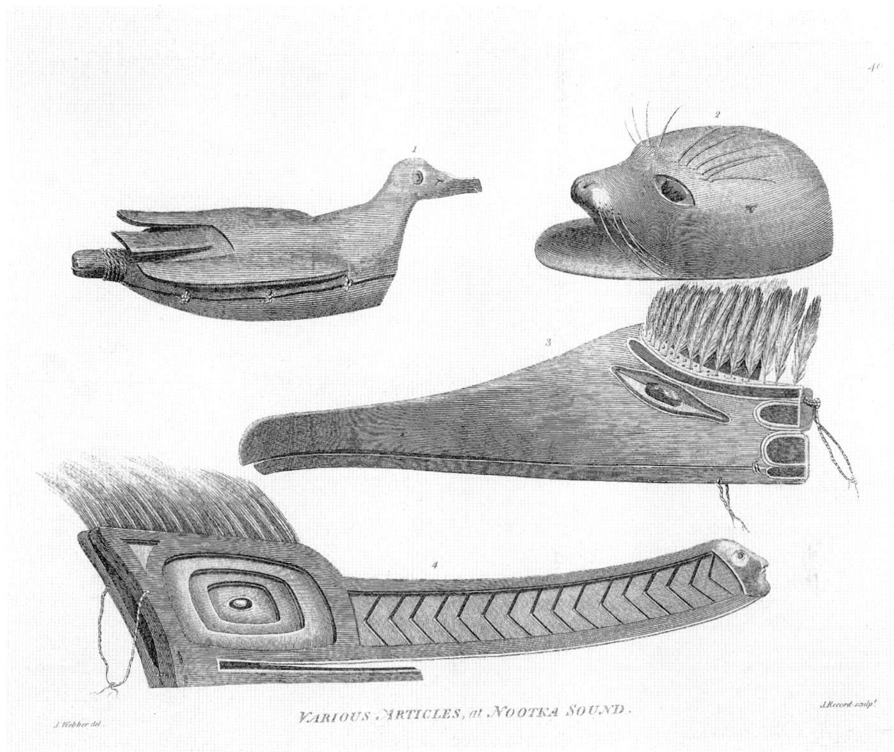

Abb. 14
»Various Articles, at Nootka Sound«. Stich nach John Webber im Atlas von Cooks Reisen (Cook 1785, Taf. 40). Rassel und Masken kommen tatsächlich von den Nootka, der Hut in Form eines Seehundes ist eine Arbeit der Eskimo Alaskas.

Beginn des eigentlichen Sammelns von ethnologischem Material. So wurden 1802 Gegenstände aus Tahiti, 1803 orientalische Waffen, 1806 indische Bronzen, Gefäße und »Götzenbilder« erworben. Einen Rückschlag brachten die napoleonischen Kriege, in deren Verlauf die Kunstkammer 1806 zur Beute der Franzosen wurde. Nach dem Sieg über Napoleon kam etwa ein Drittel der Sammlungen nach Berlin zurück und bildete den Grundstock für die weitere Sammeltätigkeit (Dreier 1981: 35–36).

Die von dem holländischen Statthalter Johann Moritz von Nassau-Siegen im 17. Jahrhundert in Brasilien erworbenen Stücke waren wohl die ersten Objekte aus der Neuen Welt, die in die Kunstkammer gelangten. Leider ist davon nichts mehr vorhanden (H. Hartmann 1973a: 219). Die frühesten dokumentierten Nordamerika-Stücke kamen 1819 nach Preußen, als der Direktor des Berliner Museums für Zoologie, Heinrich Lichtenstein, in London bei der Auktion des Museums von William Bullock Teile der Sammlung von James Cook erwerben konnte. Der überwiegende Teil dieser Sammlung stammte aus Polynesien, doch befanden sich darunter auch einige Stücke aus Nordamerika. Sie waren von Cooks Mannschaft im Verlauf der dritten Weltumseglung bei ihrem Aufenthalt im Nootka Sound an der Westküste der heutigen Insel Vancouver im Jahre 1778 eingetauscht worden (Koch 1973a: 141, H. Hartmann 1973a: 220). Heute können möglicherweise elf Objekte der Sammlung Cook zugeordnet werden.

Ob die Cook-Stücke tatsächlich die ältesten der Berliner Nordamerika-Sammlung sind, läßt sich allerdings nicht mit Sicherheit sagen, denn es gibt darüber hinaus noch einige völlig undokumentierte Objekte, die weder den Namen eines Sammlers noch eine Herkunftsbezeichnung oder gar ein Datum tragen. Sie sind

Abb. 15
Rassel in Vogelgestalt vom Nootka Sound, Insel Vancouver. Länge: 43 cm. Slg. Forster, 1824. Inv.-Nr. IV B 26.
Die Rassel wurde mit größter Wahrscheinlichkeit während James Cooks dritter Reise 1778 bei den Nootka erworben. Sie stammt aus dem Nachlaß von Johann Reinhold Forster, der Cook auf seiner zweiten Reise (1772–75) begleitete. Form und Machart entsprechen genau dem Rasseltyp, den Webber als Nr. 1 auf Abb. 14 wiedergegeben hat.

lediglich als »alter Bestand« gekennzeichnet, und daher ist es möglich, daß einige davon ebenfalls aus dem 18. Jahrhundert stammen.

In den ersten Jahrzehnten des 19. Jahrhunderts wurden Pläne zur Errichtung eines eigenständigen »Königlichen Museums« immer konkreter, und 1830 war der erste Museumsbau, heute als »Altes Museum« bezeichnet, fertiggestellt. Damit erfolgte auch eine Neuaufteilung der Sammlungen: Im Alten Museum wurden die Gemälde, Skulpturen und Antiken untergebracht, ägyptische und »vaterländische« Altertümer zogen ins Schloß Monbijou, während der »Rest« der Kunstkammer im Berliner Stadtschloß verblieb. Dort wurde sie in drei Abteilungen unterteilt, eine kunsthandwerkliche, eine historische und eine völkerkundliche. Mit dem Ausscheiden von Jean Henry 1829 übernahm Leopold Freiherr von Ledebur das Amt des Direktors der Kunstkammer. Er war ein ehemaliger preußischer Offizier, der als vielseitiger Historiker bekannt war. Unter seiner Leitung erlebte die Kunstkammer eine bis dahin nicht gekannte Expansion (Dreier 1981: 40).

Nordamerika-Sammlungen in der Kunstkammer

In diese Zeit fallen die ersten größeren Ankäufe von Sammlungen aus Nordamerika. 1824 erwarb die Kunstkammer zahlreiche Objekte aus dem Besitz des amerikanischen Kapitäns und Schaustellers Samuel Hadlock, der mit einer Eskimo-Familie aus Baffinland durch Europa zog und 1825 eine Berlinerin heiratete (Wright 1987). Neben Stücken aus der Südsee (zu denen beispielsweise der präparierte Kopf eines tatauierten Maori gehörte) besaß Hadlock hauptsächlich Objekte von Eskimo und Indianern aus dem östlichen Nordamerika.

Abb. 16
Das Handelsschiff »Princess Louise« der Königlich Preußischen Seehandlung bei einer ihrer Fahrten um die Welt, dargestellt vor der Küste Perus. Nach einem Gemälde im ehemaligen Berliner Schloß (O'Swald 1917: 10).

In den Jahren 1829 und 1834 übernahm die Kunstkammer Objekte, die die beiden preußischen Handelsschiffe *Mentor* und *Princess Louise* bei ihren Weltumseglungen zwischen 1822 und 1834 aus aller Welt mitgebracht hatten. Dazu gehörte als spektakulärstes Stück der Federmantel, den der Herrscher von Hawaii, Kamehameha III., als Geschenk für Preußens König Friedrich Wilhelm III. im Februar 1828 dem Kapitän der *Princess Louise* überreicht hatte. Die *Mentor* segelte von 1822 bis 1824 um die Welt. Von dieser Reise brachte sie unter anderem drei Objekte vom Nootka Sound nach Berlin. Auch das Schiff *Princess Louise* brachte von ihren Fahrten einzelne Stücke aus »Russisch Amerika« mit, darunter mehrere Paddel, Bootsmodelle und ein bemalter Jagdhut. Bis 1846 hatte dieses 1824 gebaute Vollschiff, das mit elf Kanonen bestückt war, insgesamt sechs Weltumsegelungen unter preußischer Flagge durchgeführt (Burmester 1988: 25–26, Müller 1993: 28).

Im Jahre 1837 kaufte die Kunstkammer eine Sammlung von Ferdinand Deppe, einem Berliner, der als Gärtner am königlichen Hof gearbeitet hatte, bevor er sich zum Tierpräperator heranbildete. Er arbeitete zwischen 1824 und 1836 in Mexiko, wo er hunderte von Vögeln und andere Tierarten erlegte und für das Zoologische Mueum in Berlin präparierte. Daneben sammelte er in Mexiko auch archäologische Stücke, und in Kalifornien, wo er ab 1830 in einem Handelsunternehmen in Monterey tätig war, Objekte von den dort ansässigen Indianern (Stresemann 1954: 86–88). Von den 35 Objekten, die er aus Kalifornien mitgebracht hat, stammen 22 tatsächlich aus dieser Region, eine sehr schöne »Maske von Holz« in seiner Sammlung kommt jedoch von der Nordwestküste.

Die Sammlung, die der damalige Preußische Minister-Präsident und spätere Reichsgesandte bei den Vereinigten Staaten, Friedrich Ludwig von Roenne, 1839 dem Prinzen Friedrich-Wilhelm von Preußen schenkte, war ihrerseits ein Geschenk, das von Roenne vom damaligen Indianerbeauftragten der USA, Colonel

Thomas L. McKenney, erhalten hatte. Die Liste mit den Beschreibungen der 15 Stücke, die überwiegend aus dem östlichen Waldland stammen, wurde von McKenney selbst geschrieben und befindet sich heute im Geheimen Staatsarchiv in Berlin (Plessen und Spoerri 1981: 147–148).

In den vierziger Jahren des 19. Jahrhunderts gelangten allein vier Nordamerika-Sammlungen in die Kunstkammer, wodurch sich die bisherigen Bestände mehr als verdoppelten. Um 1840 schickte der Preußische Konsul Hebenstreit etwa 50 Objekte in seine Heimat, die angeblich von den Comanche in Texas stammen, stilistisch jedoch den Indianern des Südostens zuzuordnen sind. Von dem in St. Louis tätigen Arzt Dr. Georg J. Engelmann wurden 1840 insgesamt 16 Stücke angekauft, die aus dem Südosten und dem Missouri-Gebiet stammten. Eine besondere Bereicherung der Nordamerika-Sammlung war im Jahre 1844 der Ankauf eines Teils der Sammlung des Prinzen Maximilian zu Wied, die dieser während seiner Nordamerika-Reise 1832 bis 1834 angelegt hatte. Unter den 47 Stücken befanden sich allein elf bemalte Bisonroben aus dem Gebiet des oberen Missouri (Bolz 1995a).

Die Sammlung der Kunstkammer, deren Schwerpunkt sich vom östlichen Waldland in das Gebiet der Prärien und Plains zu verlagern begann, wurde 1846 durch die Stücke von Friedrich Köhler ergänzt, einem ehemaligen Kammerdiener des französischen Gesandten in den USA. Köhlers Sammlung von »Curiositet von den rothen Indianer aus Nord-Amerika« enthielt als Besonderheiten ein bemaltes Zelt aus Bisonleder, eine mit kriegerischen Szenen bemalte Bisonrobe und zwei Hemden, die angeblich von dem berühmten Seminole-Häuptling Osceola stammten. Letzteres erwies sich allerdings als unhaltbare Behauptung Köhlers, der damit wahrscheinlich seine Sammlung interessanter machen wollte (Krickeberg 1954: 10; Sturtevant 1956).

Die bisher überwiegend aus den östlichen und zentralen Gebieten der USA stammende Nordamerika-Sammlung wurde 1852 durch etwa 60 Stücke aus Grönland und Alaska ergänzt, die aus der Sammlung C. H. Sommer in Kopenhagen nach Berlin verkauft wurden. Hinzu kam 1854 eine kleine Sammlung des Kaufmanns Frederick Röver aus St. Louis, zu der ein reich verziertes Männerhemd und ein Paar Leggings vom oberen Missouri gehören. Die wichtigste Erwerbung der 1850er Jahre waren jedoch die zehn Gemälde des amerikanischen Malers George Catlin, der 1855 in Berlin weilte und sich hier mit Alexander von Humboldt traf. Dieser sorgte dafür, daß der Preußenkönig Friedrich Wilhelm IV. Catlin die Gemälde und eine Mappe mit 104 Zeichnungen abkaufte (H. Hartmann 1963: 31).

Für die bis dahin getätigten Ankäufe war in erster Linie von Ledebur, der wissenschaftliche Leiter der Kunstkammer, verantwortlich. Einen großen Anteil hatte jedoch auch der Generaldirektor der königlichen Sammlungen, Ignaz Maria von Olfers (1793-1872), der als Mediziner und Diplomat der Völkerkunde aufgeschlossen gegenüberstand. Von seinen Amerika-Reisen als Gesandtschafts-Sekretär hat er selbst kleinere Sammlungen mitgebracht (Westphal-Hellbusch 1973: 11). 1819 und 1831 schenkte er der Kunstkammer Stücke aus Südamerika, überwiegend aus Brasilien. In der Nordamerika-Sammlung befinden sich drei Stücke von ihm.

Das »Neue Museum«

Die im Königlichen Stadtschloß in Berlin untergebrachten Sammlungen der Kunstkammer waren in der ersten Hälfte des 19. Jahrhunderts derart angewachsen, daß in den überfüllten Räumen eine übersichtliche Ordnung und Aufstellung der Bestände kaum noch möglich war. Der lange geplante Erweiterungsbau des Alten Museums wurde 1841 in Angriff genommen und war bis 1859 fertiggestellt. Dieser als »Neues Museum« bezeichnete Komplex sollte die kulturgeschichtlichen Sammlungen beherbergen. Das Untergeschoß barg die Ägyptische, Ethnographische und Prähistorische Sammlung, während im Haupt- und Obergeschoß die Sammlung antiker Gipsabgüsse, das Kupferstichkabinett und die »Kunstkammer« untergebracht waren. Letztere bestand jetzt nur noch aus den kunstgewerblichen Sammlungen und wurde später zum Museum für Kunsthandwerk. Das Neue Museum, einer der prächtigsten Museumsbauten Europas, war geprägt von einer neuen Aufgabe, die der Institution Museum zugesprochen wurde – vor allem historisch belehrend zu wirken. Fresken an den Wänden sollten die Kulturgeschichte der Menschheit veranschaulichen, und in den Sälen waren Innenarchitektur und Dekorationen auf die Exponate abgestimmt. Diese wurden nicht als Kunstwerke präsentiert, sondern als Kulturdokumente in einen erläuternden Rahmen gesetzt (Messling 1995: 52–54). Das Glanzstück dieser Art von Präsentation bildete der Ägyptische Hof, der als Idealrekonstruktion ägyptischer Architektur gestaltet wurde. Wände, Säulen und Friese waren mit Motiven bemalt, die die Zeichner der Ägyptenexpedition von Richard Lepsius 1842 bis 1845 aufgenommen hatten. Dem Betrachter sollte damit ein möglichst realistisches Panorama Ägyptens präsentiert werden. Der Ethnographische Saal hingegen war in seiner Ausgestaltung äußerst schlicht gehalten, denn wegen der zeitlichen und regionalen Heterogenität mußte man auf Wandbilder verzichten. Gerahmte Gemälde sollten hier den ursprünglichen kulturellen Kontext der Exponate erläutern (Dorgerloh 1994: 82).

Mit der 1856 erfolgten Eröffnung des Ethnographischen Saales im Neuen Museum hatte sich die Ethnologie in Berlin museal etabliert und war nun zu einer eigenständigen Sammlung geworden, die zusammen mit der ägyptischen und der prähistorischen Sammlung die tragende Säule eines kulturhistorischen Ausstellungskonzeptes bildete.

Offensichtlich als Parallele zur Sammlung ägyptischer Altertümer bemühte sich Leopold von Ledebur um den Aufbau einer Sammlung von amerikanischen Altertümern. Als Einzelstück gelangte so bereits 1844 die aztekische Opferblutschale nach Berlin. 1852/54 gelang die Erwerbung der ca. 100 Altertümer umfassenden Sammlung des Geheimen Regierungsrats Seiffart, eines ehemaligen preußischen Gesandten in Mexiko. 1862 schließlich erfolgte der Ankauf des sogenannten »Museums aztekisch-mexikanischer Altertümer« des Kaufmanns Karl Uhde aus Handschuhsheim bei Heidelberg, der während seiner Tätigkeit in Mexiko etwa 4000 Steinskulpturen, Keramiken und Schmucksachen zusammengetragen hatte. Dies war die größte bis dahin nach Europa gelangte Sammlung amerikanischer Altertümer und begründete den Ruf Berlins als wichtiges Zentrum der Altamerikanistik (Eisleb 1973: 178).

Auch aus Südamerika und anderen Erdteilen kamen in dieser Zeit größere Sammlungen nach Berlin, während im Bereich Nordamerika die Sammeltätigkeit nachließ. Als Einzelstück gelangte 1861 ein mit Perlen besticktes Frauenkleid der Plainsindianer aus dem Besitz einer Frau von Böhm in das Berliner Museum, und 1867 erfolgte der Ankauf eines Teils der Sammlung des Herzogs Paul von Württemberg, die dieser auf mehreren Reisen in Nordamerika zusammengetragen hatte. Zu den bedeutendsten Stücken dieser Sammlung gehören ein Männerhemd der Blackfeet und eine Federhaube der Hidatsa, die wahrscheinlich zu den ältesten Objekten ihrer Art zählen, die noch existieren.

Damit endete zumindest im Bereich Nordamerika die recht unplanmäßige, von den Zufällen des Angebots abhängige Erwerbungspolitik und weicht in der Ära Adolf Bastians einer mehr zielgerichteten, vor allem aber umfangreicheren Sammeltätigkeit.

Abb. 17
Adolf Bastian (1826-1905), Arzt, Ethnologe und Gründer des Berliner Museums für Völkerkunde.

Das Königliche Museum für Völkerkunde

Wie sich bald herausstellte, reichten die neuen Räumlichkeiten im Neuen Museum nicht aus, die rapide wachsenden Sammlungen aufzunehmen. Dies zog konsequenterweise die Forderung nach einem eigenständigen Museumsbau nach sich. Treibende Kraft dahinter war Adolf Bastian (1826–1905), der als Schiffsarzt bereits in jungen Jahren weite Reisen unternommen hatte und 1869 als Assistent von Ledeburs in die Ethnographische Sammlung eintrat. Im gleichen Jahr gründete er zusammen mit dem Arzt und Anthropologen Rudolf Virchow die *Berliner Gesellschaft für Anthropologie, Ethnologie und Urgeschichte* und nutzte sie für sein Ziel, der Schaffung eines selbständigen Völkerkundemuseums. Am 12. Dezember 1873 wurde durch Erlaß von Kaiser Wilhelm I. das *Königliche Museum für Völkerkunde* gegründet und gleichzeitig der Bau eines Museumsgebäudes angeordnet. Als von Ledebur 1876 in den Ruhestand trat, wurde Bastian zum Direktor der Ethnologischen Abteilung ernannt, zehn Jahre später zum Direktor des Museums. Das Museumsgebäude im Zentrum Berlins (heute leider nicht mehr existent) wurde 1886 eröffnet. Neben der ethnologischen Sammlung war dort zunächst auch die prähistorische Abteilung untergebracht (Westphal-Hellbusch 1973: 11–14).

Dieses neue Völkerkundemuseum war ein typisches Bauwerk der Gründerzeit, von dem Architekten Hermann Ende »in den Formen der italienischen Hochrenaissance« errichtet. Von außen wirkte es massiv und dominant, vor allem durch seine runde Eingangshalle, die wie der Turm einer Festung aussah. Nach Nevermann (1937: 29) war es »mehr nach monumentalen als nach praktischen Gesichtspunkten erbaut worden«. Damit war es nicht nur ein Museum, sondern ein Symbol für das neue aufstrebende Berlin, das mit der Reichseinigung von 1871 am Beginn des Aufstiegs zur europäischen Metropole stand. Der internationale Machtanspruch des Kaiserreichs sollte auch auf kulturellem Gebiet dokumentiert werden, vor allem in Rivalität zu den Hauptstädten der anderen imperialistischen Großmächte wie Paris und London, wo nahezu gleichzeitig immense kunsthistorische, archäologische und ethnologische Sammlungen angelegt wurden (Bernau 1995: 21–22).

Das Ausstellungskonzept dieses Neubaus bestand hauptsächlich darin, in den schmalen Räumlichkeiten lange Schrankreihen aufzustellen und dort alles unterzubringen, was man hatte. Größere Stücke, zu denen auch das 1846 von Friedrich Köhler erworbene Lederzelt gehörte, kamen in den zentralen Lichthof, in dem sich mit der Zeit ein Sammelsurium von Großobjekten aus aller Welt bildete. Wie stark die Sammlungen bis dahin angewachsen waren, belegen die Zahlen von 1880, die mit etwa 40 000 angegeben sind (Westphal-Hellbusch 1973: 12). Aufgeschlüsselt nach einzelnen Kontinenten lassen diese Zahlen jedoch große Ungleichgewichte erkennen: Europa 250, Asien 12 500, Afrika 3500,

Ozeanien und Australien 2500, Amerika 21000. Von der großen Zahl an Amerika-Objekten entfiel allerdings nur ein relativ kleiner Teil auf Nordamerika, etwa 1 500 Nummern, der überwiegende Teil waren Sammlungen von den prähistorischen Kulturen Meso- und Südamerikas.

Die Zeit Bastians

Adolf Bastian, der seit 1869 an der Berliner Universität Ethnologie lehrte und ab dem gleichen Jahr die *Zeitschrift für Ethnologie* herausgab, war ein unermüdlicher Organisator, der seine ganze Energie in die Weiterentwicklung der Ethnologie in Deutschland steckte (siehe Koepping 1983, Fiedermutz-Laun 1990). In der Vorstellung Bastians sollte ein ethnologisches Museum wie ein naturwissenschaftliches organisiert sein und in seiner Sammeltätigkeit Vollständigkeit anstreben, da es von sämtlichen Völkern der Erde Kunde zu geben habe. Die für ihn vorbildliche Arbeitsmethode war die komparativ-genetische, wie sie von den Prähistorikern angewandt wurde. Diese vergleichende Methode

Abb. 18
Das neueröffnete »Königliche Museum für Völkerkunde« im Zentrum Berlins. Links daneben der heutige Martin-Gropius-Bau. Holzstich von 1886.

Abb. 19
Blick von der Eingangshalle in den Lichthof des Museums für Völkerkunde. Im Hintergrund links der von Jacobsen gesammelte Haida-Wappenpfahl, in der Mitte das Sioux-Tipi der Sammlung Köhler. Holzstich von 1887.

benötigt eine möglichst große Zahl von Vergleichsstücken, um daraus Reihen verwandter Erscheinungen gewinnen zu können. Diese Reihen werden wiederum miteinander verglichen, um gemeinsame Ursprünge festzustellen. Die mit dieser Methode gewonnenen Ergebnisse sollten nach Bastian letztlich zur Darstellung der menschlichen Entwicklung in naturgesetzlicher und geschichtlicher Sicht führen (Westphal-Hellbusch 1973: 3–4).

Ebenso wie seine Zeitgenossen sah auch Bastian die »Naturvölker« als Relikte einer vergangenen Zeit, mit deren Erforschung es möglich sei, die Vorgeschichte der Menschheit zu studieren. Daher war es für ihn wichtig, »originale«, also von der europäischen Kultur unbeeinflußte Gegenstände zu sammeln, um damit eine Gesamtübersicht des primitiven Menschenlebens zeigen zu können. Daher sah Bastian das Sammeln und Bewahren einer möglichst vollständigen Reihe von Zeugnissen aus früherer Zeit als eine Verpflichtung seiner Generation an: »Eine Zeit, wie die unsrige, welche mit rauher Hand zahlreiche Urstämme vernichtet und die Oberfläche der Erde in allen Richtungen durchfurcht, ist es den nachkommenden Generationen schuldig, so viel wie möglich von dem zu erhalten, was für das Verständnis der Entwicklung des Menschengeistes noch aus der Periode der Kindheit und der Jugend der Menschheit übrig geblieben ist. Was jetzt zerstört wird, ist für die Nachwelt unrettbar verloren« (Schrift Bastians von 1876, zitiert in Westphal-Hellbusch 1973: 3–4).

Ebenso wie seine Zeitgenossen war Bastian davon überzeugt, daß die »Naturvölker« aussterbende Rassen seien, deren letzte materielle Zeugnisse einer vorgeschichtlichen Entwicklung gerettet werden müßten, bevor diese Kulturen endgültig dem Fortschritt der Zivilisation zu Opfer fielen. Daher setzte er alles daran, Regierung, Reisende und Mitarbeiter zur Sammeltätigkeit zu motivieren. Um Forschungsreisende aussenden zu können, wurde im Juli 1881 ein »Hülfscomité für Vermehrung der Ethnologischen Sammlungen der Königlichen

Abb. 20
Der norwegische Kapitän Johan Adrian Jacobsen (1853–1947) im Alter von 27 Jahren, kurz bevor er im Juli 1881 seine erste Sammelreise für das Museum in Berlin antrat.

Museen« gebildet, dessen wichtigste Aufgabe darin bestand, Sammelreisen schnell und unbürokratisch zu ermöglichen (Westphal-Hellbusch 1973: 66).

Der erste Reisende, der die Mittel des Hilfscomitees in Anspruch nehmen konnte, war Johan Adrian Jacobsen (1853–1947), der 1881 von Bastian den Auftrag erhielt, an der Nordwestküste Nordamerikas und in Alaska zu sammeln. Dies war die erste (und zugleich letzte) große Sammelexpedition nach Nordamerika, die von Berlin ausging. Der norwegische Seemann (er selbst nannte sich »Kapitän«) Jacobsen war 1877 nach Hamburg gekommen, wo er zunächst mit dem Tierhändler und Gründer des Hamburger Zoos, Carl Hagenbeck, Völkerschauen organisierte. Er brachte Eskimo aus Grönland, Lappen aus Norwegen, Patagonier aus Südamerika und Eskimo aus Labrador nach Deutschland, die er in den größeren Städten zur Schau stellte (siehe Thode-Arora 1989). In Berlin interessierten sich besonders die Mitglieder der Anthropologischen Gesellschaft für diese Exoten, die jeweils ausgiebig studiert und fotografiert wurden. In der Regel brachte Jacobsen auch eine Sammlung von Objekten aus den Heimatländern der zur Schau gestellten mit, die von den Experten begutachtet wurde. Auf diese Weise gelangten 1878 und 1881 zwei Sammlungen von Eskimo-Objekten aus Grönland und Labrador nach Berlin, die aus dem Besitz von Carl Hagenbeck stammten, ursprünglich aber wohl von Jacobsen für Völkerschau-Zwecke zusammengestellt wurden.

Für Bastians Projekt einer großen Sammelreise in den Nordwesten Nordamerikas war somit Jacobsen der richtige Mann. Das Hilfscomitee stellte die für die damalige Zeit enorme Summe von 23 720 Reichsmark zur Verfügung (Westphal-Hellbusch 1973: 68), so daß Jacobsen bereits im Juli 1881 nach San Francisco aufbrechen konnte. Von dort aus bereiste er zunächst die Queen Charlotte Islands, wo es ihm gelang, von den Haida einen über acht Meter hohen Wappenpfahl zu erwerben. Auf Vancouver Island besuchte er die Dörfer der Kwakiutl, Coast Salish und Nootka. Im Sommer 1882 begab er sich nach Alaska, wo er von Fort St. Michael aus die Küsten und auch das Binnenland bereiste. Gemäß dem Konzept von Bastian versuchte Jacobsen, möglichst alte, traditionelle Stücke zu erwerben, die die ursprüngliche Kultur der Bevölkerung repräsentieren. In verlassenen Dörfern führte er sogar Ausgrabungen durch, um an »altes« Material heranzukommen. Vor der Rückreise nach Berlin machte er auf Wunsch Bastians noch einen Abstecher in den Südwesten, wo er Material von den Pima, Papago, Yuma, Apache und Pueblo-Indianern erwarb, insgesamt etwa 180 Stücke (Jacobsen 1884).

Jacobsen kehrte im November 1883 nach Berlin zurück, war also etwa zweieinhalb Jahre auf Sammelreise gewesen. Entsprechend groß war seine Ausbeute, die nach und nach in Kisten verpackt in Berlin eintraf. Von der Nordwestküste waren es etwa 3000 Stücke, aus Alaska etwa 4000, die sich in den Inventarbüchern der Amerika-Abteilung zu rund 6700 Objektnummern summierten. Den Winter 1883/84 verbrachte Jacobsen in Berlin, um seine Sammlung zu ordnen und zu katalogisieren. Gleichzeitig arbeitete er mit dem Journalisten Adrian Woldt an einer Publikation seines Reiseberichts, die im März 1884 gedruckt vorlag.

Bis heute ist die Sammlung Jacobsen die größte Einzelsammlung im Bereich Nordamerika. In Qualität und Vollständigkeit entsprach sie sicherlich genau den Vorstellungen Bastians. Um die Sammlung publik zu machen und ihre Besonderheiten hervorzuheben, ließ Bastian bereits 1883 unter dem Titel »Amerika's Nordwest-Küste. Neueste Ergebnisse ethnologischer Reisen. Aus den Sammlungen der Königlichen Museen zu Berlin« einen aufwendig gestalteten Bildband herstellen, in dem auf 13 großformatigen Tafeln (fünf davon als farbige Lithographien) ausgewählte Stücke von der Nordwestküste präsentiert wurden.

Mit der Sammlung Jacobsen hatte Berlin auf einen Schlag eine der besten und schönsten Nordwestküstensammlungen der Welt, die in ihrer Größe lediglich von den Sammlungen in den USA und Kanada übertroffen wird. Ergänzt wurde sie 1887 durch eine kleinere Sammlung von etwa 120 Objekten von Franz Boas, der 1885/86 in Berlin bereits Teile der Jacobsen-Sammlung bearbeitet hatte. Eine weitere Ergänzung kam 1897 durch Karl von den Steinen zustande, der ebenfalls aus Mitteln des Hilfskomitees zwei Bären-Hauspfosten der Haida und etwa 70 weitere Objekte erwarb. Damit wurden die Sammlungen von der Nordwestküste als weitgehend komplett betrachtet, so daß Bastian und seine Mitarbeiter sich im Bereich Nordamerika um andere Sammelgebiete kümmerten.

Adolf Bastian starb 1905, knapp 80 Jahre alt, auf seiner neunten großen Reise, die ihn zu den westindischen Inseln führte, in Port of Spain auf Trinidad. In einer biographischen Darstellung heißt es, daß seine Lebensaufgabe darin bestand, »den Schlüssel zur Lösung des Rätsels nach der Stellung des Menschen im Kosmos bei den unbeachteten Naturvölkern zu suchen, bevor sie dahingeschwunden oder durch europäische Einflüsse verändert seien« (Honigsheim 1926, zitiert nach Fiedermutz-Laun 1990: 113–114).

Die Kustoden der Amerika-Sammlung

Der Bereich Amerika wurde zunächst von Karl von den Steinen (1855–1929) betreut, einem Mediziner, der 1880 in Honolulu auf Hawaii zufällig mit Bastian zusammengetroffen war und von ihm angeregt wurde, sich der Ethnologie zuzuwenden (G. Hartmann 1986: 13). Von den Steinen führte zwischen 1884 und 1887 zwei Expeditionen am Rio Xingú in Brasilien durch und forschte 1897/98 auf den Marquesas-Inseln in Polynesien. Die Hinreise, die ihn 1897 über San Francisco führte, nutzte er zu einem Abstecher an die Nordwestküste, die Rückreise hingegen zu einem Aufenthalt im Südwesten der USA, wo er in dem Hopi-Dorf Oraibi über 200 Fotos aufnahm (siehe Sanner 1996). Im weiteren Verlauf dieser Reise besuchte er zahlreiche Museen in den USA, wo er Gelegenheit hatte, in direkten Kontakt mit amerikanischen Kollegen zu kommen. Durch solche Kontakte konnte später so manche Nordamerika-Sammlung für Berlin erworben werden. Er selbst sammelte 107 Objekte aus verschiedenen Regionen Nordamerikas für das Museum.

1884 trat Eduard Seler (1849–1922) in das Museum ein und übernahm ab 1904 die Leitung der Amerika-Abteilung. Seler beschäftigte sich ausschließlich mit den Hochkulturen Altamerikas, sorgte jedoch auch für die Vermehrung der Nordamerika-Bestände. Mit der Ernennung von Konrad Theodor Preuss (1869–1939) als Abteilungsdirektor erfolgte ab 1920 eine Zweiteilung der Amerika-Sammlungen: Preuss, der zunächst in Mexiko, später in Kolumbien geforscht hatte, betreute die nord- und mittelamerikanischen Bestände, der Brasilienforscher Max Schmidt (1874–1950) die aus Südamerika. Diese Aufteilung zeigt besonders deutlich das Übergewicht der Sammlungen aus Lateinamerika. Nordamerika war aus dieser Perspektive lediglich ein Anhängsel an Mexiko.

Unter Preuss begann Walter Krickeberg (1885–1962) seine Arbeit am Museum. Dieser war schon während seines Studiums ab 1907 wissenschaftlicher Hilfsarbeiter gewesen und wurde 1924 zum Kustos ernannt, 1929 zum Leiter der Abteilung Südamerika. Obwohl er sich überwiegend mit den Hochkulturen Mesoamerikas beschäftigte, war Krickeberg der erste Amerikanist am Museum, der sich intensiv mit den Nordamerika-Sammlungen auseinandersetzte. Bereits 1910 veröffentlichte er das Kapitel »Amerika« in Buschans Illustrierter Völkerkunde, in dem er den Kulturen der Indianer Nordamerikas den ihnen gebührenden Platz einräumte, und 1929 einen längeren Beitrag über »Das Kunstgewerbe der Eskimo und nordamerikanischen Indianer«. In der dreibändigen Ausgabe von Bernatziks »Die große Völkerkunde« von 1939 hatte er ebenfalls den Teil »Amerika« bearbeitet, und die darin enthaltene Übersicht über Nordamerika galt lange Zeit als Standardtext für Studenten der Ethnologie. Seine Abhandlung »Ältere Ethnographica aus Nordamerika im Berliner Museum für Völkerkunde« von 1954 ist die erste umfassende Publikation, in der ein Teil der Berliner Nordamerika-Sammlung wissenschaftlich aufgearbeitet wird. Davor diente die Sammlung hauptsächlich als Illustrationsmaterial für Werke wie Max Bartels' »Medicin der Naturvölker« (1893) oder Eckart von Sydows »Die Kunst der Naturvölker und der Vorzeit« (1923).

Nach dem Ausscheiden von Preuss vereinigte Krickeberg im Jahre 1934 die Amerika-Bestände wieder zu einer Abteilung, deren Leitung er bis zu seiner Pensionierung 1954 innehatte. Krickebergs Amtszeit ist gekennzeichnet durch die Ereignisse um den Zweiten Weltkrieg, die die Auslagerung der Sammlungen mit sich brachten, ihre teilweise Vernichtung und die unvollständige Rückkehr nach Berlin. Doch bevor wir uns diesen einschneidenden Veränderungen zuwenden, soll zunächst ein Blick geworfen werden auf die Unterbringung der Sammlungen und die Art und Weise, wie sie dem Publikum zugänglich gemacht wurden.

Die Präsentation der Sammlungen

Für Bastian war das Museum für Völkerkunde in erster Linie eine wissenschaftliche Institution, die die Aufgabe hatte, Sammlungen anzulegen und sie wissenschaftlich zu nutzen. Das Museum war somit primär der Aufbewahrungsort der Sammlungen und erst in zweiter Linie ein Ort, an dem diese dem Publikum zugänglich gemacht wurden. Die Ausstellung der Objekte in Schränken folgte überwiegend regionalen Gesichtspunkten, wie dem Museumsführer von 1887 zu entnehmen ist. Anläßlich des 7. Internationalen Amerikanisten-Kongresses, der 1888 in Berlin stattfand, brachte die Museumsleitung eine »Übersicht über die Amerikanischen Sammlungen des K.[Königlichen] Museums für Völkerkunde« heraus, in dem detailliert die gesamte Aufstellung der Amerika-Bestände aufgelistet ist. Im Lichthof im Erdgeschoß, gleich hinter dem Eingang, waren »größere Monumentalstücke« verschiedener Herkunft aufgestellt. Im ersten Stockwerk befanden sich die Sammlungen aus Afrika, Ozeanien und Amerika. Diejenigen aus Nordamerika erreichte man über den rechten Treppenaufgang. Saal VII beherbergte in 30 Schränken unterschiedlicher Größe die Sammlungen der »Indianerstämme Nordamerikas und Eskimos«. Die Schränke waren von 116 bis 145 durchnumeriert und folgten einer groben regionalen Einteilung, die im Detail allerdings ziemlich willkürlich erscheint. Schrank 116 beispielsweise beherbergte in Abschnitt »a« Material aus den Vereinigten Staaten, nämlich Kostüme und einen bemalten Köcher von den Ute, ein Bisonfell von den Mönitari (Hidatsa), ein Frauenkleid und »dolchförmige Pfeifen« von den Dakota, eine »Lederstickerei« von den Assiniboin und ein »roth und grün bemaltes Büffelfell als Canoe« (tatsächlich handelt es sich hierbei um eine bemalte, aber

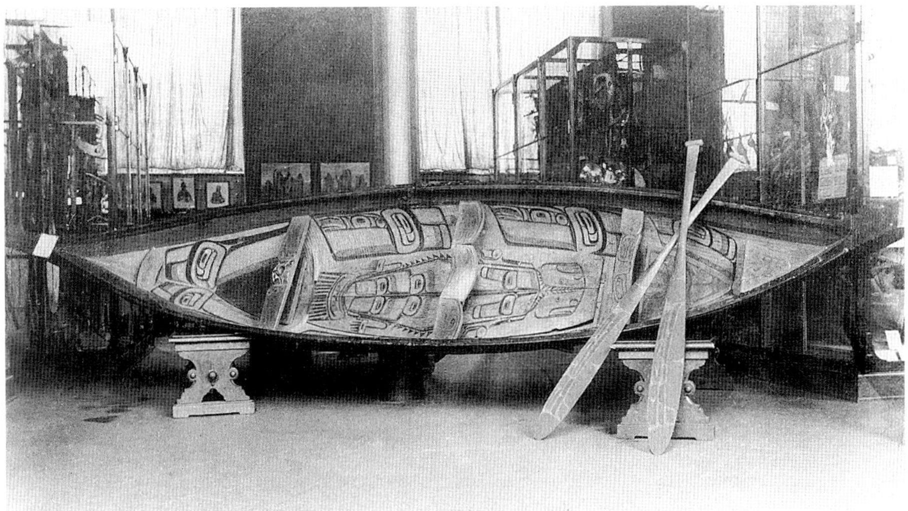

Abb. 21
Blick in die Nordamerika-Ausstellung mit dem von Jacobsen 1881 bei den Bella Bella (Heiltsuk) erworbenen Kanu mit Innenbemalung (IV A 2478). In den Schränken befinden sich Objekte von der Nordwestküste, im Hintergrund sind zwei Gemälde von George Catlin zu erkennen. Foto von Caecilie Seler, 1894. Übersee-Museum, Bremen.

nicht zugeschnittene Rohhaut, wie sie für Parfleches oder andere Formen von Behältern verwendet wurde). Bereits diese Zusammenstellung zeigt die willkürliche Art der Anordnung und die unkritische Art der Übernahme von falschen Sammler-Angaben. Hierbei machte sich das Fehlen eines Nordamerika-Spezialisten besonders negativ bemerkbar. Es folgte das Material aus den anderen Regionen, und da alles gezeigt wurde, was vorhanden war, hatte zum damaligen Zeitpunkt die Jacobsen-Sammlung mit den Stücken von der Nordwestküste und aus Alaska ein absolutes Übergewicht.

Bei und zwischen den Schränken gab es verschiedene einzelstehende Objekte, z.B. Modelle von Häusern oder Siedlungen sowie größere Figuren von der Nordwestküste. Die eigentlichen Großobjekte befanden sich jedoch im Lichthof, dort werden an Nordamerika-Objekten aufgelistet: Kajak aus Grönland, Kanu der Bellabella, Schlitten aus Grönland, Wappenpfahl des Häuptlings Stilta aus Masset, Queen Charlotte Islands, ein originales Lederzelt von Prairie-Indianern, ein Rindenboot der Chippewa und ein weiteres ohne Herkunftsangabe. Leider gibt es aus dieser Zeit keine Fotos von den Nordamerika-Schränken, in denen, wie H. Hartmann (1973a: 228) zurecht vermutet, »in kaum zu überbietender Anhäufung Tausende von Gegenständen gelegen, gestanden oder gehangen« haben müssen. Spätere Fotos aus dem Lichthof, auf denen auch der Haida-Pfahl zu sehen ist, lassen die Fülle jedoch erahnen.

Diese offensichtliche Raumnot führte um 1900 zu ersten Überlegungen, das Museum künftig in eine Schau- und eine »Arbeitssammlung« zu trennen. Zwischen den Museumsmitarbeitern fanden darüber ausgedehnte Diskussionen statt, die schließlich eine breitere Öffentlichkeit erreichten und in die Streitfrage mündeten, ob man die Sammlungen nicht am besten nach »Kulturvölkern« und »Naturvölkern« aufteilen solle, wobei der Begriff Kulturvölker mit dem Vorhandensein von Geschichte und Kunst gleichgesetzt wurde, Naturvölker hingegen mit Geschichtslosigkeit und Kunstlosigkeit (siehe Westphal-Hellbusch 1973: 17–27). Da diese Diskussionen an der Raumnot nichts änderten, wurde 1904 im Südwesten Berlins auf dem Gelände der Domäne Dahlem mit dem Bau eines Schuppens begonnen, der ab 1906 einen Teil der Sammlungen beherbergte. Damit war schon eine Vorentscheidung über den künftigen Standort eines neu

Abb. 22
Der 1921 vollendete Bruno-Paul-Bau in Dahlem, der als »Asiatisches Museum« geplant war, ab 1923 aber als Magazin für die ethnologischen Sammlungen diente.

zu planenden Völkerkundemuseums getroffen. 1907 bekam der Architekt Bruno Paul den Auftrag, einen Entwurf für den Neubau zu fertigen. In Absprache mit den Abteilungsdirektoren plante er einen Komplex von vier Gebäuden, in denen die Sammlungen der vier Erdteile Asien, Afrika, Ozeanien und Amerika ausgestellt werden sollten. 1914 wurde in der Arnimallee in Dahlem mit dem Bau des »Asiatischen Museums« begonnen, doch der Erste Weltkrieg und der Zwang zum Sparen verhinderten die Fertigstellung in der vorgesehenen Weise.

Das Ende des Ersten Weltkrieges bedeutete gleichzeitig das Ende des Deutschen Kaiserreichs und auch das Ende des Preußischen Königtums. Damit wurden die »Königlichen Museen« nunmehr zu »Staatlichen Museen«, doch an ihrer inneren Struktur änderte sich nichts.

Im Jahre 1921 gelang es schließlich, den Neubau in Dahlem zu vollenden, wenn auch in veränderter Form. Das Gebäude wurde zum Magazin für alle ethnologischen Sammlungen erklärt, und ab 1923 begann der Umzug all der Objekte nach Dahlem, die nicht für die Schausammlung vorgesehen waren. Die Kosten dafür mußte das Museum durch den Verkauf sogenannter Dubletten selbst aufbringen (Westphal-Hellbusch 1973: 29–32).

Der Plan für ein separates »Asiatisches Museum« bestand jedoch weiter, so daß das ehemalige Kunstgewerbe-Museum (der heutige Martin-Gropius-Bau), das direkt neben dem Museum für Völkerkunde in der Königgräzer Straße (heute Stresemannstraße) lag, als »Völkerkunde-Museum II« mit den Sammlungen der asiatischen Abteilung eingerichtet wurde. Beide Häuser erlebten im Juni 1926 ihre feierliche Neueröffnung mit Schausammlungen, die es erstmals ermöglichten, ausgewählte Objekte einzelner Kulturen in einem sinnvollen Zusammenhang zu präsentieren (Westphal-Hellbusch 1973: 33).

Über die Form der Präsentation gab es bei den wissenschaftlichen Mitarbeitern des Museums allerdings unterschiedliche Ansichten, selbst bei den Leitern der zwei Amerika-Abteilungen. So teilte Max Schmidt seine Südamerika-Ausstellung in eine regionale Übersicht auf, die er mit einer vergleichenden Zusammenschau von Objekten ergänzte, die nach Sachthemen geordnet war, z.B. Bodenkultur, Jagd und Fischerei, Verkehrswesen, Spiel- und Sportgeräte, Kleidung und Schmuck, Kunstäußerungen, religiöses Leben, Maskenwesen usw. Dazu bemerkte er, daß er sich bei der Auswahl der Gegenstände von dem Gesichtspunkt leiten ließ, »von modernen europäischen Kultureinflüssen möglichst unberührt gebliebene Kulturgüter in den Vordergrund treten zu lassen. Eingeborene, deren ursprünglicher Kulturbesitz schon verlorengegangen ist, sind bei der Aufstellung überhaupt nicht berücksichtigt worden ...«

Abb. 23
Der Nordwestküsten-Raum in der neugestalteten Ausstellung von 1926. Die meisten Objekte gehören zur Sammlung Jacobsen, so die Häuptlingsfigur der Kwakiutl links von der Mitte und der Häuptlingssitz der Bella Bella (Heiltsuk) im Vordergrund links. An der Wand ist einer der von Karl von den Steinen 1897 erworbenen Grizzlybären-Hauspfosten zu erkennen.

Abb. 24
Schrank mit Alaska-Material der Sammlung Jacobsen in der Aufstellung von 1926. Die Große Trommel in der Mitte ist von einer Fülle von Masken umgeben, die 1945 von den Russen beschlagnahmt wurden und erst 1991/92 wieder nach Berlin zurückkehrten.

Abb. 25
Kostümfigur »Schwarzfuß-Indianer« in der Ausstellung 1926. Zu Hemd und Leggings der Blackfeet aus der Zeit um 1820 trägt sie eine Comanche-Federhaube, die erst um 1880 entstanden ist.

Sein Kollege Preuss, der für Nord- und Mittelamerika zuständig war, vertrat dagegen eine ganz andere Ansicht: »Selbstverständlich werden auch die indianischen Erzeugnisse, zu denen europäisches Material, wie Perlen, Farben, Eisen u. a. benutzt wurde, soweit sie den alten Stil beibehalten, nicht beiseite gestellt. Bei den Indianern der Vereinigten Staaten findet es sich bereits bei ganz alten Stücken, als die Sammeltätigkeit noch gar nicht eingesetzt hatte« (Westphal-Hellbusch 1973: 85–88).

Nach Horst Hartmann (1973a: 233) war die Neuaufstellung von 1926, an der Krickeberg großen Anteil hatte, ein gewaltiger Schritt nach vorn. Statt vollgestopfter Schränke gab es nun übersichtlich geordnete Schaukästen, und im Bereich der Nordwestküste freistehend arrangierte Inszenierungen. Eine besonders publikumswirksame Neuerung waren Kostümfiguren, die unterschiedliche Regionen Nordamerikas verkörperten. Sie standen in Glasschränken und waren mit Original-Kleidungsstücken und Zubehör aus den Sammlungen ausgestattet. Da sie keine Individuen, sondern Idealtypen darstellten, spielte es keine Rolle, daß die Stücke vielfach unterschiedlichen Ethnien und Zeitebenen angehörten. Die Figur »Schwarzfuß-Indianer« beispielsweise trug Hemd und Leggings der Blackfeet aus der Sammlung des Herzogs Paul von Württemberg aus der Zeit um 1820, Mokkasins, die Prinz Maximilian zu Wied 1833 von den Sioux erworben hatte, und eine Comanche-Federhaube mit langer Schleppe der Sammlung Lenders aus der Zeit um 1880. Bei den anderen Kostümfiguren war die ethnische Mischung nicht ganz so extrem, doch da man diese Kulturen als »zeitlos« einstufte, kombinierte man bedenkenlos Stücke aus dem frühen 19. Jahrhundert mit solchen, die über 50 Jahre später entstanden waren, ohne zu berücksichtigen, daß dazwischen eine Zeitspanne von zwei bis drei Generationen lag, in der sich im indianischen Nordamerika bedeutende kulturelle Veränderungen vollzogen.

Die in fünf Sälen untergebrachte Ausstellung folgte dem Prinzip der Kulturareale, wobei Saal I den Eskimo gewidmet war, Saal II der Nordwestküste, Saal III der Subarktis, dem Plateau, Kalifornien und dem nicht-seßhaften Teil der Bevölkerung des Südwestens, Saal IV den Völkern der Prärien und Plains sowie des östlichen Waldlandes, und Saal V den Bodenbauern des Südwestens und Nordwest-Mexikos. An dieser Aufteilung kann man erkennen, daß die Ausstellung die unterschiedliche Anzahl von Objekten in den einzelnen Regionen widerspiegelte. Da in den folgenden Jahren nur kleinere Nordamerika-Sammlungen angeschafft werden konnten, hat sich die Ausstellung bis zum Zweiten Weltkrieg höchstens in einigen Details, aber nicht grundsätzlich verändert (H. Hartmann 1973a: 234–238). Die Gesamtzahl der bis zu diesem Zeitpunkt vorhandenen Nordamerika-Objekte betrug etwa 23 000 in den Inventarbüchern registrierte Nummern.

Der Zweite Weltkrieg und seine Folgen

Bei Ausbruch des Krieges im Jahre 1939 verpackten die Staatlichen Museen den größten Teil ihrer Sammlungen in tausende von Kisten und Paketen, die entweder in Bunkern und Flaktürmen innerhalb Berlins oder in Bergwerksstollen und Salzminen weit weg von der Stadt gelagert wurden. Das Museum für Völkerkunde blieb bis 1941 geöffnet, allerdings mit einer reduzierten Ausstellung. Ab Januar 1942 wurde der überwiegende Teil der dort befindlichen Sammlung ausgelagert, größere Stücke in den Keller gebracht. Die Objekte im Magazin in Dahlem blieben dort bis Ende 1943, ein Teil sogar bis Juli 1944. Da die Objekte der Schausammlung und die im Magazingebäude getrennt verpackt wurden, gelangten sie teilweise in unterschiedliche Lagerstätten. Brände oder Wassereinbrüche führten dazu, daß Kisten mehrmals umgelagert werden mußten, so daß am Ende des Krieges vielfach unklar war, welche Teile der Nordamerika-Sammlung den Krieg unbeschadet überstanden hatten und welche verbrannt, geplündert oder beschlagnahmt waren. Beate Wild (1990) hat versucht, für die Amerika-Sammlungen die Wege der Auslagerung nachzuvollziehen, doch unvollständige oder widersprüchliche Dokumente lassen dies nur in begrenztem Umfang zu.

Die Bestände der Staatlichen Museen, die sich noch in Berlin befanden, waren größtenteils in den Flaktürmen am Zoo und in Friedrichshain sowie im Tiefkeller der Reichsmünze eingelagert. »Die schwersten Schäden seit Ausbruch des Krieges erlitten die Berliner Museen in der Nacht des 10./11. März 1945. Eine einzige britische Bombe, genau auf die Reichsmünze gezielt, in der Kunstschätze lagerten, zerstörte einen großen Teil der Ornamentstichsammlung der Kunstbibliothek, das meiste Porzellan des Kunstgewerbemuseums und die schönsten Stücke der Berliner Porzellanmanufaktur, zwölf erlesene islamische Teppiche, Musikinstrumente, Bestände der Ostasiatischen Abteilung und des Museums für Völkerkunde sowie viele weitere Kunstwerke« (Akinscha und Koslow 1995: 72). Nicht nur das Feuer, sondern auch das Löschwasser richtete dabei erheblichen Schaden an, so daß die Kisten des Völkerkundemuseums, darunter auch solche der Abteilung Amerika, zum Trocknen und Umpacken in das Magazingebäude nach Dahlem geschafft wurden (Wild 1990: 5).

Abb. 26
Kisten mit Objekten der Amerika-Abteilung lagern im Keller von Schloß Celle bei Hannover. Aufnahme um 1950.

Nach dem Sieg der Alliierten über die Armeen Hitlers wurde Deutschland in vier Sektoren geteilt, einen französischen, einen britischen, einen amerikanischen und einen sowjetischen. Jede der vier Militärmächte beschlagnahmte die in ihrem Sektor gelagerten Kulturgüter und brachte sie zu zentralen Sammelstellen. Ein großer Teil der Kisten aus dem Museum für Völkerkunde gelangte auf diese Weise in die Hand der Briten, die sie zum »Zonal Fine Arts Repository« in das Schloß von Celle bei Hannover transportierten. Ein weiterer Teil der ethnologischen Sammlung, darunter allerdings keine Amerika-Stücke, wurde von den Amerikanern beschlagnahmt und nach Wiesbaden in den »Central Collecting Point« gebracht (H. Hartmann 1973a: 241, Koch 1973b: 377, 383). Einige hundert Kisten jedoch fielen in die Hände der Roten Armee, die sie nach Russland abtransportieren ließ. Der Ort ihrer Aufbewahrung wurde geheimgehalten, so daß bis zum Jahre 1989 zumindest offiziell nicht bekannt war, wo sich diese Objekte befanden und ob sie überhaupt noch existierten.

Wie inzwischen bekannt ist, suchten Offiziere der sowjetischen Trophäen-Brigaden systematisch nach Kunst- und Kulturschätzen, die sie nach Moskau und Leningrad (das heutige Sankt Petersburg) abtransportierten. Es gab in der Sowjetunion Pläne, in Moskau ein »Supermuseum« zu errichten, das mit Exponaten bestückt werden sollte, die man von den feindlichen Nationen als »Strafe« rekrutierte. Es war dabei abwechselnd von einem Museum der Weltgeschichte, einem solchen der Wissenschafts- und Technikgeschichte und einem Museum der Weltkunst die Rede. Diese Pläne, in der Hauptstadt des »ersten proletarischen Staats« ein solches Supermuseum zu errichten, entsprangen neuen nationalistischen Vorstellungen, die während des Krieges die Oberhand gewonnen hatten. Wie Akinscha und Koslow (1995: 51) dazu ironisch bemerken, wirkte dagegen Hitlers Plan für ein riesiges »Führermuseum« in Linz wie eine »Provinzveranstaltung«.

Die Museen in Moskau und Leningrad füllten sich 1945/46 mit gewaltigen Mengen an Beutekunst, die der sinnvollen Verteilung bedurften. Daher gab die Leiterin des Komitees für kulturpädagogische Einrichtungen in der Sowjetunion im März 1946 einen Befehl heraus, der die Verteilung der Kriegsbeute regelte. Danach wurden die nach Leningrad gebrachten Bestände des Völkerkundemuseums Berlin zwischen zwei Museen aufgeteilt: Exponate aus den slavischen, zentralasiatischen und kaukasischen Kulturen kamen ins Volksmuseum der UdSSR, die reichen Bestände an afrikanischen, fernöstlichen, amerikanischen und indischen Exponaten erhielt das Museum für Ethnographie (Akinscha und Koslow 1995: 206–207).

Die sowjetischen Trophäen-Brigaden beschlagnahmten nicht nur Museumsobjekte, sondern auch Bücher und Dokumente. So wurden aus dem teilweise zerstörten Museumsgebäude in der Stresemannstraße 38 Kisten abtransportiert, in denen sich etwa 2500 Bücher der Amerika-Abteilung befanden. Außerdem sollen darin enthalten gewesen sein: Ein Mappenwerk mit Bildtafeln zum Reisebericht des Prinzen Maximilian zu Wied, die Mappe mit den 104 Zeichnungen von George Catlin und ein Skizzenbuch von Balduin Möllhausen (Wild 1990: 6).

Die Stiftung Preußischer Kulturbesitz

Mit dem Zusammenbruch des Deutschen Reiches endete auch die Existenz des Staates Preußen, dem bis dahin einzigen Träger der Staatlichen Museen Berlins. Durch ein Gesetz des Alliierten Kontrollrates vom Februar 1947 wurde Preußen förmlich aufgelöst. Da ein einzelnes Bundesland der 1949 gegründeten Bundesrepublik Deutschland jedoch finanziell überfordert gewesen wäre, die Trägerschaft zu übernehmen, wurde 1957 per Gesetz die »Stiftung Preußischer Kulturbesitz« ins Leben gerufen. In dieser Stiftung des öffentlichen Rechts übernahmen Bund und Länder gemeinsam die Verantwortung des von den Preußen hinterlassenen kulturellen Erbes. 1961 nahm die Stiftung in Berlin ihre Arbeit auf (Knopp 1994: 13–17).

Der Ethnologe Horst Hartmann betreute ab 1951 die in Celle lagernden Sammlungen, die zwischen 1954 und 1958 nach Berlin zurückgeführt wurden. Als Nachfolger von Walter Krickeberg wurde 1954 Hans Dietrich Disselhoff zum Museumsdirektor und Leiter der Amerika-Abteilung ernannt. Als Hartmann 1956 eine Stelle als Kustos am Museum erhielt, wurden die Amerika-Sammlungen wegen der großen Zahl an Objekten in zwei Bereiche geteilt: Die von Disselhoff geleitete Abteilung »Amerikanische Archäologie«, die die altamerikanischen Kulturen Mesoamerikas und des andinen Hochlandes einschließlich der historischen und modernen Nachfolgekulturen umfaßte, und die Abteilung »Amerikanische Naturvölker« unter der Leitung von Horst Hartmann, die das gesamte Gebiet Nordamerikas und das südamerikanische Tiefland einschloß (H. Hartmann 1973a: 239–240).

Die Sammlungen waren nun alle im Magazingebäude in Dahlem und einer nahegelegenen Kaserne untergebracht, da das Museumsgebäude in der Stresemannstraße wegen seiner schweren Beschädigungen nicht nutzbar war. Zur weiteren Verwendung dieses Gebäudes haben die am Museum tätigen Wissenschaftler und die Baubehörde zahlreiche Pläne erstellt, Gutachten angefertigt und Diskussionen geführt, die jedoch kein befriedigendes Ergebnis brachten. Im Dezember 1961 wurde das auf Initiative von Bastian errichtete Haus schließlich gesprengt und vollständig abgerissen, angeblich um die (geplante?) Stadt-

Abb. 27
Das ehemalige »Königliche Museum für Völkerkunde« nach dem Ende des Zweiten Weltkrieges. Die äußeren Mauern standen noch, doch das Innere des Gebäudes war fast vollständig zerstört. 1961 wurde es endgültig abgerissen.

autobahn zu erweitern (Westphal-Hellbusch 1973: 53–58, Gaehtgens 1992: 76). Haus II hingegen, der heutige Martin-Gropius-Bau, der ebenfalls stark beschädigt war, wurde in aufwendiger Weise restauriert und dient seit 1981 als »Großes Ausstellungshaus« der Stadt Berlin (Frank 1994).

Mit der Zerstörung des alten Völkerkunde-Museums konzentrierten sich die zukünftigen Planungen alle auf den Standort Dahlem, der zu einem Zentrum für die außereuropäischen Kulturen ausgebaut werden sollte. Wichtig war zunächst, Raum zu schaffen für die sichere Unterbringung der Sammlungen, die teilweise schon seit über 20 Jahren in Holzkisten verpackt lagern mußten. Das 1964 begonnene Studiensammlungsgebäude war 1966 vollendet, so daß die Abteilung »Amerikanische Naturvölker« die 23 657 über den Krieg geretteten Nordamerika- Objekte dort in modernen Schränken sicher unterbringen konnte (Westphal-Hellbusch 1973: 58–59, H. Hartmann 1973a: 250).

Der Kalte Krieg und die Teilung Deutschlands hatten damals auch Auswirkungen für Dahlem. Große Sammlungen von Gemälden und Skulpturen, die in Westdeutschland ausgelagert worden waren, konnten nicht an ihren ursprünglichen Standort auf der Museumsinsel zurückkehren, da diese Museen sich jetzt im Ostsektor Berlins befanden. Daher mußten diese Sammlungen ebenfalls in Dahlem untergebracht werden, bis dafür Museumsneubauten im Zentrum Berlins geschaffen waren. Die Bautätigkeiten in Dahlem konnten bis 1973 abgeschlossen werden, so daß die meisten Abteilungen des Museums ihre Bestände in Form von Dauerausstellungen präsentieren konnten. Für die Abteilung »Amerikanische Naturvölker« war als Ausstellungsfläche der Teil des Altbaus vorgesehen, der zu

Abb. 28
Sonderausstellung »Die Plains- und Prärieindianer Nordamerikas« in Berlin-Dahlem zur Feier des hundertjährigen Bestehens des Museums für Völkerkunde im Jahre 1973.

dieser Zeit von der Gemäldegalerie belegt war. Da bereits Planungen für den Neubau der Gemäldegalerie am Kemperplatz neben der Neuen Nationalgalerie existierten, schien es nur eine Frage von wenigen Jahren zu sein, bis auch die Indianer Nordamerikas in einer Dauerausstellung zu sehen wären. Die Planungen und Neubaumaßnahmen für die Gemäldegalerie verzögerten sich jedoch erheblich, so daß dieses Haus erst im Sommer 1998 eröffnet werden konnte. Für die Nordamerika-Sammlungen bedeutete dies, daß sie seit Kriegsende nur in zeitlich und räumlich begrenzten Sonderausstellungen gezeigt werden konnten, eine umfassende Dauerausstellung war bis dahin nicht möglich.

Zu den Sonderausstellungen gehörten als wichtigste die 1973 zum hundertjährigen Jubiläum des Museums von Horst Hartmann zusammengestellte Schau »Die Plains- und Prärieindianer Nordamerikas« (Katalog: Hartmann 1973b), gefolgt von den »Maskentänzen der Kwakiutl« im Jahre 1990 unter der wissenschaftlichen Leitung von Erich Kasten (Katalog: Kasten 1990). Die Gebiete Nordwestküste und Plains wurden außerdem 1992 in der großen Ausstellung zum 500. Jahrestag der Entdeckung Amerikas durch Kolumbus im Martin-Gropius-Bau präsentiert (Katalog: *Amerika 1492–1992*, 1992).

Mit der Einrichtung der Studiensammlung »Amerikanische Naturvölker« konnte Bilanz gezogen werden über die Verluste an Objekten, die der Zweite Weltkrieg mit sich brachte. Da jedoch immer wieder Stücke an unvermuteten Orten auftauchten oder nummernlose Stücke zugeordnet werden konnten, veränderten sich die Zahlen laufend. Die letzte vor der Wiedervereinigung Deutschlands durchgeführte Bestandsaufnahme nennt den Verlust von 5858 Objekten aus Nordamerika, die unter 5302 Inventarnummern registriert waren (Wild 1990: 11). Horst Hartmann (1973a: 250–251) hat eine Anzahl von Objekten aufgelistet, die wegen ihrer Größe oder Seltenheit besonders schmerzliche Verluste für das Museum darstellten. Dazu gehörten beispielsweise zwei Wappenpfähle von der

Nordwestküste, ein Paar Hauspfosten der Haida, die als Grizzlybären gestaltet waren, sieben Wampumgürtel aus dem nordöstlichen Waldland, fünf Bisonroben der Sammlungen Wied und Köhler, sowie verschiedene Boote. Einen besonders hohen Anteil an den Kriegsverlusten hatte die Sammlung Jacobsen, aus der ein großer Teil von Masken der Yup'ik-Eskimo Alaskas und der Indianer der Nordwestküste verschwunden war. Hartmann hat versucht, durch Neuankäufe oder Tauschaktionen mit Privatsammlern die Verluste wenigstens teilweise auszugleichen, was jedoch angesichts der Marktlage und der horrenden Preise für Ethnographica aus Nordamerika ein hoffnungsloses Unterfangen ist. Daneben hat er sich bemüht, bei seinen Reisen in die USA oder über amerikanische Wissenschaftler moderne Objekte zu erwerben, die ein Beleg dafür sind, daß die Kulturen des indianischen Nordamerika trotz der Dominanz der Euroamerikaner heute noch immer lebendig sind.

Mit dem Ausscheiden von Horst Hartmann 1985 ging die Leitung der Abteilung »Amerikanische Naturvölker« in die Hände von Günther Hartmann über, der bisher als wissenschaftlicher Mitarbeiter die Südamerika-Sammlungen betreut hatte. Sein Amt übernahm 1989 Richard Haas als Referent für die Ethnologie Südamerikas, dem seit dem gleichen Jahr Peter Bolz als Referent für die Ethnologie Nordamerikas zur Seite steht. Im Zuge einer Strukturreform des Museums, die ab Januar 1998 wirksam wurde, bekam die Abteilung »Amerikanische Naturvölker« die neue Bezeichnung »Fachreferat Amerikanische Ethnologie«.

Die Rückführung aus Leipzig

Die Wiedervereinigung Deutschlands 1990 brachte für die Staatlichen Museen gewaltige Anstrengungen mit sich, die seit fast fünfzig Jahren getrennten Sammlungen und Museen wieder zusammenzuführen. Dabei kam auf das Museum für Völkerkunde recht plötzlich eine ganz besondere Aufgabe zu, die zuvor kaum voraussehbar war: Der Transport und die Wiedereingliederung von etwa 45 000 Objekten aus den Berliner Beständen, die im Museum für Völkerkunde zu Leipzig lagerten. Es handelte sich dabei um den größten Teil der Kriegsbeute, die die Rote Armee 1945 in die Sowjetunion verfrachtet hatte und schließlich in das Ethnographische Museum in Leningrad gekommen war. Doch wie ist diese Sammlung nach Leipzig gelangt?

Zur Vorgeschichte gibt es nur wenige Informationen. Offensichtlich ist, daß die in Leningrad lagernden Objekte ausgepackt und registriert wurden. Jedes Stück wurde mit einer neuen Nummer versehen, die meist in Form eines Anhängers oder Aufklebers angebracht war. In vielen Fällen war die Nummer aber auch mit roter Tinte (!) gut sichtbar auf die »Schauseite« eines Objektes geschrieben. Die den zurückgekehrten Kisten beiliegenden Inventarlisten in russischer Sprache wurden in Berlin zwar übersetzt, erwiesen sich jedoch als wenig brauchbar. Da sämtliche Dokumente der Amerika-Sammlungen in Berlin verblieben waren, hatten die russischen Bearbeiter keinen Zugang dazu und konnten die Objekte daher nur sehr ungenau bestimmen.

Wie Gerd Höpfner, der Leiter der Rückführungsaktion des Berliner Museums, in seinem Bericht vermerkt (1993: 160), gab es 1950 »vage Andeutungen, man habe in Leningrad in einer Ausstellung indianische Stücke gesehen, die offensichtlich aus Berlin stammen würden«. Kollegen, die zu Tagungen nach Leningrad reisen konnten, machten später ähnlich geheimnisvolle Andeutungen, wenn man jedoch nachfragte hieß es, sie seien zum Stillschweigen verpflichtet worden.

Abb. 29
Schnupftabakdose der Sammlung Jacobsen, die von den Russen beschlagnahmt und nach Leningrad gebracht wurde. Dort bekam sie die neue Inventarnummer »Amerika 793«, die gut sichtbar neben die alte Berliner Nummer geklebt wurde.

Im Jahre 1955 fand in der Sowjetunion ein Umdenkungsprozeß bezüglich der bisher stets als »Trophäen« bezeichneten Beutekunst statt. Die jetzt als »Deutsche Demokratische Republik« etablierte sowjetische Besatzungszone hatte gegenüber der Sowjetunion Wohlverhalten und Solidarität demonstriert und sollte dafür belohnt werden. Deshalb waren die Kunstwerke der Dresdener Gemäldegalerie plötzlich keine Kriegsbeute mehr, sondern »vorübergehend in der UdSSR verwahrte Kulturgüter der DDR«. In einer Erklärung des Ministerrats der UdSSR vom März 1955 hies es unter anderem: »Um die freundschaftlichen Beziehungen zwischen dem Sowjetvolk und dem deutschen Volk zu festigen und weiterhin zu fördern, und in Anbetracht dessen, daß die Regierung der Deutschen Demokratischen Republik konsequent eine Politik des Friedens und der Freundschaft zwischen den Völkern verfolgt, ... hat der Ministerrat der UdSSR beschlossen, der Regierung der Deutschen Demokratischen Republik all jene Bilder der Dresdener Galerie zu übergeben, welche in der Sowjetunion aufbewahrt werden« (Akinscha und Koslow 1995: 232).

In einer weiteren großangelegten Rückführungsaktion wurde ab Oktober 1958 ein beträchtlicher Teil der aus den Staatlichen Museen in Berlin erbeuteten Kulturgüter zurückgegeben, darunter auch der Pergamonaltar. »Dreihundert Güterwaggons voller Trophäen wurden in die DDR geschickt. Die Kunstwerke, die vierzehn Jahre zuvor nach Osten gebracht worden waren, kehrten heim. Bis Mitte Januar 1959 wurden 1 569 176 Trophäenstücke und 121 Kisten mit Büchern und Fotografien aus den Geheimdepots der Museen von Moskau, Leningrad und Kiew an die DDR zurückgegeben« (Akinscha und Koslow 1995: 259). Neben diesen Erfolgsmeldungen gab es aber auch eine dunkle Seite der Beutekunst, nämlich das Plünderungsgut. Tausende aus Deutschland geraubte Kunstwerke und Kulturgüter zirkulierten auf Kunstmärkten in sowjetischen Städten und wurden zu Spottpreisen verkauft. Nicht nur Schwarzmarkthändler, sondern auch offizielle, vom Staat betriebene Antiquitätengeschäfte boten das Beutegut

Abb. 30
Die beiden Wappenpfähle der Berliner Sammlung bei ihrer Ankunft aus Leipzig im August 1990. Links der Haida-Pfahl der Sammlung Jacobsen mit abgebrochenen Flügeln und fehlendem Schnabel an der Adlerfigur, rechts der 1895 erworbene Tsimshian-Pfahl (IV A 7098), bei dem ebenfalls wichtige Teile fehlen.

feil. Außerdem wurden »zweitrangige« Beutestücke an Mitglieder des Ministerrats und des Zentralkomitees der UdSSR verteilt, die damit ihre Datschas dekorierten (Akinscha und Koslow 1995: 259, 268).

Die in Leningrad gelagerten Objekte aus dem Berliner Museum für Völkerkunde wurden in den Jahren 1977/78 in die DDR überführt. Ein Beschluß des Zentralkomitees der Sozialistischen Einheitspartei Deutschlands (SED) aus dem Jahre 1975 besagte, daß sie dem Leipziger Museum für Völkerkunde zu überstellen seien. Genaue Gründe dafür sind nicht bekannt, doch da es in Ostberlin kein Völkerkundemuseum gab, bot sich Leipzig als größtes Haus dieser Art in der DDR automatisch an. Außerdem hatte Leipzig durch Kriegszerstörungen selbst große Verluste hinnehmen müssen. Laut den in Leningrad erstellten Listen handelte es sich bei den nach Leipzig gebrachten Objekten um 44 561 Stücke, von denen etwa 23 000 aus Afrika stammten, 9000 aus Amerika, 7000 aus Asien, 3000 aus Ozeanien und 2000 aus Europa. Hinzu kamen Fotos und Dokumente in größerer Zahl. Die über 1500 Holzkisten, Pakete und Großobjekte wurden im Leipziger Museum zunächst in einem der oberen Stockwerke gelagert, doch im Winter 1982/83 mußten sie wegen eines Wassereinbruchs, verursacht durch eingefrorene und geplatzte Heizkörper, in den darunter gelegenen Sonderausstellungsraum gebracht werden (Höpfner 1993: 161). Bald danach kursierten Gerüchte über die Rückgabe dieser Sammlung aus Leningrad, die auch nach dem damaligen Westberlin drangen, doch da die Leipziger Kollegen zur Geheimhaltung verpflichtet waren, gab es darüber keine offiziellen Mitteilungen.

Nach Öffnung der Berliner Mauer gab es bereits im Januar 1990 erste Gespräche zwischen den Direktoren des Leipziger und des Berliner Völkerkundemuseums, und im Mai wurde die Rückführung nach Berlin verabredet. Daraufhin fuhr Gerd Höpfner zusammen mit dem Generaldirektor der Staatlichen Museen nach Leipzig, um die dort lagernden Berliner Objekte in Augenschein zu nehmen und weitere Details zu besprechen. Seinen ersten Eindruck schildert Höpfner folgendermaßen: »Dort standen wir nun, beeindruckt von dem, was alles zu sehen war, nämlich wahre Gebirge von aufgestapelten Kisten aller Größen, Pakete mit Bündeln von Speeren und Schilden, Trommeln, Boote, Skulpturen und hölzerne Architekturteile, gesondert aufbewahrt die Elfenbeinzähne und die Benin-Plastiken und ein etwa zehn Meter langer Verschlag, unter dem die beiden großen Wappenpfähle von der amerikanischen Nordwestküste lagen« (1993: 163).

Nach Überwindung zahlreicher organisatorischer Probleme konnte im August 1990 der erste Transport von Leipzig erfolgen. Zunächst wurden die größten Stücke nach Berlin gebracht, darunter die beiden Wappenpfähle und die Grizzlybären-Hauspfosten. Weitere Transporte erfolgten 1991 und 1992, und bis Januar 1993 war die letzte Kiste ausgepackt. Insgesamt wurden 46 675 laufende Nummern registriert, etwa die Hälfte davon entfielen allein auf die Abteilung Afrika. Für die Abteilung »Amerikanische Naturvölker« wurden 7610 Nummern gezählt, davon gehören etwa 1900 bis 2000 Stücke in den Bereich Nordamerika, der Rest von über 5000 Stücken nach Südamerika. Die genauen Zahlen stehen noch nicht fest, da noch nicht alle Objekte identifiziert werden konnten. Dieser Prozeß der genauen Zuordnung und der Eingliederung in die bestehende Sammlung wird sich noch über mehrere Jahre hinziehen.

Erfreulich an dieser Rückführungsaktion war, daß viele der vermißten Highlights der Nordamerika-Sammlung wieder auftauchten. Dazu gehörten neben den oben erwähnten Großobjekten auch zahlreiche Masken von der Nordwestküste, die aus den älteren Publikationen von Jacobsen (1884) oder Boas (1897) bekannt

Abb. 31
Die Grizzlybären-Hauspfosten (IV A 7326a, b) der Sammlung Karl von den Steinen nach ihrer Rückkehr aus Leipzig. Im Vergleich zu den beiden Wappenpfählen sind sie in relativ gutem Zustand.

Abb. 32
Der Zustand der Schwanenmaske von den Yup'ik-Eskimo (Sammlung Jacobsen, IV A 5147) nach ihrer Rückkehr aus Leipzig. Die meisten Teile sind zerbrochen, ein Auge fehlt, und das Karibufell rund um den Kopf ist von den Motten nahezu vollständig zerstört.

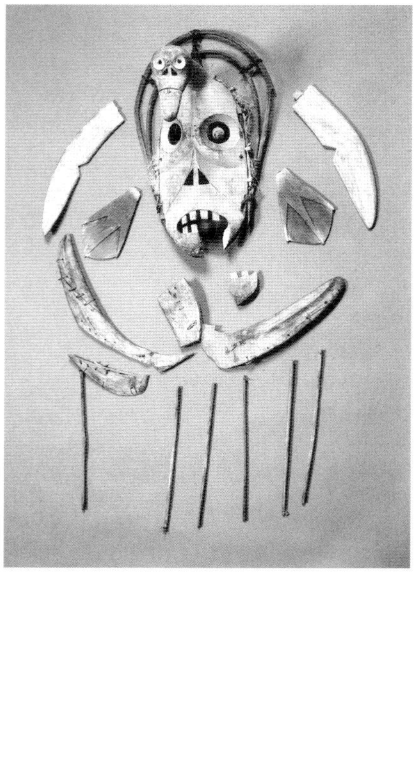

waren. Auch der größte Teil der Yup'ik-Masken aus Westalaska ist zurückgekommen, so daß eine Auswahl davon bereits 1996 in einer Ausstellung in Anchorage, Alaska, gezeigt werden konnte (siehe Fienup-Riordan 1996). Aus dem Bereich der Arktis sind gut 1000 Stücke zurückgekehrt, von der Nordwestküste etwa 430, aus dem Südwesten 204, aus Kalifornien 183, aus dem östlichen Waldland 55, aus dem intermontanen Gebiet (Plateau und Großes Becken) 38 und aus dem Gebiet der Prärien und Plains 11. Die letztere Zahl erscheint sehr gering, doch darf man nicht vergessen, daß darin alleine sechs Bisonroben enthalten sind, vier davon aus der Sammlung des Prinzen zu Wied und eine aus der Sammlung Köhler, die zu den Spitzenstücken der Plains-Sammlung gehören. Die vorab nach Berlin gebrachten russischen Inventarlisten hatten keinerlei Hinweis darauf gegeben, ob diese Roben in den Kisten enthalten waren. Um so größer war daher die Freude, als diese Stücke im April 1992 ans Tageslicht kamen (siehe Bolz 1992). Die Freude wurde allerdings dadurch etwas getrübt, daß die ebenfalls vermißte Robe der Sammlung Klostermann (siehe Krickeberg 1954, Tafel 8), wahrscheinlich die älteste der Berliner Sammlung, nicht dabei war. Auch die

Abb. 33
Häuptlings-Kopfaufsatz der Tsimshian mit Rückenbehang (Slg. Jacobsen, IV A 444) nach der Rückkehr aus Leipzig. Von dem kostbaren Behang aus weißen Hermelinfellen ließen die Motten nur die nackten graubraunen Lederbälge übrig.

vermißten Wampumgürtel (Krickeberg 1954, Tafel 46, 47) kamen nicht zurück, ebenso wie die Catlin-Zeichnungen, das Möllhausen-Skizzenbuch und hunderte anderer Stücke, die noch immer fehlen. Die oben erwähnte Zählung der Kriegsverluste ergab für Nordamerika 5302 fehlende Nummern. Abzüglich der etwa 2000 Leipzig-Objekte bleibt somit noch immer ein Verlust von über 3000 Stücken, über deren Verbleib bis heute nichts bekannt ist. Es kann sich dabei um geplündertes, verbranntes oder sonstwie vernichtetes Material handeln, das wahrscheinlich für immer verloren ist. Allerdings besteht eine geringe Hoffnung darin, daß ethnologische Objekte auch nach Moskau transportiert wurden und dort, ähnlich wie der Schliemann-Schatz, in einem Geheimdepot lagern und eines Tages vielleicht doch noch nach Berlin zurückkehren.

Aber selbst über die wieder in Berlin eingetroffenen Stücke kann man sich nicht uneingeschränkt freuen, da viele sich in einem erbärmlichen Zustand befinden. Zerbrochene Keramik oder auseinandergebrochene Masken gehören noch zu den harmloseren Schäden, da sie sich wieder zusammenkleben lassen. Problematischer wird es da, wo abgebrochene oder abgefallene Teile nicht mehr vorhanden sind. Selbst bei dem großen Haida-Wappenpfahl waren von der Adlerfigur an der Spitze die beiden Flügel abgebrochen und der Schnabel fehlte ganz. Andere Schäden bemerkt man erst, wenn man die Stücke mit noch vorhandenen Vorkriegsfotos vergleicht: An vielen Masken fehlten Fellteile, die Bärte oder Haarkränze darstellten, dort war lediglich noch ein Stück Leder zu sehen. Die Motten oder andere Schädlinge haben hier ganze Arbeit geleistet und im wahrsten Sinne des Wortes kein Haar übriggelassen. So wurde der aus einem Pumafell hergestellte Köcher eines stolzen Kriegers zu einem eifachen Lederköcher ohne Fell, und bei dem ehemals prächtigen Rückenbehang eines Häuptlings-Kopfaufsatzes, der mit mehreren Reihen von weißen Hermelinfellen besetzt war, sind nur noch die nackten graubraunen Lederbälge vorhanden. Das Fell ist bis auf die Schwanzspitzen abgefressen, so daß ein jeder Häuptling sich schämen würde, so etwas zu tragen. Nur ein geringer Teil des zurückgekommenen Materials konnte bisher überhaupt konservatorisch behandelt werden. Dies ist eine Aufgabe, die noch mehrere Generationen von Restauratoren beschäftigen wird.

Mit der Rückführung der Bestände aus Leipzig hat die Nordamerika-Sammlung in den meisten Bereichen soviel an Substanz dazugewonnen, daß sie wieder mit der Sammlung aus der Zeit vor dem Zweiten Weltkrieg vergleichbar ist. Daher ist es jetzt auch an der Zeit, sie in einer umfassendeen Ausstellung dem Publikum zu präsentieren. Allerdings haben die durch den Zweiten Weltkrieg ausgelösten Aktionen der Auslagerung, Rückführung, Neuordnung, Registrierung, Restaurierung, erneute Rückführung, erneute Neuordnung usw. soviele Kräfte gebunden, daß eine wissenschaftliche Bearbeitung und Publizierung der Sammlung bisher nur in geringem Umfang erfolgen konnte. Dieses Defizit soll in Zukunft in verstärktem Maße ausgeglichen werden.

COPYRIGHT 1898
F. A. RINEHART,
OMAHA.
MRS. SARAH WHISTLER
-SAC & FOX-
No 1014

Die Regionen Nordamerikas

Das östliche Waldland

Abb. 34
Sarah Whistler, Sauk and Fox, aufgenommen bei der Trans-Mississippi Exposition in Omaha, Nebraska, 1898. Sie gehörte zu einer Delegation des gemeinsamen Stammesverbandes der Sauk and Fox, die aus Oklahoma und Iowa angereist waren.
Die Art ihrer Tracht war im 19. Jahrhundert im Gebiet der Großen Seen weit verbreitet. Dazu gehörten eine Bluse mit silbernen Broschen sowie Rock und Schal mit bunten Seidenband-Applikationen. Foto: Studio von Frank A. Rinehart, Omaha, 1898.

Mit dem Begriff »östliches Waldland« werden die beiden Kulturareale Nordosten und Südosten zusammengefaßt. Dies erwies sich hier als sinnvoll, da die Bestände des Berliner Museums aus diesen Regionen relativ klein sind und sich bei älteren Teilen der Sammlung oft nicht klar unterscheiden läßt, zu welcher der beiden Regionen sie gehören.

Das Waldland-Gebiet erstreckt sich von der Atlantikküste bis an den Mississippi. Im Norden umfaßt es das Gebiet der Großen Seen, im Süden die Küstenregion des Golf von Mexiko, wo es bis nach Texas hineinreicht. Es war ursprünglich von ausgedehnten Laub- und Mischwäldern bedeckt. Die Rodung des Waldes ermöglichte einen einfachen Bodenbau, bei dem der Mais die wichtigste Nahrungspflanze bildete. Die Jagd auf Rotwild diente der Versorgung mit Fleisch.

Der größte Teil des Nordostens war von Algonkin-sprechenden Gruppen bevölkert, mit Ausnahme des Gebietes am St. Lawrence River und am Lake Ontario, wo sich verschiedene Irokesengruppen niedergelassen hatten. Von den südöstlichen Stämmen waren die Cherokee sprachlich mit den Irokesen verwandt, während Chickasaw, Choctaw und Creek der Muskogee-Sprachfamilie angehörten. Die heute noch in Florida ansässigen Seminole sind eine Mischung aus den oben genannten Stämmen (vor allem Creek), zu denen sich im frühen 19. Jahrhundert entflohene Negersklaven gesellten.

Bereits im 16. Jahrhundert gründeten die Spanier Missionsstationen in Florida. Etwa zur gleichen Zeit errichteten die Franzosen Handelsposten am St. Lawrence River. Im frühen 17. Jahrhundert ließen sich englische Kolonisten an der Ostküste nieder, denen Holländer, Finnen, Schweden und Deutsche folgten. Innerhalb weniger Jahrzehnte spannten sich ausgedehnte Handelsnetze von den Küsten und Flüssen bis weit ins Landesinnere. Der Pelzhandel brachte einigen Indianergruppen eine kurze Zeit des Wohlstandes, vielen jedoch Tod und Verderben. Eingeschleppte Krankheiten verbreiteten sich rasch und führten zur Entvölkerung ganzer Landstriche. Indianer kämpften nicht nur untereinander um Vorteile im Handelsgeschäft, sondern wurden mehr und mehr in die Kriege der europäischen Kolonialmächte verwickelt. Ganz gleichgültig, auf welcher Seite sie standen, am Ende waren sie die Verlierer und mußten weite Teile ihres Landes abtreten.

Handelskontakte, Missionierung und die immer größere Dominanz europäischer Kolonisten führten bei den meisten Indianergruppen zu einem Wandel von sozialen, politischen und religiösen Strukturen. Besonders deutlich zeigte sich dieser Wandel in der materiellen Kultur, in die immer mehr europäische Güter einflossen. Metallwaren, bunte Stoffe, Glasperlen und vieles mehr ersetzten die ursprünglichen Materialien. Vielfach kam es zu Kombinationen von ursprünglichen Techniken mit neuen Materialien, aus denen sich Formen entwickelten, die schon bald wieder als typisch für eine bestimmte Region galten.

Vor allem bei Kleidungsstücken vollzog sich dieser Wandel rasch, da ihre reiche Ausschmückung oder ihre Herkunft aus dem fernen Europa auch bei Indianern als Zeichen von Wohlstand und Prestige galt. Auf Darstellungen von Waldland-Indianern des 18. und frühen 19. Jahrhundert sieht man kaum einen Würdenträger, der nicht mit Kleidung oder Waffen aus europäischer Produktion ausgestattet wäre.

Daneben entstanden aber auch ganz neue Absatzmöglichkeiten für indianische Produkte. Lederne Kleidung, Beutel, Taschen, Körbe und viele andere Dinge

Abb. 35
Kleine Tasche, ohne Herkunftsangabe, »alter Bestand«. Höhe:16 cm, Breite: 18,5 cm. Inv.-Nr. IV B 1.
Diese geflochtene Tasche aus »Indianerhanf«, mit geometrischen Mustern in der Technik des »False Embroidery« (eingeflochtene Zierstreifen) und einem Randbesatz aus gefärbten Stachelschweinborsten, gehört zu den ältesten Stücken der Berliner Nordamerika-Sammlung. Wahrscheinlich stammt sie von den Huronen und ist in das 17. Jahrhundert zu datieren.

wurden auch von weißen Pelzhändlern oder Siedlern benutzt. Frühe Reisende verlangten nach indianischen Souvenirs und fanden eine reiche Auswahl. Vor allem in der Gegend um die Niagarafälle entstand ein ausgedehnter Souvenirhandel mit Objekten aus Birkenrinde, die mit sehr feinen Elchhaar-Applikationen versehen waren. Fast jedes europäische Völkerkundemuseum besitzt solche Stücke (siehe Phillips 1998).

Vor diesem historischen Hintergrund läßt sich leicht erklären, warum die Sammlungen des Berliner Völkerkundemuseums aus dem östlichen Waldland so heterogen sind. Zu keiner Zeit war es möglich, größere Sammlungen zu erwerben, die planvoll und systematisch angelegt waren. Im Sinne Bastians befanden sich diese Gruppen auch nicht mehr in ihrem ursprünglichen, »unverdorbenen« Zustand, so daß man aus ihrem kulturellen Inventar auch keine Rückschlüsse auf frühere Zustände der Menschheitsgeschichte ziehen konnte. Mit einer Ausnahme: dem prähistorischen Material. Steinerne Pfeilspitzen und Geräte, entweder als Oberflächenfunde oder aus frühen Ausgrabungen, bilden einen beträchtlichen Anteil an der Gesamtzahl der Waldland-Stücke. Da sie schlecht oder gar nicht dokumentiert sind, lassen sie sich zeitlich kaum einordnen und besitzen meist nur einen geringen Aussagewert.

Abb. 36
»Jägertasche« mit reich verziertem Trageband, ohne Herkunftsangabe. Gesamtlänge 75 cm. Slg. Hadlock 1824. Inv.-Nr. IV B 3.
Die Tasche von europäisch beeinflußter Form besitzt innen zwei Fächer und war ursprünglich mit einem Knopf verschließbar. Das aufwendig gestaltete Trageband ist asymmetrisch mit Quillwork-Applikationen besetzt. Die spiralförmigen Muster deuten auf eine Herkunft von den westlichen Abenaki hin.

Die ältesten Sammlungen

Zu den ältesten Waldland-Stücken gehört eine kleine Tasche aus »Indianerhanf«, die die Inventarnummer IV B 1 trägt (Abb. 35). Walter Krickeberg (1954: 126) bezeichnet sie sogar als das älteste nordamerikanische Ethnographicum des Berliner Museums. Dies schließt er aus dem Vergleich mit einer fast identischen Tasche im British Museum, die auf das Ende des 17. Jahrhunderts datiert wird (King 1999: 51). Diese wahrscheinlich von Huronen gefertigte Tasche ist nur eines von mehreren Waldland-Objekten aus dem Bestand der Kunstkammer, das weder eine Herkunftsbezeichnung trägt, noch mit einem Sammlernamen verbunden ist. Datum und Umstände des Erwerbs sind daher nicht mehr feststellbar. Krickeberg bezeichnet solche Stücke als »alter Bestand«. Dazu gehört auch ein »lederner Männerrock von europäischem Schnitt« (Abb. 176/Krickeberg 1954, Taf. 17a) mit Bemalung und Zierstücken aus gefärbten Stachelschwein-Borsten (Quillwork). Weiterhin zählen zum alten Bestand: zwei Mokkasins (20d; 21b), ein Schmuckband und zwei Gürtel (24a, b, c), drei Taschen mit gewebtem Quillwork (28a, b, c), zwei Messerscheiden (30a, c), eine Tasche aus dem Panzer eines Knochenhechts (31b) und ein Tomahawk in französischer Form (40c).

Die früheste dokumentierte Sammlung mit Material aus dem östlichen Waldland ist die des Kapitäns Samuel Hadlock, die 1824 in die Kunstkammer gelangte. Die Zahl der eindeutig zum Waldland gehörigen Stücke ist allerdings gering. In einer gedruckten Liste mit »Naturalien, Waffen und Kunstsachen« aus allen Weltgegenden listet Hadlock auch mehrere Stücke mit dem Zusatz »Ohio« auf (Anonymus 1824). In die Berliner Sammlung ist davon allerdings nur eine Kriegskeule gelangt, die heute leider nicht mehr vorhanden ist.

Von den noch existierenden Hadlock-Stücken lassen sich ein Paar Mokkasins, ein Paar Kniebänder (Krickeberg 1954: Taf. 25c) und eine Umhängetasche (Taf. 18) dem Waldland zuordnen. Das schönste Stück aus diesem Gebiet ist jedoch die »Jägertasche« aus dunkelbraunem Leder mit einem reich verzierten Trageband. Die Tasche selbst ist mit einer Rosette und Doppelkurven-Motiven aus Quillwork dezent verziert, das 5,5 cm breite und aus zwei Teilen von je 58 cm Länge zusammengesetzte Trageband hingegen ist auf seiner gesamten Oberfläche mit Quillwork bedeckt, so daß es, quer über der Brust getragen, wie eine Schärpe wirkt (siehe Abb. 36). Kasprycki (1997: 69, 71) ordnet die Tasche den westlichen Abenaki zu, deren Siedlungsgebiete im heutigen Staat New Hampshire und im Süden der Provinz Quebec lagen.

Zur Sammlung Deppe, die 1837 in die Kunstkammer gelangte, wird auch ein Paar mit Quillwork verzierte Mokkasins gerechnet, das wahrscheinlich von den Irokesen stammt (Abb. 37). Da Deppe ausschließlich in Mexiko und an der Westküste Nordamerikas gesammelt hat, ist diese Zuordnung recht unwahrscheinlich, zumal in der Originalliste seiner Sammlung (Bankmann 1998) keine Mokkasins verzeichnet sind. Es wurde daher spekuliert, ob diese Mokkasins nicht zur Sammlung Hadlock gehören und dafür ein Argillit-Pfeifenkopf der Haida aus der Sammlung Hadlock zur Sammlung Deppe zu rechnen sei (Wright 1987: 230).

Eine kleine Nordamerika-Sammlung, die 1839 nach Berlin gelangte, ist die des Preußischen Gesandten Friedrich Ludwig von Roenne, die dieser wiederum von Thomas L. McKenney erhalten hat, dem ersten Indianerbeauftragten der USA. Sie stammt offensichtlich aus der »Indian Office Collection« McKenneys, die Viola (1968) als »Washington's First Museum« bezeichnet. Diese Sammlung befand sich im Gebäude des Kriegsministeriums, nicht weit entfernt vom Weißen

Abb. 37
Ein Paar Mokkasins mit Quillwork-Verzierung, ohne Herkunftsangabe. Länge: 25 cm. Angeblich Slg. Deppe 1838. Inv.-Nr. IV B 117. Diese als Arbeit der Irokesen erkennbaren Mokkasins wurden im alten Inventarbuch der Sammlung Deppe zugeordnet und mit dem Datum 1838 versehen. Da Deppe jedoch ausschließlich an der Westküste gesammelt hat, wäre auch eine Herkunft aus der Sammlung Hadlock denkbar.

Haus. Viola, der einer Beschreibung im »Guide to Washington« von Jonathan Elliot folgt, schildert die Sammlung so:

»A large bark canoe hung over the office doorway. Inside, one hundred thirty portraits of Indian dignitaries, whose grim visages stared out at the beholder, adorned the walls. Two display cases containing Indian ›curiosities‹—British peace medals, beaded moccasins, costumes, arrows, pipes, baskets—competed with the office furniture for floor space. Perhaps equally as interesting as the artifacts and paintings was the library. It held practically every standard work in English on the American Indian as well as a variety of manuscripts, tracts, and journals« (Viola 1968: 1).

Aus dieser Sammlung also erhielt von Roenne insgesamt 17 Stücke, die McKenney (1839) persönlich in einer Liste mit 15 Nummern beschrieben hat. Davon gehören die meisten in den Bereich des westlichen Seengebietes oder der östlichen Prärien. Leider hat Mc Kenney in keinem Fall eine tribale Herkunft der von ihm beschriebenen Stücke angegeben, sondern spricht ganz pauschal von »Indians«. Charakteristisch für seine Zeit ist auch, daß er nicht die tatsächlich vor ihm liegenden Objekte, sondern lediglich den Objekttyp beschrieben hat . Dabei widmet er Waffen und rituellen Objekten die größte Aufmerksamkeit. Zu den interessantesten Stücken seiner Sammlung gehören eine Pfeife mit einem 113 cm langen gedrehten Rohr (Abb. 51), das Modell einer Kindertrage (Feest und Kasprycki 1999, Fig. 35) und eine heute als »Ear pouch« bezeichnete kleine Tasche mit Quillwork- und Federverzierung (Hartmann 1973 b, Nr. 120).

Die früheste Sammlung, die einen einheitlichen Stammesnamen trägt, ist die des Konsuls Hebenstreit. Es handelt sich um Objekte und Objektgruppen, die in der

Abb. 38
Ein Paar Mokkasins mit Seidenband-Applikationen, angeblich Comanche. Länge: 29 cm. Slg. Hebenstreit 1840. Inv.-Nr. IV B 120.
Diese als »Socken der Comanche« bezeichneten Mokkasins aus hellem Wildleder sind wahrscheinlich die Arbeit eines zwangsweise nach Oklahoma umgesiedelten Stammes der »Fünf zivilisierten Nationen« aus dem Südosten.

Originalliste 53 Nummern zählen. In einem Brief von Ledeburs an den Generaldirektor der Königlichen Museen vom 15. Januar 1840 (Erwerbungsakte Amerika Vol. 1, 35/40) teilt er diesem mit, daß ein Fräulein Hebenstreit in Posen von ihrem Bruder, dem königlich Preußischen Konsul in Texas, einen wertvollen indianischen Anzug zum Geschenk erhalten habe, den sie verkaufen wolle. In dem Brief werden die Gegenstände als »Kriegs-Anzüge der Cumanha Indianer« bezeichnet. Dies und die Tatsache, daß der Bruder des Fräulein Hebenstreit damals Konsul in Texas war, sind die einzigen Hinweise auf ihre Herkunft.

Die von Hebenstreit als »Cumanha« bezeichneten Comanche waren zu dieser Zeit der bekannteste und kriegerischste Stamm in Texas, daher war diese Zuordnung wohl naheliegend. Da die Stücke stilistisch dem südöstlichen Waldland angehören, ist anzunehmen, daß sie von einer der zwischen 1831 und 1838 nach Oklahoma deportierten Gruppen stammen. Dafür kommen die Choctaw, Creek, Chickasaw oder Cherokee in Frage. Sicherlich waren sie keine Kriegsbeute der Comanche, wie Krickeberg (1954: 9) vermutet hat. Wahrscheinlicher ist, daß sie von einer der deportierten Gruppen aus Not verkauft wurden.

Der größte Teil dieser Sammlung besteht aus Kleidungsstücken (siehe Krickeberg 1954, Taf. 17–20, 25, 26 u. 40): lederne »Jagdröcke« und Mokkasins, Hemden aus bedrucktem Baumwollstoff, Schals und Leggings aus gefärbtem Wollstoff. Die meisten Stücke sind mit bunten Seidenband-Applikationen verziert (Abb. 38 u. 39). Hinzu kommen Broschen, Armbänder, Brustschmuck und Kopfreifen aus »versilbertem Messingblech«, wie es in der Liste heißt. Tatsächlich handelt es sich um eine Legierung aus Silber, Kupfer und Zink, wie eine Analyse ergab. Der Silbergehalt schwankt dabei zwischen 44 und 81 Prozent. Auch einige Waffen gehören zu der Sammlung: vier Messer und zwei Pfeifentomahawks. Die jeweils

Abb. 39
Ein Paar Leggings mit Seidenband-Applikationen, angeblich Comanche. Länge: 76 cm. Slg. Hebenstreit 1840. Inv.-Nr. IV B 17.
Diese im Stil des östlichen Waldlandes gefertigten Leggings bestehen aus dunkelblauem Wollstoff mit der für den Indianerhandel typischen gefärbten Webkante, die an den oberen Umschlägen erkennbar ist. Die im Zickzack geschnittenen Seidenbänder sind in einer sich überlappenden Technik aufgenäht.

identischen Messer sind auf der Klinge mit der Bezeichnung »G R« (für Georgius Rex, englische Ausfuhrmarkierung zur Zeit von George IV., ca. 1820–1830) und »G. Johnson« versehen. Sie stammen somit aus englischer Produktion und stimmen genau mit dem Messertyp überein, den Brasser (1976: 100) als »Eastern Great Lakes« bezeichnet. Ihre Herkunft aus unterschiedlichen Regionen macht deutlich, wie problematisch es ist, europäische Produkte bestimmten Regionalgruppen zuzuordnen oder gar mit einem Stammesnamen zu versehen.

Prinz Maximilian zu Wied, dessen 1844 erworbene Sammlung überwiegend vom oberen Missouri stammt, hat auch einige Waldland-Stücke mitgebracht: Einen Ojibwa-Tabaksbeutel aus Otterfell, zwei verschiedene Kniebänder und eine Basttasche der Sauk, ein Paar Irokesen-Mokkasins und einen hölzernen »Kopfbrecher« der Tuskarora. Die beiden letztgenannten Stücke hat er wahrscheinlich bei den Niagarafällen im Souvenirhandel erworben. Zwei kleine Körbe und ein

Tongefäß der Cherokee hat möglicherweise Karl Bodmer bei seiner Reise von New Harmony nach New Orleans im Januar/Februar 1833 für den Prinzen gesammelt (siehe Bolz 1995a).

Die 1846 von Friedrich Köhler angekaufte Sammlung enthielt mehrere interessante Stücke aus dem Waldland. Wie bei den meisten Sammlungen dieser Zeit, tragen die Objekte keine genaue Herkunftsbezeichnung. Bei Köhler gibt es jedoch einige Ausnahmen: Ein Pfeifenkopf aus Stein, auf dem sich drei geschnitzte Figuren sexuell betätigen, wird als »Cherokee« bezeichnet, ebenso die steinerne Nachbildung der Klinge eines Pfeifentomahawks (Krickeberg 1954, Taf. 40e u. 45e). Bei dem auf einen Rahmen gespannten, mit Federn verzierten Skalp ist angegeben, daß er von dem Chippewa-Chief »Left Hand« stamme, der am 29. Juli 1839 von den Sioux getötet wurde (Krickeberg 1954, Taf. 42). Leider zählt dieser Skalp zu den Kriegsverlusten der Berliner Sammlung. Die beiden als Jagdröcke bezeichneten Hemden von dem berühmten Seminole-Häuptling »Oceola« tragen in Köhlers Objektliste den Zusatz »nebst sein Portrait«, das leider nicht mehr vorhanden ist. Nach Sturtevant (1956) gibt es keinen Zweifel, daß es sich bei diesen Hemden aus bunt bedrucktem Baumwollstoff um Seminole-Stücke handelt (Abb. 40 u. 41). Lediglich die Zuordnung zu Osceola ist fragwürdig. Wahrscheinlich hat Köhler aufgrund der Ähnlichkeit zu dem Hemd auf Osceolas Portrait diesen Schluß gezogen. Die unbewiesene Behauptung Köhlers schmälert aber keineswegs die Bedeutung dieser beiden Hemden. Wie Sturtevant (1956: 327) betont, sind es die bei weitem ältesten Seminole-Kleidungsstücke, die noch existieren.

Zu der Sammlung gehört auch ein Tomahawk, der »nach dem Kriege von 1815 gefunden wurde« und von Krickeberg (1954, Taf. 40b) als »spanische Form« bezeichnet wird. Zwei hölzerne Keulen (Krickeberg 1954, Taf. 39a, b), eine mit Kugelkopf, eine schwertförmig, tragen ebenfalls keine Herkunftsbezeichnung, gehören aber ebenso wie ein Paar Schneeschuhe und zwei Lacrosse-Schläger in das Gebiet des Waldlandes (Krickeberg 1954, Taf. 37d u. 41a).

Eines der schönsten Waldland-Stücke der Sammlung Köhler ist der Fischotterbalg einer Midewiwin-Medizingesellschaft aus dem Gebiet der Great Lakes, wahrscheinlich der Ojibwa (Abb. 42). Der von Krickeberg (1954: 252 u. Taf. 49a) als »prächtiges Exemplar« bezeichnete Beutel ist auf der Innenseite des Schwanzes und an den vier Pfoten mit Quillwork-Applikationen versehen, die sich glücklicherweise bis heute in bestem Zustand erhalten haben.

Die 1867 angekaufte Sammlung des Herzogs Paul von Württemberg enthielt ebenfalls einige interessante Waldland-Stücke: Eine Jagdtasche, die den Cherokee zugeordnet wird (Krickeberg 1954, Taf. 26c), ein Paar Mokkasins mit der Herkunftsbezeichnung Crow, die stilistisch jedoch in das Gebiet der östlichen Great Lakes gehören (Krickeberg 1954, Taf. 21a), und ein Karibu- oder Elchfuß mit kleinen aufgesetzten Taschen, die mit Elchhaar-Applikationen verziert sind (Krickeberg 1954, Taf. 31a). Diese Mischung aus Jagdtrophäe und Wandschmuck war eine Spezialität der Huron-Wendat für den Souvenirhandel im Gebiet der Great Lakes (Phillips 1998: 235).

Ein besonderes Stück dieser Sammlung ist ein Messer mit Scheide, das der Nr. 79 in Herzog Pauls Liste seiner ethnographischen Sammlung zugeordnet ist. Daher trägt es die Bezeichnung »Skalpirmesser von den schwarzfüßigen Indianern« (Württemberg o. J. Nr. 79). Sowohl Krickeberg (1954, Taf. 43b) als auch Horst Hartmann (1973b, Kat. Nr. 100) haben diese Bezeichnung übernommen. Das

Abb. 40
Hemd aus bunt bedrucktem Baumwollstoff. Seminole. Länge: 110 cm. Slg. Köhler 1846. Inv.-Nr. IV B 247.
Nach der Angabe von Friedrich Köhler handelt es sich bei diesem Männerhemd um den Jagdanzug des berühmten Seminole-Chief »Oceola«, der fünf Jahre lang gegen die Weißen gefochten hat und 1837 in Charleston gefangen worden war. Das Hemd ist zweifellos eine Seminole-Arbeit des frühen 19. Jahrhunderts, die Zuordnung zu dem 1838 in Gefangenschaft verstorbenen Seminole-Führer Osceola ist jedoch äußerst fragwürdig.

Abb. 41
Hemd aus bunt bedrucktem Baumwollstoff. Seminole. Länge: 80 cm. Slg. Köhler 1846. Inv.-Nr. IV B 248.
Dieses Hemd wurde von Köhler in gleicher Weise Osceola zugeordnet. Denkbar wäre, daß beide Hemden als Gastgeschenke einer Seminole-Delegation, die im Namen Osceolas überreicht wurden, nach Washington kamen, wo sie später zusammen mit dieser Information in die Hände von Köhler gelangten.

Messer besitzt einen Griff aus einem halben Bärenunterkiefer, eine Besonderheit, die im Gebiet der Prärien und Plains verbreitet war (siehe Ewers 1968: 143, Klann 1999: 7, 37–38). Die Scheide ist im oberen Teil mit Stachelschweinborsten besetzt, die ein schachbrettartiges Muster bilden. Der untere Teil hingegen ist mit gefärbten Federkielen belegt. Diese für eine Messerscheide ungewöhnliche Technik der Verzierung wird in der Liste des Herzogs unter der Nr. 87 erwähnt. Dort heißt es: »Messer mit Scheide von Federkiel ... von den Assiniboinen«. Es ist sehr wahrscheinlich, daß beim Ankauf der Sammlung einige Objekte, darunter auch die Messerscheide, falsch zugeordnet wurden. Form und Machart der Scheide sind nahezu identisch mit der anderer Scheiden, die als Dakota (Feest und Kasprycki 1999: 226) oder Chippewa (Hodge 1973: 5) bezeichnet werden. Feder (1987: 52) ordnet diesen Typ den Sioux aus der Gegend von Ft. Snelling (Minnesota) zu. Für die Scheide ist daher weder Blackfoot noch Assiniboin als Herkunftsbezeichnung zutreffend. Sie stammt vielmehr aus dem Gebiet der westlichen Great Lakes, das der Herzog im Sommer 1831 bereist hatte.

Bei Blackfeet und Assiniboin gab es die Institution des Bärenkults, dessen Anhänger im Kampf »Bärenmesser« trugen, die ihnen eine besondere Macht verliehen (Ewers 1968: 131–145). Daher können für das Messer beide Herkunftsbezeichnungen zutreffen. Dies bedeutet, daß Messer und Scheide ursprünglich gar nicht zusammengehörten, sondern wahrscheinlich erst in der Sammlung des Herzogs vereint wurden.

Abb. 42
Medizinbeutel der Mide-Gesellschaft aus einem Otterbalg, ohne Herkunftsangabe. Länge: 127 cm. Slg. Köhler 1846. Inv.-Nr. IV B 141. Dieser vollständige Balg eines Fischotters diente zur Aufbewahrung von kraftgeladenen und magischen Objekten, die bei den als *Midewiwin* bezeichneten Heilungsritualen der Mide-Gesellschaft verwendet wurden. Diese Gesellschaft war unter den Ojibwa und anderen Algonkin-Gruppen im Gebiet der Großen Seen weit verbreitet, so daß eine eindeutige Zuordnung des mit Quillwork reich verzierten Beutels nicht möglich ist.

Die Sammlungen nach 1870

Der Ankauf der Sammlung des Herzogs Paul von Württemberg ist der letzte, der in die Ära von Ledeburs fällt. Im Inventarbuch IV B macht sich dies durch das Erscheinen einer neuen Handschrift bemerkbar, nämlich der von Adolf Bastian. Aber auch die inhaltliche Struktur der Sammlung verändert sich. Zu Zeiten der Kunstkammer war man am Sammeln von »Kunstsachen« interessiert, was auch eine gewisse ästhetische Komponente einschloß. Für Bastian hingegen stand der wissenschaftliche Erkenntniswert im Vordergrund, zu dem auch die Frage nach dem Alter einer Kultur gehörte. Zu den ältesten, von der europäischen Zivilisation garantiert unbeeinflußten kulturellen Hinterlassenschaften der Indianer Nordamerikas gehörten die Steinartefakte, die im östlichen Waldland in Grabhügeln und auf Feldern in großer Menge zu finden waren. Daher beginnt unter dem Einfluß Bastians 1871 in der Nordamerika-Sammlung das »lithische Zeitalter«. Einzelne Steingeräte waren zwar schon früher mit anderen Sammlungen nach Berlin gekommen, doch damals wurde die erste ausschließlich prähistorische Sammlung von 34 Geräten der »Mound builders« inventarisiert. Sie war ein Geschenk des Konsuls des Norddeutschen Bundes in Cincinnati an die Königlichen Museen. Der Name des Sammlers blieb ungenannt. Die Herkunft dieser als Steinbeile, Schleudersteine, Steinschmuck oder Pfeilspitzen bezeichneten Objekte lautet: »am Ohio gefunden«, »in Cincinnati gefunden«, »aus einem Mound in Indiana« (bzw. Tennessee oder Ohio).

Weitere 68 Steingeräte eines ungenannten Sammlers trafen 1877 in Berlin ein. Sie kamen aus Indiana, Kentucky, Florida, Ohio und Virginia. Die dabei am häufigsten vorkommende Objektbezeichnung lautet »Pfeilspitze«.

Die dritte größere Sammlung von Steinmaterial wurde 1878 im Austausch mit der Smithsonian Institution erworben. Die etwa 200 Objekte sind als Stein- oder Speerspitzen inventarisiert. Bei den meisten ist als Herkunftsort nur der

Abb. 43
Messerscheide und Bärenmesser, angeblich Blackfeet, ca. 1830-1850. Länge der Scheide: 26,5 cm, Länge des Messers: 32 cm. Slg. Herzog Paul von Württemberg 1867. Inv.-Nr. IV B 300.
Die Messerscheide ist im oberen Teil mit Stachelschweinborsten, im unteren Teil mit gespaltenen Federkielen belegt. Sie entspricht damit genau einem Typ, der bei den östlichen Sioux in Minnesota verbreitet war. Das Messer mit dem Griff aus einem halben Bärenunterkiefer hingegen kommt aus dem Gebiet der Plains und ist dem Bärenkult zuzuordnen, der bei Blackfeet, Assiniboin und anderen Gruppen verbreitet war. Möglicherweise wurden Messer und Scheide erst in der Sammlung des Herzogs miteinander vereint.

Staat angegeben, bei einigen auch eine nähere Ortsbezeichnung wie »Mercer County, Ohio« oder »Cape Cod, Massachusetts«.

In den folgenden Jahrzehnten kamen weitere größere und kleinere Sammlungen von Steingeräten hinzu (z.B. Sammlung Schild, 1902, mit ca. 580 Objekten), wodurch sich die Bestände aus dem östlichen Waldland zahlenmäßig stark vermehrten. Ihre inhaltliche Qualität nahm dadurch allerdings nicht zu, da diese Stücke wegen ihrer schlechten Dokumentation nur einen geringen wissenschaftlichen Wert besitzen.

Die wachsenden archäologischen Bestände erhielten 1882 neue Nahrung, als der Arzt Georg J. Engelmann aus St. Louis eine Sammlung zum Tausch anbot. Neben 243 Steinwerkzeugen enthielt sie auch 65 Tongefäße. Sie stammen aus den Burial Mounds von Südost-Missouri und wurden von Engelmann selbst ausgegraben, wie er stolz vermerkt (Erwerbungsakte Amerika Vol. 7, 153/82). Neben bauchigen Flaschen und flachen Schalen befanden sich darunter verschiedene Tierformen sowie die Darstellung eines menschlichen Kopfes.

Gegenüber dieser plötzlichen Fülle an archäologischem Material traten die ethnologischen Sammlungen immer mehr in den Hintergrund. Ihr Erwerb beschränkte sich auf Geschenke und Zufallsangebote. So gelangte 1887 ein Kanu aus Birkenrinde von knapp fünf Meter Länge auf merkwürdige Art nach Berlin: Zwei »amerikanische Doktoren der Medizin« aus Cambridge, Massachusetts, waren im August 1881 damit von Rotterdam aus den Rhein aufwärts bis Schaffhausen gepaddelt und von dort zurück nach Köln. Dort ließen sie das Kanu in der Obhut des Spediteurs Albert Heimann, der es sechs Jahre aufbewahrte. Da das Boot nicht wieder abgeholt wurde, schenkte er es schließlich dem Berliner Museum.

Der Konsul Kontschnitt aus New Orleans schenkte dem Museum 1887 einige Objekte von den Choctaw am »Tschefunke-Fluß«, 35 Meilen von New Orleans entfernt. Es handelte sich um fünf Blasrohre mit zehn dazugehörigen Pfeilen, sowie zwei Bögen mit fünf Pfeilen. Von den »Chatamaquai« (wahrscheinlich Chitimacha), 120 Meilen von New Orleans entfernt, kamen 18 Körbe, ein Bandolier im Choctaw-Stil, Leggings aus rotem Tuch, Kniebänder, Mokkasins und ein kleiner Pfeifentomahawk. Drei Falschgesicht-Masken der Onondaga, einer Irokesengruppe im Staat New York, gelangten 1889 als Geschenk von De Cost Smith nach Berlin.

Der deutschstämmige Arzt und Ethnologe Walter J. Hoffman, der vor allem durch seine Forschungen über den Midewiwin-Bund der Ojibwa und Menominee bekannt wurde, übergab dem Museum 1894 und 1895 zwei kleine Sammlungen mit Material der beiden genannten Gruppen. Dazu gehörten auch 14 Birkenrinden-Schriften der Ojibwa, in die bilderschriftliche Aufzeichnungen des Midewiwin-Bundes geritzt sind. Karl von den Steinen, der bei seinen Nordamerika-Reisen auch stets Objekte sammelte, schenkte dem Museum 1902 drei weitere Falschgesichtmasken der Irokesen, die er in der Grand River Reservation in Ontario erworben hatte.

Die umfangreichste ethnologische Sammlung aus dem Waldland, die jemals nach Berlin gelangte, war die von William Jones vom American Museum of Natural History in New York, der durch seine Arbeiten über die Ojibwa und Fox bekannt wurde. 1904 kaufte das Museum durch die Vermittlung von Franz Boas etwa 250 Objekte von ihm. Davon kamen 60 Stücke von verschiedenen Ojibwa-

Abb. 44
Falschgesichtmaske vom Typ »lachender Mund«. Irokesen vom Grand River Reservat, Ontario. Höhe: 32 cm. Slg. Karl von den Steinen 1902. Inv.-Nr. IV B 5748.
Die aus Holz geschnitzte und mit Pferdehaaren und Messingaugen versehene Maske wurde von einem Mitglied des Falschgesichter-Bundes bei einem Ritual zur Krankenheilung getragen. Die Masken gelten als Repräsentanten übernatürlicher Wesen, die mit Heilkräften ausgestattet sind. Die unterschiedlichen Masken-Typen sind hauptsächlich an der Form von Mund und Nase zu erkennen.

Gruppen, 70 von den Fox aus Tama, Iowa, und 25 von den Menominee aus Wisconsin. Der überwiegende Teil davon bestand aus Kleidung und Hausrat. Hinzu kamen noch etwa 100 Pflanzenproben, die mit der Herkunft »Algonkin-Stämme« versehen waren.

Eine der inhaltlich bedeutendsten Sammlungen aus dem Nordosten gelangte 1905 durch einen Austausch mit dem Field Museum in Chicago nach Berlin. Es handelte sich um Stücke aus der Sammlung von Walter C. Wyman, zu der 86 Kupfer-Objekte aus dem Gebiet der Großen Seen gehörten. Kupferne Äxte, Speerspitzen, Messer und andere Geräte zeugen davon, daß es in dieser Region bereits weit entwickelte Formen der Metallverarbeitung gab.

Die wertvollsten Stücke der Wyman-Sammlung waren acht Wampum-Gürtel unterschiedlicher Herkunft. Fünf von ihnen stammten von den Ottawa, zwei von den Irokesen und einer wahrscheinlich von den Delaware. Krickeberg (1954: 234–237) hat diese Gürtel ausführlich beschrieben und alle abgebildet (Taf. 46 u. 47). Von den insgesamt neun Gürteln (ein früherer gelangte bereits 1882 nach Berlin) ist heute nur noch einer von den Ottawa vorhanden (IV B 7596, Krickeberg 1954, Taf. 47d). Bereits 1924 wurde ein Ottawa-Gürtel an das Karl-May-Museum in Radebeul abgegeben (IV B 7595, Taf. 47e) und ziert dort bis heute die lebensgroße Figur eines Irokesen-Häuptlings (Dräger et al. 1992: 31, 50). Das Museum für Völkerkunde in München erhielt 1936 ebenfalls einen Ottawa-Gürtel (IV B 7594, Taf. 47f). Die übrigen sechs Gürtel befanden sich sehr wahrscheinlich in der Nordamerika-Ausstellung im alten Museumsgebäude und wurden zu Beginn des Zweiten Weltkrieges verpackt und ausgelagert. Seitdem sind sie verschwunden, denn bei der Rückführung der Objekte aus Leipzig waren sie nicht dabei.

Aus der Privatsammlung eines Dr. Jost gelangte 1911 eine Schultertasche (Bandolier bag) mit breitem perlenbestickten Trageband in die Waldland-Sammlung (Abb. 45). Sie geht sicherlich auf die Zeit vor 1850 zurück und stammt möglicherweise von den Delaware.

Wiederum durch die Vermittlung von Franz Boas konnte 1914 ein Kriegsbündel der Fox aus Iowa erworben werden, das dem Ethnologen Truman Michelson gehörte. Dieser hatte es im Mai 1914 Alfred Kiyana aus Tama, Iowa, für 50 Dollar abgekauft, die dazugehörige Geschichte kostete fünf Doller extra (Erwerbungsakte Amerika Vol. 38, 952/14). Der bereits im gleichen Jahr erfolgte Weiterverkauf nach Berlin macht deutlich, daß Michelson weniger an dem Bündel selbst, als vielmehr an den damit verbundenen Erzählungen interessiert war, die er in einer Monographie ausführlich dokumentierte (Michelson 1921).

Eine Sammlung von etwa 50 Winnebago-Objekten wurde 1929 von E. W. Lenders erworben. Sie enthält Keulen, Musikinstrumente, eine Pfeife und auffallend viele Tierbälge oder Teile von Tieren, die zeremoniellen Zwecken dienten.

Die letzte Sammlung mit Waldland-Material, die vor dem Zweiten Weltkrieg nach Berlin kam, war ein Tauschgeschäft mit dem National Museum of Canada in Ottawa (heute Canadian Museum of Civilization). Walter Krickeberg schickte eine kleine Bisonrobe der Blackfeet aus der Sammlung des Prinzen zu Wied (1833) und eine Knochenkeule der Nootka aus der Sammlung Jacobsen (1881) nach Ottawa und erhielt dafür 18 Objekte der Irokesen, Huronen, Penobscot, Malecite und Micmac. Darunter befanden sich eine Maisstrohmaske, eine Kindertrage, Körbe, Holzschüsseln, Löffel, Rindengefäße, Lacrosse-Ballschläger

Abb. 45
Schultertasche vom Delaware-Typ, vor 1850. Höhe mit Tageband: 73 cm, Höhe der Tasche: 24 cm. Slg. Jost 1911. Inv-Nr. IV B 8354
Diese als »Bandolier bag« bekannte Art von Taschen, deren breites Trageband wie eine Schärpe diagonal über der Brust getragen wurde, weist die typischen Stilmerkmale der Deleware auf: Asymmetrisches Design, große, weiß umrandete Farbflächen und eine Vorliebe für die Farbe Rosa.

und ein Holzpaddel. Wie dieses Beispiel zeigt, besitzen Sammlungen, die aus solchen Tauschgeschäften stammen, meist keinerlei Systematik, da das genommen werden muß, was in dem Partner-Museum zufälligerweise als Dublette vorhanden ist.

Nach dem Zweiten Weltkrieg galt es, die Kriegsverluste festzustellen und zu dokumentieren. Horst Hartmann bemühte sich, fehlende Stücke durch Neuankäufe zu ersetzen. Es handelte sich dabei meist um Einzelstücke aus Privatsammlungen, z. B. verschiedene Taschen, Keulen, Mokkasins, die vielfach aus der Zeit vor 1850 stammten. Dazu gehörte auch ein mit weißen Perlen besticktes Bandolier der Choctaw aus dem frühen 19. Jahrhundert, das ursprünglich aus der Kunstkammer des Großherzogs von Baden kam (Abb. 46).

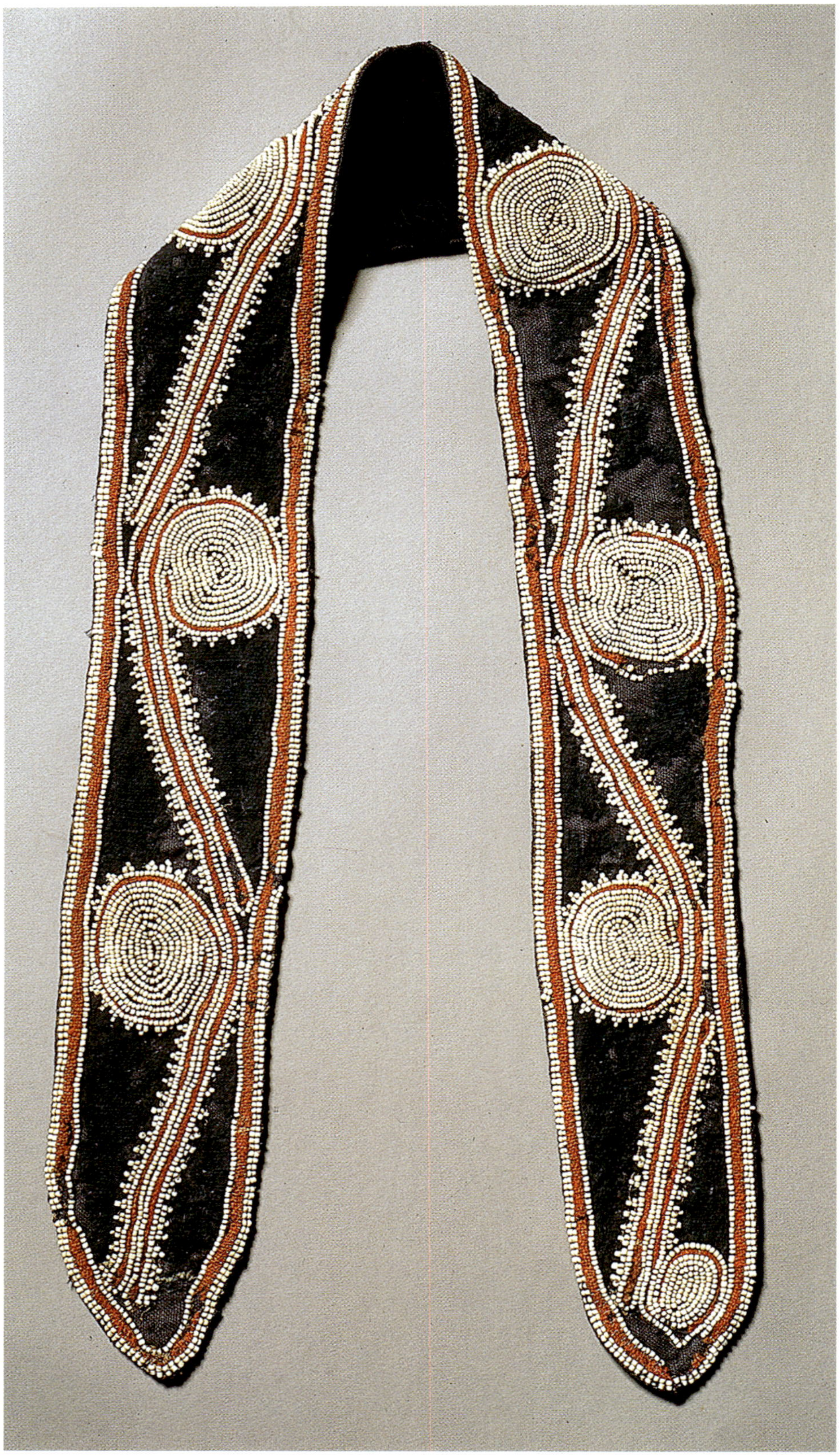

Abb. 46
Schärpe vom Choctaw-Typ , vor 1850. Länge: 136 cm. Slg. Speyer 1964. Inv.-Nr. IV B 12755. Die Schärpe besteht aus dunkelblauem Wollstoff, der teilweise zerstört war und deshalb mit ähnlichem Tuch unterlegt wurde. Als Verzierung dienen Streifen von rotem Wollstoff und weiße Glasperlen im typischen Schneckenmuster d eser Region. Nach Angabe des Verkäufers, Arthur Speyer Jr., stammt das Stück aus der Kunstkammer des Großherzogs von Baden.

Abb. 47
Steinerne Begräbnismaske. Mississippi-Kultur, ca. 1200-1700. Höhe: 33 cm. Slg. Stolper 1970. Inv.-Nr. IV B 12837.
Die aus einem Begräbnishügel in Tipton County, Tennessee, ausgegrabene Maske besitzt die für diesen Typ charakteristischen großen runden Augen, die ursprünglich wohl mit Muscheleinlagen versehen waren.

Abb. 48
Pfeifenkopf in Form eines Chunkey-Spielers. Mississippi-Kultur, ca. 1200–1400. Höhe: 14 cm. Slg. Stolper 1970. Inv.-Nr. 12839.
Diese als Pfeifenkopf ausgearbeitete Figur wurde 1928 im Fulton County, Georgia, ausgegraben. Sie zeigt einen knienden Chunkey-Spieler, der in der rechten Hand eine Steinscheibe, in der linken drei Zählstäbe hält. Bei dem noch im 19. Jahrhundert im Südosten populären Spiel wurde eine Steinscheibe (Chunkey) über den Boden gerollt. Zwei Spieler, die neben ihr herrannten, mußten versuchen, mit langen Stöcken die Scheibe zu treffen. Wer ihr am nächsten kam, konnte für sich einen Punkt zählen.

Mit dem Erwerb eines Wampum-Gürtels aus der Sammlung von Arthur Speyer konnte Horst Hartmann 1969 den in Berlin verbliebenen Bestand dieser Gürtel verdoppeln. Dieses angeblich vor 1790 hergestellte Stück wird als eine Arbeit der Delaware bezeichnet (Benndorf und Speyer 1968, Abb. 36, Kat. Nr. 98).

Im Jahr darauf gelangte durch einen Ankauf von den Stolper Galleries eine kleine Sammlung prähistorischer Kunst nach Berlin. Zu diesen Objekten aus der Mississippi-Kultur (ca. 700–1700 n. Chr.) gehören verschiedene steinerne Pfeifenköpfe in Vogelgestalt. Als besondere Stücke befinden sich darunter eine vollständig aus schwarzem Stein gearbeitete Zeremonialaxt, die im Gebiet des Tallapoosa-River in Alabama ausgegraben wurde; eine steinerne Begräbnismaske aus Tipton County, Tennessee, von grünlicher Farbe; und ein Pfeifenkopf aus rötlichem Stein in Form eines Chunkey-Spielers, der 1928 im Fulton County in Georgia gefunden wurde (Abb. 47 u. 48).

Eine Sammlung von 45 neueren Objekten der Irokesen aus der Grand River Reservation in Ontario geht auf eine 1979 durchgeführte Reise von Egon Renner zurück, der damals als wissenschaftlicher Assistent am Museum arbeitete. Dazu gehören 14 aus Holz geschnitzte Falschgesichtmasken, die verschiedene Typen repräsentieren. Außerdem drei Masken aus Maisstroh, 17 Miniaturmasken und verschiedene Rasseln. Eine in ein Baumstamm-Segment geschnitzte und noch unfertige Maske wurde zu Demontrationszwecken hergestellt. Damit endete zumindest vorläufig die Sammeltätigkeit im Bereich des östlichen Waldlandes, wenn man vom Erwerb moderner Kunst absieht, die in einem gesonderten Kapitel behandelt wird.

Der Stellenwert der Waldland-Sammlung

Die Sammlungen aus dem östlichen Waldland sind durch zwei wesentliche Merkmale gekennzeichnet: den hohen Anteil an archäologischem Material, der nur noch von den Sammlungen aus dem Südwesten übertroffen wird, und der relativ großen Zahl von älteren, vor 1850 zu datierenden Stücken.

Das archäologische Material ist wegen seiner Einförmigkeit und der schlechten Dokumentation nur wenig aussagekräftig. Hinzu kommt, daß durch neuere Grabungen in den USA dort wesentlich mehr und mit modernen Methoden dokumentiertes Material zur Verfügung steht. Dies erklärt auch, warum von seiten amerikanischer Archäologen bisher keinerlei Interesse an der Berliner Waldland-Sammlung gezeigt wurde. Der kulturhistorische Wert dieses Teils der Sammlung ist daher recht gering. Davon ausgenommen sind lediglich die seltenen Kupferobjekte von den Großen Seen sowie die Keramiken, Steinpfeifen und Zeremonialobjekte der Mississippi-Kultur.

Der ethnologische Teil der Sammlung ist zweifellos der kulturhistorisch interessantere und wertvollere. Gerade in einem Gebiet wie dem östlichen Waldland, das durch die europäische Besiedlung wie kein anderes in Nordamerika einem permanenten kulturellen Wandel unterlag, sind Objekte, die diesen Wandel dokumentieren, von besonderem Wert.

Auch wenn die vor 1870 in die Kunstkammer gelangten Waldland-Sammlungen relativ klein sind und eine tribale Zuordnung nicht immer möglich ist, so enthalten sie doch eine Reihe von Raritäten, die es nirgendwo anders gibt. Hervorzuheben sind dabei besonders die Textilien der Sammlungen Hebenstreit (1840) und Köhler (1846), die sich in bemerkenswert gutem Zustand befinden und zu den frühesten gehören, die aus diesem Gebiet erhalten sind.

Ein Mangel in der Struktur dieser Sammlung ist ihr regionales Ungleichgewicht. Die nach 1870 erworbenen Objekte kamen überwiegend aus dem Nordosten, der Südosten wurde immer mehr vernachlässigt. Paradox ist beispielsweise, daß die beiden weltweit ältesten Seminole-Hemden der Berliner Sammlung zugleich die »jüngsten« Erwerbungen von dieser Stammesgruppe darstellen, denn danach kam nie mehr ein Seminole-Stück nach Berlin. Für die Zukunft wäre somit wünschenswert, die älteren Bestände aus dem Südosten zu ergänzen, um damit die Veränderungen in der materiellen Kultur seit den letzten 150 Jahren zumindest beispielhaft dokumentieren zu können.

COPYRIGHT 1898
F. A. RINEHART,
OMAHA
CHIEF WETS-IT
ASSINABOINE

Prärien und Plains

Abb. 49
Wetsit, Assiniboin, aufgenommen bei der Trans-Mississippi-Exposition in Omaha, Nebraska, 1898. Er führte die Assiniboin-Delegation an, die zum »Indian Congress« nach Omaha gekommen war.
Seine Kleidung entspricht dem damaligen Reservationsstil, zu dem auch ein sogenanntes »Capote« gehört, ein Mantel mit Kapuze, der aus einer Handelsdecke gefertigt ist. Typisch für die Assiniboin ist die Haube aus Antilopenhörnern, Federn und Pferdehaar. Halbmond und Sterne auf dem Tanzschild sind Embleme der Geistertanz-Religion, die um 1890 auch unter den Assiniboin Verbreitung fand. Foto: Studio von Frank A. Rinehart, Omaha, Nebraska, 1898.

Das Gebiet der Prärien und Plains erstreckt sich vom Mississippi bis zu den Rocky Mountains sowie vom Golf von Mexiko bis weit hinauf nach Kanada. In der Ethnologie unterscheidet man zwischen der feuchteren Hochgrassteppe im östlichen Teil, die als Prärie bezeichnet wird, und der trockenen Kurzgrassteppe im Westen, den eigentlichen Plains. In der deutschsprachigen Literatur hingegen ist meist nur von Prärieindianern die Rede, auch wenn die Reiternomaden der westlichen Plains gemeint sind. Im Englischen hingegen werden beide Gruppen unter dem Oberbegriff »Plains Indians« zusammengefaßt.

Die Unterschiede machen sich hauptsächlich in der Wirtschaftsweise bemerkbar. Im Gebiet der Prärien war ein einfacher Bodenbau möglich. In kleinen Feldern oder Gärten entlang der Flußläufe wurden Mais, Kürbisse und Bohnen angebaut. Sie bildeten die wichtigste Ernährungsgrundlage, denn die Bisonjagd wurde nur gelegentlich ausgeübt. Der Bodenbau war Voraussetzung für eine seßhafte Lebensweise in großen kuppelförmigen Erdhäusern. Die Nahrungsüberschüsse ermöglichten nicht nur eine Vorratswirtschaft, sondern auch ausgedehnte Handelsbeziehungen mit den nomadischen Nachbarn im Westen.

Die Indianer der Hochebenen des Westens, den eigentlichen Plains, hatten sich ganz auf die Bisonjagd spezialisiert. Sie folgten den Wanderbewegungen der großen Herden, von deren Fleisch sie sich überwiegend ernährten. Luftgetrocknete dünne Fleischstreifen dienten als Wintervorrat und als Handelsware. Zerstoßen und mit Fett und Beeren vermischt wurde daraus Pemmikan, ein lange haltbares und energiereiches Nahrungsmittel, das auf Reisen oder in Notzeiten gegessen wurde. Typisch für diese umherziehenden Gruppen waren Stangenzelte (Tipis) aus Leder sowie die Verwendung des Hundes und später des Pferdes als Zug- und Lasttier.

Trotz dieser wichtigen ökonomischen Unterschiede glichen sich beide Gruppen weitgehend in ihrem äußeren Erscheinungsbild. Leder war das wichtigste Material für die Bekleidung und für Behälter aller Art. Als Verzierung dienten gefärbte Borsten des Stachelschweins und später eingehandelte Glasperlen. Der für Indianer als typisch geltende Kopfschmuck aus Adlerfedern war ihre Erfindung. Umhänge aus Bisonfell (sog. Bisonroben) gehörten zur Alltagskleidung, während die reich mit Stachelschweinborsten oder Glasperlen geschmückten Hemden und Kleider nur zu besonderen Anlässen getragen wurden.

Das Pferd, das in Amerika ausgestorben war, wurde im frühen 16. Jahrhundert von den Spaniern wieder eingeführt. Durch Diebstahl oder Handel verbreitete es sich von Neu-Mexiko aus nach Norden, so daß bis etwa 1775 alle Plainsindianer beritten waren. Das Pferd erhöhte nicht nur den Erfolg bei der Bisonjagd, sondern ermöglichte auch die Ausweitung kriegerischer Aktivitäten. Als Prestigeobjekt wurde es für Paraden und andere Anlässe oftmals reich geschmückt oder bemalt. Innerhalb weniger Jahrzehnte entwickelte sich auf den Plains ein Reiternomadentum, wodurch sich das Machtgefüge im gesamten Gebiet der Prärien und Plains völlig veränderte.

Bereits im 18. Jahrhundert drangen weiße Pelzhändler in den Westen vor, und im frühen 19. Jahrhundert wurden mehr und mehr feste Handelsposten entlang des Missouri errichtet. Neben den begehrten Eisenwaren wie Kochtöpfen, Messern oder Pfeilspitzen wurden auch Stoffe, Glasperlen, Zucker, Mehl und schließlich Alkohol und Gewehre gehandelt. Die wichtigste Tauschware der Indianer waren Bisonhäute, die im Osten der USA zu Industrieleder (z.B. Treibriemen) verarbeitet wurden.

Die Besiedlung von Kalifornien und Oregon brachte ab der Mitte des 19. Jahrhunderts die Siedlerströme in den Westen. Dies führte zu immer größeren Konflikten und schließlich zu den sogenannten Indianerkriegen, in denen vor allem einige Gruppen der nördlichen Plains, wie die Lakota und Cheyenne, heldenhaft aber vergeblich um den Besitz ihres Landes kämpften. Während die seßhaften Dorfstämme durch eingeschleppte Krankheiten nahezu ausgerottet wurden, entzog die Vernichtung der großen Bisonherden durch professionelle weiße Jäger den Plains-Nomaden die Lebensgrundlage. Ihr Widerstand gegen die von der amerikanischen Regierung betriebenen Maßnahmen zur »Zivilisierung« war gebrochen. Sie waren gezwungen, in Reservationen zu ziehen, wo sie der Obhut eines Indianeragenten unterstanden.

Aus der Perspektive von Museen und Sammlern war die frühe Reservationszeit für die Indianer der Prärien und Plains die produktivste. Die erzwungene Seßhaftigkeit und der bessere Zugang zu Materalien aus europäischer oder amerikanischer Produktion ließen das Kunsthandwerk aufblühen, vor allem die Herstellung zeremonieller Kleidung. Hinzu kam der gesteigerte Bedarf für Show-Zwecke, von Buffalo Bill bis Zirkus Sarrasani, und schließlich der von Museen und Sammlern in aller Welt.

Auch wenn das Klischee vom Reiterkrieger mit Federhaube als dem »typischen« Indianer nicht in den Museen entstanden ist, so trugen diese sicherlich einiges zu seiner Verbreitung bei. Ausstellungen über »Prärieindianer« gehören beim Publikum zu den beliebtesten, daher bieten Museen diese häufiger an als jedes andere Indianerthema. Hinzu kommt, daß die dabei präsentierte Zeremonialkleidung, vom perlenbestickten Lederhemd bis zur großen Federhaube, meist die einzigen vorhandenen Kleidungsstücke aus dieser Region sind. Die bereits ab Mitte des 19. Jahrhunderts getragene Alltagskleidung aus Handelsstoffen fehlt in den Museen völlig, so daß auf diese Weise ein recht einseitiges Bild dieser Indianerkulturen vermittelt wird.

Die ältesten Sammlungen

Von den Objekten, die Krickeberg (1954) als »alter Bestand« bezeichnet hat, stammt keines aus dem Gebiet der Prärien und Plains. Somit ist die 1839 erworbene Sammlung von Roenne/McKenney als die früheste zu betrachten, die Stücke dieser Region enthält. Dazu zählt eine Streitaxt mit ungewöhnlich dünnem Blatt, deren Stiel in roten Wollstoff eingenäht ist (Abb. 50). McKenney (1839, Nr. 1) spricht von »war hatchet«, ohne jedoch auf Details einzugehen. Krickeberg (1954: 182 u. Taf. 40d) bezeichnet sie nach Grinnell als »Gray-Axt«, während dieser Typ von Peterson (1971: 22–23) »Missouri war hatchet« genannt wird. Zwischen 1800 und 1850 war sie bei den Stämmen des Missouri-Gebietes als Kampfwaffe besonders beliebt.

Zur Sammlung von Roenne/McKenney aus diesem Gebiet gehören weiterhin eine Flöte mit Vorsatz in Form eines Pferdekopfes (Hartmann 1973b, Nr. 129), eine Pfeife mit langem gedrehten Rohr (Abb. 51) und ein zweites gedrehtes Pfeifenrohr (Hartmann 1973b Nr. 104 u. 105). Die Zuordnung dieser Pfeifen ist jedoch nicht eindeutig, denn nach Krickeberg (1954: 209) wurden solche schraubenförmig gewundenen Rohre auch bei den Chippewa und Menominee geschätzt.

Ein weiteres, durchbrochen gearbeitetes Pfeifenrohr aus der Sammlung des Arztes Georg J. Engelmann kam 1840 zusammen mit verschiedenen Mokkasins

Abb. 50
Streitaxt, ohne Herkunftsangabe. Länge: 83 cm. Slg. von Roenne/McKenney 1839. Inv.-Nr. IV B 232.
Diese leichte aber wirkungsvolle Kampfwaffe wurde zwischen 1800 und 1850 speziell für den Handel mit den Stämmen des Missouri-Gebietes hergestellt. Die »indianischen« Elemente daran sind lediglich die Umwicklung des Stiels mit rotem Handelstuch und die mit Quill umwickelten Lederbänder.

und einer heute als »Ear pouch« bezeichneten kleinen Tasche nach Berlin (Hartmann 1973b, Nr. 106, 17, 121).

Nach diesem bescheidenen Anfang erhielt die Sammlung der Prärien und Plains mit dem Ankauf der Sammlung des Prinzen zu Wied 1844 einen grandiosen Zuwachs. Von den 41 Nummern seiner Liste (Bolz 1995a: 197–210) entfielen 27 auf das Gebiet westlich des Mississippi. Darunter befanden sich alleine zwölf dekorierte Bisonroben unterschiedlicher Größe, von denen noch neun in Berlin vorhanden sind.

Das Besondere an der Sammlung des Prinzen ist ihre Einbindung in eine umfassende Dokumentation seiner Nordamerika-Reise, die er zusammen mit dem Maler Karl Bodmer zwischen 1832 und 1834 durchführte. Dazu gehört der zweibändige Reisebericht, der zwischen 1839 und 1841 erschien, und das exzellente Bildmaterial, das der Prinz in Form von 81 Aquatintastichen dem gedruckten Bericht beifügte. Die handschriftlichen Original-Tagebücher und etwa

Abb. 51
Pfeife mit gedrehtem Rohr, ohne Herkunftsangabe. Länge: 123 cm. Slg. von Roenne/McKenney 1839. Inv.-Nr. IV B 87.
Der Kopf aus rotem Tonschiefer (Catlinit) ist mit dekorativen Bleieinlagen versehen und steckt auf einem ungewühnlich langen, schraubenförmig gedrehten Rohr. Sie stammt wahrscheinlich von den östlichen Sioux (Dakota), in deren Wohngebiet in Minnesota sich der wichtigste Steinbruch für Catlinit befand. Die Dakota hatten sich auf die Herstellung von Catlinitpfeifen spezialisiert und betrieben einen ausgedehnten Handel damit.

400 Aquarelle Bodmers blieben zum Glück erhalten und befinden sich heute im Joslyn Art Museum in Omaha, Nebraska (Goetzmann et al. 1984). Zusammen mit den Sammlungen des Prinzen, deren größerer Teil 1904 in das Stuttgarter Linden-Museum gelangte, bilden sie eine unübertroffene Dokumentation der indianischen Kulturen am Missouri in der Zeit um 1830.

Für die Sammlungen bedeutet dies, daß die Objekte recht genau datierbar und lokalisierbar sind, in manchen Fällen kennen wir sogar die Namen ihrer Hersteller oder besitzen ein von Bodmer gemaltes Portrait von ihnen.

Wied und Bodmer reisten 1833 mit dem Dampfschiff von St. Louis aus den Missouri aufwärts. Dabei hielten sie sich jeweils längere Zeit bei verschiedenen Handelsposten auf und lernten die lokale Indianerbevölkerung kennen. Mit Fort McKenzie im heutigen Montana erreichten sie den westlichsten Außenposten der damaligen »Zivilisation«. Den Winter 1833/34 verbrachten sie in Fort Clark bei den Dörfern der Mandan und Hidatsa, wodurch sie deren Lebensweise gründlich studieren konnten. Dabei freundeten sie sich mit dem Mandan Mato-Tope (Four Bears) und dem Hidatsa Pehriska-Ruhpa (Two Ravens) an, von denen Bodmer je zwei Portraits malte.

Abb. 52
Prinz Maximilian zu Wied (1782–1867) im Alter von etwa 40 Jahren. Bevor er 1832 nach Nordamerika aufbrach, hatte er bereits von 1815–17 eine erfolgreiche Expedition nach Brasilien durchgeführt. Stich von H. Meyer, um 1820. Sammlung Kilian Klann, Berlin.

Nach ihrem Start erreichten sie im Frühjahr 1833 zunächst Fort Pierre im heutigen South Dakota, wo sie auf Yankton- und Teton-Sioux trafen (vom Prinzen als »Dacota« bezeichnet). Dort erwarb der Prinz zwei besonders interessante Kleidungsstücke: Einen ledernen Mantel im Schnitt eines Uniformrockes (Abb. 53) und ein heute als »Side-fold Dress« bezeichnetes Frauenkleid (Abb. 54), (Krickeberg 1954, Taf. 14 u. 16, Hartmann 1973b, Nr. 11 u. 29). Von den »Dacota« stammen weiterhin einige Mokkasins (Abb. 55), eine Parfleche im Cheyenne-Stil und ein Bogen mit Köcher und Pfeilen (Hartmann 1973b Nr. VIII, XI u. 90, Torrence 1994: 107). Ein »Calumet« (Abb. 56), dessen Tauschwert er mit »einem guten Pferd« angibt, kommt wahrscheinlich ebenfalls aus dieser Gegend (Hartmann 1973b, Nr. 124).

Von den Mandan bei Fort Clark kommen ein Paar Schneeschuhe (Hartmann 1973b, Nr. 69) und eine Holzflöte (Taylor 1994: 50). Das besondere an dieser als »Ihwochka« bezeichneten Liebesflöte ist, daß sie sich zuvor im Besitz des jungen Mandan Mandeh-Pahchu befand, von dem Bodmer ein Portrait fertigte, auf dem er die Flöte im Arm hält (Goetzmann et al. 1984: 301).

Von den Mandan stammen außerdem drei Bisonroben, von denen eine als »des Mandan-Chefs Mato-Tope Medecine-Robe« bezeichnet ist (Abb. 58). Wie der Prinz in seinem Tagebuch mitteilt, war sie ein Andenken Mato-Topes an seinen vom Feind getöteten Bruder (Wied 1839/41 I: 409). Von Catlin (1841 I: 149–151) und aus anderen Quellen kennen wir die Geschichte, wie Mato-Tope an dem Arikara, der seinen Bruder mit einer Lanze durchbohrte, blutige Rache nahm. Den Namen des Mörders erfuhr Mato-Tope in einer Vision durch einen Raben. Auf der Bisonrobe sitzt ein solcher auf dem Rücken eines Bisonstiers, den er wahrscheinlich ebenfalls im Traum gesehen hat. Weitere aufgemalte Merkmale, die die Robe als von Mato-Tope stammend ausweisen, sind die Bärentatze, wahrscheinlich sein Namenszeichen, die Hand, die besagt, daß er Gefangene gemacht hat, und die Blutstropfen, die eine Verwundung symbolisieren.

Die zweite Mandan-Robe enthält eine Fülle von Tierdarstellungen, überwiegend Bisons, und zahlreiche kleinere Figuren, von denen zwei als Bisontänzer erkennbar sind (Krickeberg 1954, Taf. 3). Die dritte Robe ist eine typische

Abb. 53
Ledermantel. Lakota bei Ft. Pierre, um 1830. Länge: 127 cm. Slg. Prinz zu Wied 1844. Inv.-Nr. IV B 150.
Der mit Tuchstreifen, Pony Beads, Pferde- und Skalphaaren verzierte Mantel ist dem Schnitt eines europäischen Uniformrocks nachempfunden, die Bemalung ist jedoch im traditionellen Stil gehalten. Auf der Vorder- und Rückseite befinden sich Darstellungen von Pfeifen, sehr stilisierten menschlichen Figuren, Gewehren und Wolldecken. Wahrscheinlich handelt es sich um eine Auflistung verschenkter Gegenstände und getöteter Feinde. Ein solches Kleidungsstück wurde sicherlich nur bei besonderen Gelegenheiten getragen. In seiner Verbindung von Tradition und Moderne verkörpert es den kulturellen Wandel, der um 1830 auch am oberen Missouri begann.

Abb. 54
Side-fold Dress. Lakota bei Ft. Pierre, um 1830. Länge: 115 cm. Slg. Prinz zu Wied 1844. Inv.-Nr. IV B 112.
Frauenkleider dieser Art, die aus einer auf der rechten Seite gefalteten und links zusammengenähten Tierhaut bestehen und daher eine asymmetrische Form aufweisen, gibt es in Museumssammlungen nur ganz wenige. Sie müssen nach 1830 allmählich aus der Mode gekommen sein. Am unteren Rand befindet sich eine Reihe von Blechhülsen (Jingles), die bei jeder Bewegung ein klingendes Geräusch erzeugen. Daher wurden solche Kleider sicherlich nur bei festlichen Anlässen getragen.

Abb. 55
Mokkasins aus Bisonfell. Lakota bei Ft. Pierre, um 1830. Länge: 25 cm. Slg. Prinz zu Wied 1844. Inv.-Nr. IV B 180.
Die mit einer Quill-Rosette verzierten Mokkasins waren offensichtlich für die kalte Jahreszeit bestimmt, da sie aus nicht enthaartem Bisonfell gefertigt sind. Die nachträglich aufgenähten Sohlen bestehen aus einer alten Parfleche, für die man auf diese Weise eine sekundäre Verwendung fand.

Abb. 56
Calumet mit Federbehang, ohne Herkunftsangabe. Länge: 103 cm. Slg. Prinz zu Wied 1844. Inv.-Nr. IV B 225.
Im Juni 1833 erwarb der Prinz bei Fort Pierre verschiedene Pfeifen, unter denen sich wahrscheinlich auch dieses Calumet befand. In seiner Objektliste schreibt er dazu: »Die Federn sind ein wenig durch die Insecten beschädigt, sonst gibt man ein gutes Pferd für eine solche Pfeife«. Diese Form des Calumets bestand ursprünglich nur aus einem Paar von Federstäben, die Teil einer Friedenszeremonie oder einer rituellen Adoption waren. Erst in späterer Zeit wurden sie mit einem Pfeifenkopf aus Catlinit versehen, so daß eine Pfeife mit Federbehang daraus entstand. Auf dieser Kombination beruht die Idee der »Friedenspfeife«.

Abb. 57
Mandan-Häuptling Mato-Tope mit Frau und Sohn. Ölgemälde von George Catlin, 1854. 48 x 65,5 cm. Inv.-Nr. IV B 12919.
Dieses Bild malte Catlin in Europa nach seinen Skizzen. Dabei läßt er Mato-Tope (Vier Bären) in der klassischen Pose auftreten, in der er ihn zwanzig Jahre zuvor am Missouri portraitiert hat. Dieser hält die Lanze in der Hand, mit der sein jüngerer Bruder getötet wurde, und mit der er an dem Mörder blutige Rache nahm. Die auf sein Hemd gemalte Hand bedeutet, daß er Gefangene gemacht hat, die roten Striche darunter kennzeichnen zwei Verwundungen. Beide Symbole sind auch auf der Berliner Bisonrobe von Mato-Tope zu erkennen. Die Robe, die seine Frau hält, zeigt seine bilderschriftlich aufgezeichneten Heldentaten.

Abb. 58
Bisonrobe von Mato-Tope, Mandan, um 1830. Höhe: 188 cm, Breite: 218 cm. Slg. Prinz zu Wied, 1844. Inv.-Nr. IV B 198.
Mato-Tope (Vier Bären) hielt diese Robe zum Andenken an seinen von einem Arikara getöteten Bruder in hohen Ehren. Sie versinnbildlicht die Geschichte seiner Rache, denn in einer Vision hatte ihm ein Rabe den Namen des Mörders genannt. Der Rabe auf dem Rücken des Bisons entstammt wahrscheinlich dieser Vision. Welche Rolle der Bison dabei spielte, wissen wir nicht. Die Bärentatze symbolisiert sicherlich den Namen Mato-Tope, die Hand und die Darstellung von zwei Wunden entsprechen denen auf Catlins Gemälde. Bemerkenswert ist die künstlerische Qualität der Figur des Bisons mit dem nach hinten blickenden Raben, die vergleichbare Darstellungen aus dieser Zeit weit übertrifft.

Frauenrobe im abstrakten geometrischen Stil, der als »Box and Border« bekannt ist (Krickeberg 1954, Taf. 7). Sie gleicht anderen Roben aus der Sammlung des Prinzen, die er als »Dakota« bezeichnet hat (Schulze-Thulin 1987: 95 u. 98). Möglicherweise kam sie als Handelsware zu den Mandan.

Bei den Hidatsa oder »Mönitarri« hat Prinz zu Wied zwei weitere Roben erworben. Die eine davon bezeichnet er als »eine von dem Mönitarri Pehriska Ruhpa selbst gemalte Bisonrobe, mit dessen Heldenthaten« (Abb. 60). Darauf sind zwei Reihen mit je drei Kampfszenen zu sehen, bei denen Pehriska-Ruhpa ein schwarz-gelb geschecktes Pferd reitet und einen langen Umhang trägt, der aus rotem und dunkelblauen Handelstuch besteht. Die Robe gehörte zu den Kriegsverlusten der Berliner Sammlung und ist im Frühjahr 1992 aus Leipzig zurückgekehrt.

Die zweite Hidatsa-Robe ist mit »Darstellungen der verschenkten Gegenstände« bemalt (Krickeberg 1954, Taf. 4, Hartmann 1973b, Nr. 4). In seinem Reisebericht erwähnt der Prinz den Hidatsa Lachpitzi-Sihrisch (Gelber Bär), dem er beim Bemalen eines solchen Stückes zuschaute: »Die Robe wurde mit Zeichen verschenkter Kostbarkeiten geziert, wodurch der gelbe Bär ein angesehener Mann geworden war« (Wied 1839/41 II: 268).

Abb. 59
Pehriska-Ruhpa, Hidatsa. Aquatinta-Stich nach einem Aquarell von Karl Bodmer. Bildatlas zum Reisewerk des Prinzen Maximilian zu Wied, 1839–41, Taf. 17.
Pehriska-Ruhpa (Zwei Raben) war ein Freund von Mato-Tope und lebte zeitweise im Dorf der Mandan, wo Wied und Bodmer den Winter 1833-34 verbrachten. Dabei hatte Bodmer Gelegenheit, ihn in seiner schönsten Tracht zu malen.

Weiter flußaufwärts trafen Wied und Bodmer am 5. August 1833 mit den damals als »Grosventres des Prairies« bezeichneten Atsina zusammen. Von ihnen stammen eine mit waagrechten Quillstreifen verzierte Bisonrobe und ein Paar mit Quillwork bedeckte Zierstücke, die der Prinz als »Pistolenhalfter« erworben hat (Hartmann 1973b, Nr. 3 u. 59).

Wenige Tage später, am 9. August 1833, fand das erste Zusammentreffen der Reisegruppe mit den Piegan-Blackfeet bei Fort McKenzie statt. Dort hatte der Prinz genügend Gelegenheit, mit ihnen Tauschhandel zu betreiben. Er erwarb verschiedene Bisonroben, von denen fünf 1844 in die Berliner Sammlung gelangten. Von diesen sind drei noch vorhanden. Dazu gehört eine mit einem breiten Quillstreifen verzierte und mit Gewehren, Bögen, Köchern und anderen Symbolen bemalte Robe, die nach Krickeberg (1954, Taf. 5) ein »bilderschriftliches Register« darstellt. Die zweite große Piegan-Robe ist lediglich mit Reihen von Pfeilen bemalt (Krickeberg 1954, Taf. 6a), während eine Robe für Kinder Quillstreifen trägt. Eine weitere Kinderrobe, die lediglich mit Reihen von Pfeilen bemalt ist, wurde von Krickeberg 1939 im Tausch für Objekte aus dem Waldland nach Ottawa abgegeben (Brasser 1976: 71).

Die fünfte Piegan-Robe der Sammlung Wied befindet sich heute im Deutschen Ledermuseum in Offenbach (Völger 1976, Nr. 4.44.09). Da es über die Abgabe dieses Stücks in Berlin keinerlei Dokumente gibt, hat man nach dem Kriege einen Diebstahl vermutet. Diese Ansicht wurde noch in einer neueren Publikation zur Sammlung Wied vertreten (Bolz 1995a: 203). Wie sich jedoch herausstellte, ist die Robe in den zwanziger oder dreißiger Jahren durch Tausch in die Hände des Ethnographica-Händlers Arthur Speyer Sr. gelangt. Er wußte allerdings nicht, daß sie aus der Sammlung des Prinzen zu Wied kam und verkaufte sie 1950 als »Bemalte Decke der Crow-Indianer« an das Ledermuseum weiter. Dort erfuhr man erst durch die Publikation von Walter Krickeberg, in der die Robe beschrieben und abgebildet ist (1954: 73, Taf. 9b), welche Kostbarkeit man auf diese Weise preiswert erworben hatte.

Von den Stücken der Sammlung Wied, die keine Herkunftsbezeichnung tragen, gehören die meisten ebenfalls in das Gebiet der Prärien und Plains: Ein Kissen-

Abb. 60
Bisonrobe von Pehriska-Ruhpa, Hidatsa, 1833. Höhe: 185 cm, Breite: 220 cm. Slg. Prinz zu Wied, 1844. Inv.-Nr. IV B 203.
Diese Robe zeigt in sechs Einzelszenen Kampfhandlungen, in die Pehriska-Ruhpa verwickelt war. Er ist erkennbar an dem schwarz-gelb gescheckten Pferd, dem Umhang aus rotem und dunkelblauem, Handelstuch und dem gelben Schild mit den vier Punkten. Leider erwähnt der Prinz diese Robe nicht in seinem veröffentlichten Reisetagebuch, so daß wir nicht wissen, ob Pehriska-Ruhpa sie speziell für ihn angefertigt hat, was immerhin denkbar wäre.

sattel mit Quillwork-Rosetten (Hartmann 1973b, Nr. 70) und eine dazugehörige Satteldecke aus Bärenfell, die leider zu den Kriegsverlusten zählt; ein Paar Leggings mit Zierstreifen aus Pony Beads (Hartmann 1973b, Nr. 16); und eine mit Rohhaut bespannte Rahmentrommel (Bolz 1995a: 204).

Bereits kurze Zeit nach der Sammlung des Prinzen zu Wied gelangte eine weitere Sammlung nach Berlin, die zahlreiche ganz besondere Stücke aus dem Gebiet der Prärien und Plains enthielt. Der Anbieter war der bereits mehrfach erwähnte Friedrich Köhler, von dem leider nicht bekannt ist, wie er in den Besitz dieser Stücke gelangte. Wahrscheinlich hat er sie aus zweiter Hand erworben, um sie in Europa gewinnbringend zu verkaufen. Durch seine frühere Stellung als Kammerdiener des französischen Botschafters in Washington hatte Köhler

Zugang zu einflußreichen Kreisen in Berlin. Dazu gehörten Graf Bresson, Geheimrat von Roenne und Alexander von Humboldt, die den Ankauf der Sammlung befürworteten (Erwerbungsakte Amerika Vol. 1, Nr. 313/44). Im Juli 1845 wurde die Sammlung nach Berlin geschafft und erstmals besichtigt. In einer Aktennotiz heißt es dazu, daß ein Bogen fehle, aber manches vorhanden sei, was in dem Verzeichnis nicht stehe. Dies ist ein Hinweis darauf, wie mangelhaft die Sammlung dokumentiert war. Das hielt den Generaldirektor von Olfers glücklicherweise nicht davon ab, dem Preußischen König Friedrich Wilhelm IV. den Erwerb zu empfehlen. Daraufhin genehmigte dieser laut Kabinetts-Order vom 29. September 1845 höchst persönlich den Ankauf der Sammlung Köhler (Erwerbungsakte Amerika Vol. 1, 1673/45).

Die Sammlung enthält etwa ein Dutzend Objekte, die mit einiger Sicherheit dem Gebiet der Prärien und Plains zuzuordnen sind. Darunter befinden sich zwei, die besonders herausragen: Eine bemalte Bisonrobe und ein bemaltes Lederzelt. Die Bisonrobe (Abb. 61) wird in Köhlers Liste (die in einem sehr eigenwilligen Deutsch verfaßt ist) folgendermaßen beschrieben: »Ein Mantel von einer Büffelshaut ynwendig mit Figuren, yhre Kriege und den Frieden mit die Büffalots dargestellt ist – eines der schönste Exemplare die es nur giebt – von einem Sioux

Abb. 61
Bemalte Bisonrobe, Sioux. Höhe: 200 cm, Breite 220 cm. Slg. Köhler 1846. Inv.-Nr. IV B 208 (Ausschnitt).
Diese im frühen 19. Jahrhundert von einem »Sioux-Häuptling« bemalte Robe gehört zu den schönsten aus dieser Zeit, wie bereits Köhler erkannt hat. Neben den äußerst detailliert ausgeführten Kampfszenen gibt es eine ungewöhnliche Gruppe im mittleren Bereich, die mit Pfeifen und Gewehren ausgerüstet ist. Sie kämpft aber nicht, sondern hält eine Art von Prozession ab. Ihr zugeordnet ist die Figur eines Bisons, dem eine »Friedenspfeife« angeboten wird. Auf diese Szene bezieht sich Köhler, wenn er in seiner Liste vom »Frieden mit den Buffalos« spricht. Bemerkenswert ist, daß fast alle Krieger zu Fuß kämpfen. Lediglich in der Mitte ist eine Szene mit zwei Pferden zu sehen. Dies deutet eher auf eine Herkunft der Robe von den östlichen Sioux hin, wo Pferde im Kampf nicht die dominante Rolle einnahmen wie auf den Plains.

Abb. 62
Bemaltes Lederzelt, ohne Herkunftsangabe. Höhe: 290 cm, Breite 470 cm. Slg. Köhler 1846. Inv.-Nr. IV B 196.
Da die Bemalung dieses »Medizinzeltes« mit der Mythe von der heiligen Pfeife der Lakota in Verbindung gebracht wurde, hat man es im Museum stets als Sioux bzw. Dakota bezeichnet. Deutlich erkennbar ist, daß die Malereien mindestens zwei »Handschriften« zeigen: Die Zentralen Motive wie Pfeife, Bison, gehörnte Schlangen und die »Sonnen« oder Federkränze sind sehr sorgfältig ausgearbeitet, während eine Reihe von Tieren, mythischen Wesen und Figuren im Randbereich in einem sehr viel groberen Stil erscheinen. Außerdem weichen die Farben voneinander ab, im letzteren Fall wurde ein dunkleres Rotbraun verwendet. Dies ist ein deutlicher Hinweis darauf, daß es sich nicht um eine geschlossene Komposition handelt, sondern möglicherweise über einen längeren Zeitraum hinweg immer weitere Figuren hinzukamen. Bemalung und geringe Größe lassen jedoch keinen Zweifel daran, daß es sich um ein Zeremonialtipi handelt.

Schef«. Mit seiner Bewertung der Robe hat Köhler nicht übertrieben. Sie ist so sorgfältig und reichhaltig bemalt, daß es nur wenige Vergleichsstücke dazu gibt. Ein direktes Parallelstück, das teilweise die gleichen Figuren im gleichen Malstil aufweist, befindet sich in der Sammlung der Smithsonian Institution (Maurer 1992: 195). Es ist offensichtlich, daß beide Roben vom gleichen Künstler bemalt wurden. Walter Krickeberg, der die Robe der Sammlung Köhler ausführlich beschrieben und analysiert hat, bezeichnet sie als »Berlin I« (Krickeberg 1954: 33–43, Taf. 1). Die Robe zeigt überwiegend Figuren, die in Zweikämpfe verwickelt sind. Diese sind so detailliert gezeichnet, daß der Maler und seine Kriegskameraden in der Lage waren, jede einzelne Figur zu identifizieren. Besonders die kriegerische Ausrüstung wie Schilde und Waffen, aber auch die zeremoniellen Objekte wie Rückenschleppe, Bogenlanze, Federhauben sind bis ins kleinste Detail wiedergegeben und stellen damit auch eine vorzügliche ethnologische Quelle dar. Die Robe zählte seit 1945 zu den Kriegsverlusten und kehrte glücklicherweise 1992 aus Leipzig zurück.

Das Lederzelt (Abb. 62) ist das größte Stück dieser Sammlung. Nach Eröffnung des Museumsgebäudes fand es 1886 seinen Platz im Lichthof, zwischen dem Haida-Wappenpfahl, einigen Südsee-Booten und der Nachbildung des indischen Sanchi-Tores (Abb. 19). Köhler bezeichnet es als »Medizinzelt«, was sicherlich zutreffend ist, da es seiner geringen Größe wegen nur zu zeremoniellen

Abb. 63
Federkrone, ohne Herkunftsangabe. Höhe: 70 cm, Breite: 60 cm. Slg. Köhler 1846. Inv.-Nr. IV B 155.
Auf einer Lederkappe sind 350 Raben- und Eulenfedern befestigt, an denen teilweise kleinere rote Federn und weiße Fellstücke angeklebt sind. Es handelt sich sehr wahrscheinlich um den Kopfschmuck eines Mitgliedes des Hundebundes, wie er im Gebiet der Prärien und Plains weit verbreitet war. Eine eindeutige tribale Zuordnung ist daher nicht möglich. Die eindrucksvollste Darstellung eines »Hundetänzers« mit einer solchen Federkrone hat uns Karl Bodmer hinterlassen.

Abb. 64
Krähengürtel, ohne Herkunftsangabe. Länge des Gürtels: 85 cm. Slg. Köhler 1846. Inv.-Nr. IV B 147.
An einem vollständig mit Quillwork besetzten Gürtel hängt der Balg eines Raben, der zusätzlich mit Eulenfedern und Strängen von weißen Daunenfedern ausgestattet ist. Außerdem sind daran zwei Holzstäbe befestigt, die wiederum mit Quillwork und roten Haarbüscheln versehen sind. Dieses am Rücken getragene Abzeichen eines Kriegerbundes aus dem Gebiet der Prärien weist bereits die wesentlichen Merkmale des im späten 19. Jahrhundert durch den »Omaha Dance« verbreiteten Rückenschmucks auf. Sie ist die Grundform des bei den modernen Powwows von den traditionellen Tänzern getragenen »Dance Bustle«.

Zwecken gedient haben kann. Darauf weist auch die reiche Bemalung hin. Der Deutsch-Amerikaner Frederick Weygold (1903) hat sich in einem längeren Artikel an der Interpretation der Bemalung versucht und ist zu dem Ergebnis gekommen, daß es sich um ein Zelt handle, das zur Aufbewahrung einer heiligen Pfeife diente. Das schließt er aus dem zentralen Motiv, das eine Pfeife mit rotem Catlinit-Kopf darstellt. Unter der Pfeife befindet sich ein Bison, den er mit der Lakota-Mythe von »White Buffalo Calf Woman« in Verbindung bringt. Diese mythische Frau brachte den Lakota die heilige Pfeife und verwandelte sich anschließend in ein weißes Bisonkalb. Auch Krickeberg (1954: 21–27) zweifelt nicht an der mythologischen Bedeutung der Bemalung, in der er deutliche Hinweise auf die Herkunft von den Dakota (heute: Lakota) erkennt. Horst Hartmann (1973b, Nr. IV) hegt berechtigten Zweifel an der Behauptung Weygolds, daß durch die Bemalung die Mythe von der Gewinnung der heiligen Pfeife illustriert werde. Allerdings kommt er zu dem Schluß, aufgrund der Anbringung der Taschen für die Stützpfähle der Rauchklappen sei die Bemalung auf der *Innenseite* der Zeltdecke angebracht und daher nur für einige Auserwählte sichtbar gewesen. Dem widerspricht allerdings, daß keine weiteren Beispiele von Zelten mit vergleichbarer Innenbemalung existieren. Die Malerei hätte dann nicht auf der Oberhaut des Leders, sondern auf der Fleischseite angebracht sein müssen. Außerdem hätte die Zeltstange gegenüber vom Eingang (die Hebestange, an der die Zeltdecke festgebunden wird) das Pfeifenmotiv größtenteils verdeckt. Wie eine neuere Untersuchung ergab, befinden sich typische Rußspuren von einem Feuer auf der *inneren*, unbemalten Seite der Zeltdecke.

Der Psychologe Ronald Corum, der sich bei seiner Interpretation des Berliner Tipis auf Material aus dem Nachlaß Weygolds bezieht, behauptet ebenfalls, die Malereien seien innen gewesen. Leider enthält sein 1975 in den USA veröffentlichter Artikel so viele falsche Angaben und unbewiesene Behauptungen, daß eine ernsthafte Diskussion darüber nicht möglich ist. Weygold hat auch nach

Veröffentlichung seines Artikels von 1903 versucht, Informationen über das Zelt zusammenzutragen, sowohl bei Indianern als bei namhaften Ethnologen. Die Angaben einiger Brulé-Sioux, die er befragte, bezogen sich nur auf Details der Bemalung, jedoch nicht auf die Funktion des Tipis. Am überzeugendsten von allen Antworten, die Weygold zitiert (Brief an Karl von den Steinen vom 25. August 1904), ist die von James Mooney, dem erfahrenen Plains-Spezialisten des Bureau of American Ethnology:

»I am satisfied that it will be impossible to make any connected interpretation, as it is evidently a record of visions, ›medicine‹ or life events of an individual years ago, to be understood only by himself or someone to whom he may possibly have explained it. It has no understood tribal or society meaning as a whole. I am inclined to think that the owner may have used it as a sweat-house or a shelter-tipi for his personal medicine – ... a most eleborate example of occult tipi design« (Erwerbungsakte Amerika Vol. 26, 1536/04).

Die Annahme Mooneys, daß es sich um ein Schwitzzelt handeln könnte, erscheint durchaus plausibel. Catlin (1841 I: 186 u. Abb. 71) hat ein solches Zelt, das er bei den Hidatsa sah, abgebildet. Möglicherweise besaßen solche Zelte eine andere Form der Regulierung der Rauchklappen, als dies bei Wohnzelten üblich war. Dies wäre zumindest eine im Bereich des Wahrscheinlichen liegende Erklärung dafür, daß die Taschen für die Regulierungsstangen innen angebracht sind anstatt außen.

Neben der Bisonrobe und dem Zelt gab es in Köhlers Sammlung weitere Stücke, die die zeremoniellen Aktivitäten auf den Prärien und Plains um 1830 dokumentieren. Bei einigen erscheint es, als ob sie direkt den Gemälden Karl Bodmers entstammen. Dazu gehören drei Objekte, wie sie ganz ähnlich auf Bodmers bekanntem Bild des Hidatsa Pehriska-Ruhpa im Anzug eines Hundetänzers zu sehen sind: Eine Federkrone aus Raben- und Eulenfedern (Abb. 63), eine Rückenschleppe aus blauem und rotem Wollstoff, und einen Rasselstab, der mit Hirschhufen und Blechkonussen behängt ist (Hartmann 1973b, Nr. IX, 53 u. 55).

Ein weiteres bemerkenswertes Stück dieser Sammlung ist ein sogenannter Krähengürtel, an dem der Balg eines Raben befestigt ist (Abb. 64). Solche »Kriegsraben« waren bei verschiedenen Gruppen des Präriegebietes Abzeichen von Kriegerbünden. Bei den Omaha wurde er beispielsweise bei der Hethuska-Zeremonie getragen. Zusammen mit dem »Omaha Dance«, dem Ursprung der modernen Powwow-Tänze, verbreitete sich diese Form des Rückenbehangs in immer neuen Variationen über das gesamte Plainsgebiet und ist heute als »Dance Bustle« bekannt.

Die Sammlung Köhler umfaßt weiterhin einen mit rotem Tuch und Pony Beads verzierten Schwanzriemen, der möglicherweise von den Crow stammt (Hartmann 1973b, Nr. 72), einen Köcher mit Bogenfutteral (Nr. 92), mehrere Pfeifenköpfe (Nr. 112, 114) und einen Skalp (Nr. 102). Dieser Skalp besitzt einen etwa 50 cm langen Zopf, die berühmte »Skalplocke«, die nur von männlichen Indianern getragen wurde. Daß Köhler ihn als »Scalp von einer Indianerin« bezeichnet, läßt erkennen, daß er mit den Indianern des Westens nicht vertraut war. Dies ist ein weiterer Hinweis darauf, daß er die Stücke seiner Sammlung aus zweiter Hand erworben hat.

Die inzwischen stark angewachsenen Sammlungen aus dem Gebiet der Prärien und Plains wurden noch durch einige bedeutende Einzelstücke ergänzt. Der

Abb. 65
Männerhemd, angeblich »oberer Mississippi«. Länge: 105 cm. Slg. Röver 1854. Inv.-Nr. IV B 193.
Dieses Hemd aus hellem Leder ist reich mit Quillwork und Haarbüscheln verziert. Die blaugrünen Teile der Zierstreifen bestehen aus Vogelquill, eine Technik, die nur begrenzt im Bereich der Prärien und Plains vorkam. Stilistisch weist das Hemd daher in die Gegend des oberen Missouri, wo Mandan, Hidatsa und Arikara diese Technik verwendeten.

Kaufmann Frederick Röver aus Saint Louis, der sich im März 1854 in Berlin aufhielt, bot den Königlichen Museen zwei »Indianeranzüge« an. Als Herkunft für *beide* Anzüge hatte er angegeben: »von den Kroo Indianern vom oberen Mississippi«. Bei dem ersten Anzug handelt es sich um einen Ledermantel im Schnitt eines europäischen Fracks mit floraler Quillwork-Verzierung, wie er für die kanadischen Métis typisch war (siehe Abb. 179). Der zweite Anzug besteht aus einem »Kriegshemd« (Abb. 65), einem Paar Leggings (Abb. 66) und einem Paar Mokkasins und gehört zweifellos in das Gebiet der Prärien und Plains. Daher änderte jemand (wahrscheinlich Krickeberg) die Bezeichnung »Kroo« auf der Karteikarte in Crow bzw. Krähen-Indianer ab. Bei Krickeberg (1954, Taf. 11) und Hartmann (1973b, Nr. VII u. 13) tragen Hemd und Leggings daher diese Herkunftsangabe. Für den Métis-Frack wäre diese Bezeichnung jedoch völlig unzutreffend. Es ist somit eher wahrscheinlich, daß »Kroo« eine falsche Übertragung

Abb. 66
Ein Paar Leggings, angeblich »oberer Mississippi«. Länge: 100 cm. Slg. Röver 1854. Inv.-Nr. IV B 194.
Die Leggings aus teilweise blaugrün gefärbtem Leder und einem Besatz aus langen »Skalphaaren« gehören zum Hemd der Sammlung Röver. Auffallend ist ihre unterschiedliche Länge, die sicherlich von der Größe der verwendeten Häute abhing. Die prachtvollen, mit Rosetten versehenen Quillstreifen sind eine Meisterleistung dieser aufwendigen Verzierungstechnik. Ihr Stil weist wie der des Hemdes in die Region des oberen Missouri.

von »Kree« bzw. Cree ist, für die die Ortsangabe »oberer Mississippi« eher zutrifft als für die Crow. Ein wichtiges Merkmal für die Bestimmung der Herkunft des Hemdes sind die Zierstreifen, die aus einer Kombination von Stachelschwein- und Vogelquill bestehen. Nach Norman Feder (1987: 51) kommt für diese Art von blaugrün gefärbtem Vogelquill nur die obere Missouri-Region in Frage, die er als »Ft. Berthold area« bezeichnet. Damit sind die heute dort beheimateten Mandan, Hidatsa und Arikara gemeint. Die Lederlappen am Halsausschnitt tragen außerdem ein Dreieckmuster, das je zur Hälfte aus rotem und blauem Handelsstoff besteht und von einem blau-weißen Muster aus Glasperlen gesäumt ist. Interessanterweise trägt der Mandan Mato-Tope auf dem berühmten Portrait Bodmers (Goetzmann et al. 1984: 308) ein nahezu identisches Dreieck auf seinem Brustlappen. Diese Merkmale zusammengenommen lassen darauf schließen, daß das Hemd der Sammlung Röver von einem der Dorfstämme am oberen Missouri kommt, möglicherweise von den Mandan, aber keinesfalls von den Crow, wie Krickeberg vorschnell gefolgert hat. Die mit Quillwork-

67

68

Abb. 67
Frauenkleid, ohne Herkunftsangabe. Länge: 157 cm. Slg. von Böhm 1861. Inv.-Nr. IV B 289. Leider ist völlig unklar, wie lange dieses »Kleid einer Wilden« bereits im Besitz der Familie von Böhm war, bevor es der Kunstkammer übergeben wurde. Die über Ärmel und Halspartie verlaufenden Streifen aus Pony Beads befinden sich auf einer separaten Unterlage aus Leder, während die blauen Perlen am unteren Rand direkt auf das Kleid gestickt sind. Offensichtlich wurde beim Oberteil ein älterer Perlenstreifen wiederverwendet, was die stilistische und zeitliche Einordnung erschwert. Das Kleid ist wahrscheinlich eine um 1840 entstandene Sioux-Arbeit, während der Perlenstreifen wesentlich älter sein kann.

Abb. 68
Männerhemd, Blackfeet, um 1820. Länge: 150 cm. Slg. Herzog von Württemberg 1867. Inv.-Nr. IV B 303a.

Nach der Angabe des Herzogs ist dieses Hemd von einem im Kampf getöteten Blackfeet-Häuptling erbeutet worden, dessen Name leider nicht überliefert ist. Die reiche Ausstattung mit Zierstreifen und Rosetten aus Quillwork bestätigen den hohen Rang seines früheren Besitzers. An dem Hemd befinden sich weder Glasperlen noch andere Materialien aus europäischer Produktion, ein deutlicher Hinweis auf seine Entstehungszeit um 1820 oder gar früher.

Streifen und Skalphaaren verzierten Leggings entsprechen dem am oberen Missouri verbreiteten Stil und haben wahrscheinlich die gleiche Herkunft wie das Hemd.

Die bisherigen Sammlungen von den Prärien und Plains wurden durch den Ankauf von zehn Gemälden und einer Mappe mit Zeichnungen George Catlins auf ideale Weise ergänzt. Dieser weilte 1855 in Berlin, um Alexander von Humboldt über seine Südamerikareise zu berichten. Die 1854 in Europa entstandenen Gemälde sind Reproduktionen von Portraits und Szenen seiner »Indian Gallery«. Die Personen sind stets in Dreiergruppen angeordnet, mit dem »Häuptling« jeweils in der Mitte. Sieben davon zeigen Personen und Szenen westlich des Mississippi, darunter Mato-Tope mit Familie (Abb. 57), ein Crow zu Pferde mit reichem Federschmuck, und eine Bisonherde, an die Catlin sich herangeschlichen hat, um sie zu skizzieren (Hartmann 1963: 31–58; 1973b, Nr. II u. III). Catlin, der stets mit finanziellen Schwierigkeiten zu kämpfen hatte, schickte 1870 eine weitere Mappe mit Zeichnungen an die Königlichen Museen, in der Hoffnung auf einen Ankauf. Doch diese urteilten, daß die angebotenen Blätter künstlerisch von so geringem Wert seien, daß ein Ankauf nicht gerechtfertigt erschien (Erwerbungsakte Amerika Vol. 2, 164/70). Diese Ablehnung trug sicherlich dazu bei, daß Catlin nach einem Aufenthalt von 32 Jahren Europa 1870 enttäuscht verließ und in seine Heimat Amerika zurückkehrte, wo er 1872 verstarb.

Aus einer etwas ungewöhnlichen Quelle kam 1861 ein einzelnes Frauenkleid in die Berliner Sammlung, das der Missouri-Region zuzuordnen ist (Abb. 67). Die einzige Information, die es dazu gibt, ist folgende: »Die verwitwete Frau Oberjägermeisterin von Böhm aus Neustrelitz will das beifolgende Gewand (von welchem sie weiter Näheres nicht anzugeben weiß, als daß es seit länger in ihrer Familie als das ›Kleid einer Wilden‹ aufbewahrt wurde) den Königlichen Museen als Geschenk verehren« (Erwerbungsakte Amerika Vol. 2, 707/61). Hartmann (1973b, Nr. 30) hat das Kleid gemäß den Angaben Krickebergs (1954: 81–82) als Arapaho oder Kiowa bezeichnet, es könnte jedoch ebensogut von einer Sioux-Gruppe stammen (siehe Taylor 1997: 59).

Die Sammlung des Herzogs Paul von Württemberg enthielt auch einige besondere Stücke aus dem Prärie- und Plainsgebiet, die er auf mehreren Reisen zwischen 1822 und 1856 erworben hatte. Das Bärenmesser (Abb. 43), das von den Blackfeet oder Assiniboin stammt, wurde im Zusammenhang mit der ihm zugeordneten Scheide bereits im Waldland-Kapitel erwähnt. Ein Tabaksbeutel mit einem Zierstück, das vier Donnervögel zeigt, kommt wahrscheinlich von den östlichen Sioux (Krickeberg 1954, Taf. 27a, Hartmann 1973b, Nr. 122). Der »Kriegsrabe« von den Oto entspricht dem Rückenbehang des oben erwähnten Krähengürtels der Sammlung Köhler (Hartmann 1973b, Nr. 50). Laut der Liste von Herzog Paul gehört er zu den »ausgezeichnetsten kriegerischen Ehrenzeichen tapferer Indianer, welche ihn besonders nach glücklich bestandenem Gefecht gegen Weiße zu tragen pflegen«. Wahrscheinlich wurde er in dem schön bemalten Rohhaut-Zylinder aufbewahrt, der auf der einen Seite eine grüne, auf der anderen eine rote Hand trägt (Torrence 1994, Abb. S. 2 u. 89).

Die bedeutendsten Stücke in der Berliner Sammlung Herzog Pauls sind ein »Kriegshemd« von den Blackfeet und eine Federhaube, die angeblich bei den Potawatomi gesammelt wurde.

Das Hemd (Abb. 68) wurde laut der Liste des Herzogs »von einem mächtigen redlich getöteten Oberhaupte der schwarzfüßigen Indianer getragen« und

Abb. 69
Federhaube, Hidatsa, um 1830. Höhe: 40 cm. Slg. Herzog von Württemberg 1867. Inv.-Nr. IV B 298.
Diese Haube aus ursprünglich rot gefärbten Adlerfedern gehört zu den ältesten, die noch existieren. Sie besaß an der Stirnseite einen Behang aus Hermelinfellstreifen, von dem noch einige Reste erhalten sind. Sie verkörpert damit einen frühen Typ, der nach 1830 durch Hauben mit perlenbestickten Stirnbändern abgelöst wurde. Die Zuordnung der Haube zum »Wolfshäuptling« (Wolf Chief) der »Großbäuche« (Hidatsa) deutet darauf hin, daß Herzog Paul sie von seiner zweiten Nordamerikareise (1829–32) mitgebracht hat. Dies läßt sich leider nicht durch seine Reisetagebücher belegen, da diese im Zweiten Weltkrieg verbrannt sind.

besaß einen Wert von 30 Pferden Herzog Paul hat es allerdings nicht selbst bei den Blackfeet gesammelt, sondern von einer ungenannten Person erhalten, die es ursprünglich dem Bischof von Saint Louis als Geschenk für den Papst in Rom übergeben wollte. Daß diese Person das Hemd Herzog Paul überließ, erwies sich als Glücksfall für das Berliner Museum, denn niemand weiß, ob der damalige Papst das Gewand eines indianischen »Heiden« zu schätzen gewußt hätte. Wie Kilian Klann (1999: 39–40) nachwies, hat Herzog Paul das Hemd auf seiner ersten Reise (1822–24) erworben. Damit ist es (zusammen mit den dazugehörigen Leggings) das älteste bekannte Kleidungsstück von den Blackfeet.

Die Haube aus rotgefärbten Adlerfedern wurde in Berlin unter der Bezeichnung »Potawatomi« inventarisiert. Diese Zuordnung kann jedoch nur auf einem Irrtum beruhen. Nach Klann (1999: 42–43) handelt es sich tatsächlich um die Nr. 202 in Herzog Pauls Liste, die besagt: »Prächtiger Kopfputz von Adlerfedern von Indianern, den Großbäuchen, vom Wolfshäuptling«. Mit Großbäuchen bezeichnet Herzog Paul an anderer Stelle (z. B. Nr. 186 seiner Liste) die »Minetare« oder Hidatsa. Der Name Wolf Chief war früher bei den Hidatsa geläufig, so daß an der von Herzog Paul gegebenen Bezeichnung »Großbäuche« nicht gezweifelt werden muß. Wenn die Federhaube tatsächlich auf der zweiten Nordamerikareise des Herzogs gesammelt wurde, wie Klann (1999: 42) vermutet, dann ist sie eine der ältesten ihrer Art, die noch existiert.

Mit der 1867 angekauften Sammlung des Herzogs Paul hat Berlin nochmals einige der kostbarsten Stücke aus dem Gebiet der Prärien und Plains erwerben können, die bereits damals zu den Raritäten gehörten. Diese alten Sammlungen, die das Leben der Indianer dieser Region in ihrer Blütezeit zwischen etwa 1820 und 1850 dokumentieren, gehören heute zu den weltweit bedeutensten ihrer Art. Es ist das bleibende Verdienst des Direktors der Kunstkammer, Leopold Freiherr von Ledebur, diese einzigartigen Zeugnisse einer im Wandel begriffenen Kultur der Nachwelt erhalten zu haben.

Die Sammlungen nach 1870

In den folgenden dreißig Jahren gelangten nur Einzelstücke oder kleine Sammlungen, die als Zufallsangebote angekauft wurden, nach Berlin. Dazu gehörten einige vollständige Pfeifen und einzelne Pfeifenköpfe aus Catlinit, die der aus Illinois stammende Medizinstudent Alexander Vander Horck 1877 aus seiner Heimat mitgebracht hatte (Hartmann 1973b, Nr. 108, 117–119).

Der deutschstämmige Arzt und Ethnologe Walter J. Hoffman (1846–1899), der ab 1881 für das Bureau of American Ethnology in Washington arbeitete, ließ dem Berliner Museum wiederholt bedeutende Einzelstücke zukommen. Darunter befand sich eine Serie von elf Aquarellen des Hunkpapa-Sioux Running Antelope mit Darstellungen seiner Kriegstaten (Hartmann 1973b, Nr. 150). Eine besondere Rarität der Sammlung Hoffman ist eine 1866 gedruckte Bibel in Dakota-Sprache, die ein unbekannter Sioux-Künstler zu bilderschriftlichen Aufzeichnungen benutzt hatte (Abb. 70). Er malte darin zahlreiche Szenen von Kämpfen mit seinen Crow-Feinden, die Erbeutung von Pferden oder Darstellungen von Jagdtieren (Bolz 1988).

Die amerikanische Ethnologin Alice C. Fletcher (1838–1923) befand sich 1894 auf einer Europareise und verbrachte auch mehrere Tage in Berlin. Sie traf sich dabei mit Rudolf Virchow, Adolf Bastian, dem Amerikanisten Eduard Seler und dem

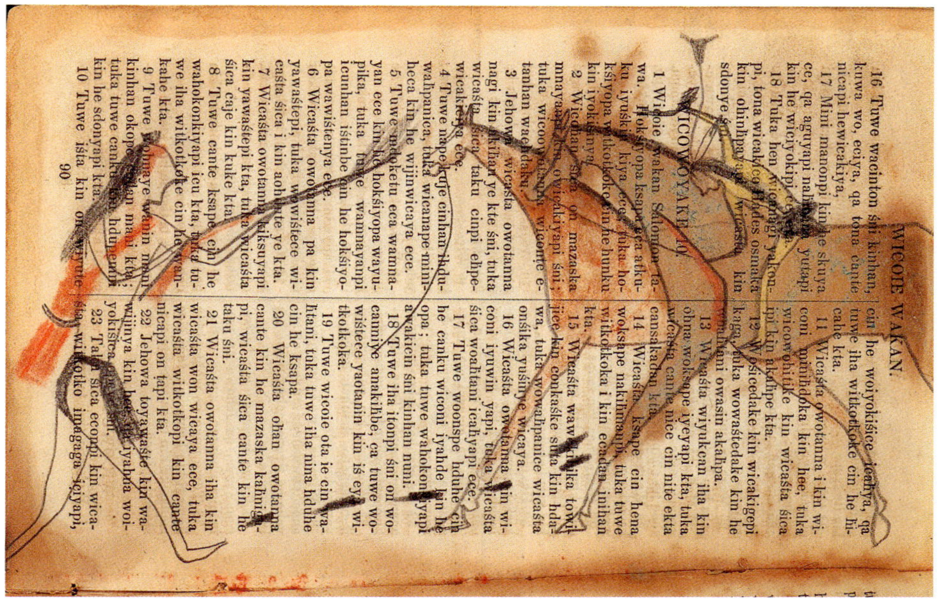

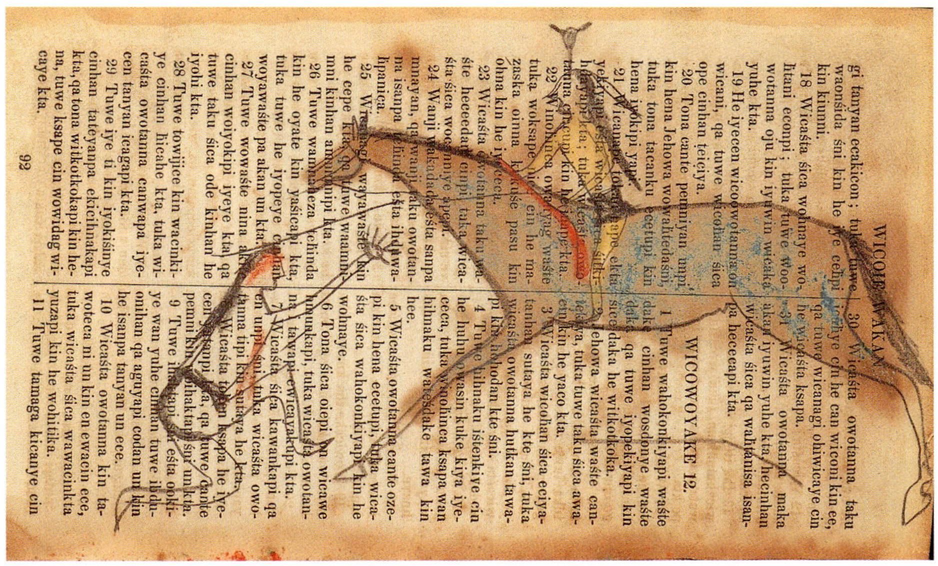

Abb. 70
Zwei Zeichnungen eines Lakota-Künstlers aus der Dakota-Bibel in der Übersetzung von Riggs und Williamson, American Bible Society, New York 1866. Blattgröße: 17 x 11 cm. Slg. Hoffman 1894. Inv.-Nr. IV B 1977.
Die Bibel enthält 57 Zeichnungen, die wenige Jahre nach ihrer Drucklegung entstanden sein müssen. Wahrscheinlich hat Hoffman sie von seinem Aufenthalt auf der Standing Rock Reservation im heutigen South Dakota mitgebracht, wo er 1872–73 als Armeearzt stationiert war. Die im Stil der »Ledger Art« ausgeführten Zeichnungen enthalten überwiegend Szenen von Kämpfen mit den Crow, den traditionellen Feinden der Lakota.
Die beiden ausgewählten Beispiele zeigen zwei Szenen eines Kampfes: Der gelb bemalte Reiter rechts, der mit einem Bisonkopf als Namenssymbol gekennzeichnet ist, wird von einem zu Fuß kämpfenden Crow beschossen. Er duckt sich jedoch, so daß der Crow ihn verfehlt. Auf dem zweiten Bild kniet der Crow am Boden, da »Büffelkopf« ihm in die Brust geschossen hat. Der Crow blutet aus einer Wunde, während sein Gegner an ihm einen »Coup« zählt, wie an dem Stab über seinem Kopf zu erkennen ist.

Musikethnologen Carl Stumpf (Mark 1988: 243). Auf ihre Anregung hin stellte ihr Informant, Koautor und späterer Adoptivsohn, der Omaha Francis La Flesche (1857–1932), für Berlin eine Sammlung mit Omaha-Material zusammen, die 1898 im Museum eintraf. Diese aus etwa 60 Stücken bestehende Sammlung weist mehrere Besonderheiten auf: Sie ist eine der wenigen, von einem Indianer mit Material seines Volkes zusammengestellten Sammlungen; sie ist durch einen schriftlichen und mit Bildern versehenen Katalog La Flesches vorbildlich dokumentiert; aus der Korrespondenz mit La Flesche läßt sich die Entstehung dieser Sammlung recht genau nachvollziehen. Außerdem ist sie die erste Berliner Sammlung aus dem Prärie- und Plainsgebiet, in der versucht wird, eine repräsentative Auswahl von Objekten einer einzelnen Stammesgruppe zusammenzustellen. Dazu gehören Geräte zur Fellbearbeitung, ein Maisstampfer, Flöten, Spiele, Malutensilien und zwei Schröpfköpfe aus Bisonhörnern. Bei Schmuck und Kleidungsstücken wurden Männer und Frauen gleichermaßen berücksichtigt. Der aus der Perspektive von La Fleche wichtigste Teil ist die komplette Ausrüstung zur Durchführung der Wawan-Zeremonie (Omaha-Name für »singen«).

Diese Zeremonie symbolisierte einerseits den Abschluß eines Friedens zwischen zwei Parteien, andererseits eine rituelle Adoption, bei der ein Verwandtschaftsverhältnis wie zwischen Vater und Sohn hergestellt wurde (La Flesche 1898: 19). Sie war bei den Pawnee als »Hako« bekannt und von den Lakota unter dem Namen »Hunka« übernommen worden. In ihrem Mittelpunkt steht ein Paar Federstäbe (von La Flesche als »Pipes« bezeichnet, obwohl sie keinen Pfeifenkopf besitzen), die eine besonders symbolträchtige Ausstattung tragen, zu der ein Behang aus fächerförmig angeordneten Adlerfedern gehört (Hartmann 1973b, Nr. XV). Sie repräsentieren das duale Prinzip, das in allen Lebensbereichen vorkommt: männlich-weiblich, Erde-Himmel, Krieg-Frieden, Tag-Nacht, Sonne-Mond, Süden-Norden. Diese Stäbe sind die Grundform dessen, was in etwas anderer Form und mit einem Pfeifenkopf versehen als Calumet oder »Friedenspfeife« weltbekannt wurde. Mit dem Rauchen des Calumets wurde somit nicht nur eine friedliche Beziehung hergestellt oder bekräftigt, sondern auch ein symbolisches Verwandtschaftsverhältnis begründet.

Ein weiteres besonderes Stück dieser Sammlung ist das von La Flesche als »War Shirt« bezeichnete Männerhemd aus blaugrün gefärbtem Leder und einem Besatz aus Haarlocken (La Flesche vermeidet den Begriff »Skalplocken«). Die mit Glasperlen bestickten Zierstreifen tragen ein Bärentatzen-Motiv, das nach Angabe La Flesches der Vision des Trägers entstammt (Hartmann 1973b, Nr. VI).

Das Hemd, die Zeremonialstäbe und eine ganze Reihe weiterer Objekte dieser Sammlung sind allerdings keine Stücke, die bei den Omaha damals noch in Gebrauch waren, sondern wurden speziell für das Berliner Museum angefertigt. Dies ergibt sich aus der Korrespondenz zwischen La Flesche und Karl von den Steinen, in welcher der Berliner Ethnologe mehrfach nach dem Verbleib der versprochenen Sammlung fragt. La Flesche antwortet wiederholt, daß bestimmte Stücke noch nicht fertig seien, da es nicht einfach sei, Leute zu finden, die diese noch in traditioneller Weise herstellen können (Erwerbungsakte Amerika Vol. 19, 1205/98). Die Frage, ob solch ein Objekt noch ein »Original« ist, stellte sich dabei nicht, da es in der damaligen Zeit nicht so sehr auf das individuelle Stück ankam, sondern auf den Objekttyp, den es verkörperte. Aus dem gleichen Grund hatten die damaligen Mitarbeiter des Museums keine Probleme damit, solche Stücke, die dem Typ nach doppelt vorhanden waren, als »Dubletten« auszusondern und mit Händlern oder anderen Museen zu tauschen.

Einen bedeutenden Zuwachs erhielt die Berliner Plains-Sammlung im Jahre 1904 durch einen Ankauf von etwa 280 Objekten, die der amerikanischen Ethnologe Clark Wissler (1870–1947) speziell für Berlin gesammelt hatte. Dieser Schüler von Franz Boas arbeitete seit 1902 als Kurator am American Museum of Natural History in New York. In den Jahren 1902 bis 1905 unternahm er ausgedehnte Reisen auf die Reservationen im nördlichen Plainsgebiet, um die dekorative Kunst dieser Stammesgruppen zu studieren und als Sammlung zu dokumentieren. Sein damaliger Vorgesetzter Franz Boas, der stets gute Kontakte zum Berliner Museum unterhielt, unterbreitete Karl von den Steinen das Angebot, daß Wissler für das Berliner Museum eine eigene Sammlung anlegen könnte. Von den Steinen, der Wissler in New York persönlich kennengelernt hatte, stimmte zu und beantragte beim Ethnologischen Hilfskomitee die erforderlichen Mittel. In einem Brief vom 2. Mai 1903 beschreibt Boas den Arbeitsplan Wisslers folgendermaßen:

»I have completed the arrangements for this summer's work, and Wissler is going to start to-day. He will spend the coming month among the Gros Ventres.

From there he will go to the Blackfeet – at first in Montana, then northward into Canada. After he has finished his work in Canada, he will go eastward to the Assiniboine on the Saskatchewan, and then back to North Dakota to take up some loose ends of the Sioux work. The primary object of his whole trip is the investigation of conventional symbolism among the northern tribes... I will let him make a collection for you among the Gros Ventres, so that his work among that tribe will be primarily for the Berlin Museum... Among the Blackfeet he would collect for our Museum, and make a separate collection for you. I am reasonably certain that he will get a good deal of material« (Erwerbungsakte Amerika Vol. 24, 492/03).

Die Sammlung bestand ursprünglich aus 41 Stücken von den Assiniboin und 36 von den Oglala-Sioux. Die Blackfeet waren zwar nur mit vier Stücken vertreten, doch eines davon war ein großes bemaltes Otter-Tipi aus Leinwand. Dieses wurde allerdings 1936 als »Dublette« an das Völkerkundemuseum München abgegeben (Gerhards 1980: 114, Kat. Nr. 1).

Der größere Teil der Sammlung Wissler, 193 Objekte, kam wie vereinbart von den Gros Ventre oder Atsina, die seit 1887 zusammen mit Teilen der Assiniboin auf der Fort Belknap Reservation in Montana leben. Es handelt sich um die umfangreichste materielle Dokumentation, die es von dieser Gruppe gibt. Stilistisch gesehen stammen einige Stücke allerdings von ihren Nachbarn, den Assiniboin, wie dies beim Umfang einer solchen Sammlung nicht anders zu erwarten ist. Genaue Stilkriterien zur Herkunftsbestimmung von Objekten mußten damals von den Pionieren der amerikanischen Ethnologie, zu denen auch Wissler zählte, erst noch erarbeitet werden.

Die Gros Ventre-Sammlung bietet einen recht guten Querschnitt des damals noch vorhandenen traditionellen Kulturinventars. Dazu gehören einfache Haushaltsgeräte, Nähzeug, Spielsachen, kleine Taschen, Messerscheiden, Satteltaschen, Parfleches, Pferdeausrüstung, Mokkasins, Leggings, Männerhemden, Frauengürtel, Haarschmuck, Nabelschnurbehälter, Pfeifen, Pfeifenbeutel, Trommel, Lanze und Schild.

Wisslers Sammlung enthält nicht nur Angaben über den Sammelort, sondern auch kurze Beschreibungen von Funktion und Bedeutung eines Objektes. Einige seiner Objekte hat Wissler als »Modell« bezeichnet, z.B. zwei Geistertanzhemden von den Oglala-Sioux der Pine Ridge Reservation (Hartmann 1973b, Nr. 21). Dies bedeutet, daß diese Hemden (von denen eines wiederum als »Dublette« nach München abgegeben wurde) nicht beim Geistertanz von 1890 getragen wurden, sondern erst danach entstanden sind. Im American Museum of Natural History in New York befinden sich einige weitere Geistertanzhemden der Sammlung Wissler, von denen eines 1992 in Minneapolis ausgestellt war. Den Kommentar dazu kann man wörtlich auch auf das in Berlin verbliebene Hemd übertragen: »This dress, one of a number commissioned by Wissler between 1902 and 1907, was made well after the Wounded Knee massacre as a re-creation of a dress said to have been worn in that encounter« (Maurer et al. 1992: 172).

Wissler gehört zu den wenigen Sammlern, die von Indianern gefertigte Nachbildungen als solche gekennzeichnet haben. Für diese Angaben müssen wir ihm dankbar sein, denn sie weisen darauf hin, daß in der frühen Reservationszeit eine große Zahl von Nachbildungen traditioneller Objekte hergestellt wurde, um den Bedarf von Museen und Sammlern zu befriedigen.

Im Jahre 1904 vermachte der Amerika-Reisende und Schriftsteller Balduin Möllhausen dem Berliner Museum seine kleine Sammlung indianischer Objekte. Darunter befanden sich zwar nur wenige Plains-Stücke, diese besitzen jedoch eine besondere Note, da Möllhausen mit ihnen etwa 50 Jahre zuvor als Trapper posiert hatte (Abb. 71). Unter den 33 Aquarellen, die er dem Museum schenkte, befanden sich 16 mit Motiven aus dem Prärie- und Plainsgebiet (Hartmann 1963: 85–91, 103–110), doch haben davon nur zwei (Bisonstiere und Grizzlybären) den Zweiten Weltkrieg überlebt.

Die im Kapitel »Östliches Waldland« bereits erwähnte Sammlung Wyman von 1905 enthält auch einige Plains-Objekte, darunter eine reich mit Quillwork dekorierte Kindertrage der Brulé-Sioux (Hartmann 1973b, Nr. 68), mehrere Pfeifen von der Pine Ridge- und Rosebud- Reservation und ein bemaltes Baumwolltuch. Letzteres ist eine Arbeit des Brulé-Sioux Bull Head und zeigt kriegerische Szenen, wie sie ursprünglich auf Bisonroben gemalt wurden (Hartmann 1973b, Nr. 149).

Die umfangreichste Sammlung eines Plains-Stammes wurde 1905 von der Fred Harvey Company angekauft. Dieses Unternehmen, das eine wesentliche Rolle in der touristischen Erschließung des Südwestens spielte (siehe Howard und Pardue 1996, Weigle und Babcock 1996), begann 1902 mit dem Handel und der Vermarktung indianischer Sammlungen. Dabei standen stets die kommerziellen Interessen im Vordergrund, auf eine genaue Dokumentation der Stücke wurde weniger Wert gelegt (Dutton 1983: 93–98). Bei der Sammlung handelt es sich um knapp 350 Objekte von den Crow, die ein recht gutes Spektrum ihrer Ende des 19. Jahrhunderts noch vorhandenen materiellen Kultur abgibt. Allerdings muß man auch hier einschränkend sagen, daß nicht alles, was als Crow bezeichnet ist, auch tatsächlich von den Crow stammt. Die Sammlung enthält auch Stücke, die stilistisch dem Plateau-Gebiet oder den Sioux zuzuordnen sind. Neben einfachen Haushaltsgeräten, bemalten Rohhaut-Behältern oder perlenbestickten Packtaschen gibt es eine große Zahl von Kleidungsstücken (vor allem Mokkasins in allen Variationen) sowie Zierstreifen für Leggings, Hemden oder Decken. Neben einer Federhaube (Hartmann 1973b, Nr. 46) besteht ein bedeutender Teil der Sammlung aus zeremoniellen Objekten, darunter Steinmedizin-Bündel und Tierbälge (Hartmann 1973b, Nr. 140, 143–145). Besonders hervorzuheben ist die reichlich vertretene Pferdeausrüstung, wie sie für Paraden hergestellt wurde, und wie man sie auf der jährlich stattfindenden Crow Fair auf der Crow-Reservation in Montana noch heute bewundern kann (Abb. 72). Dazu gehören reich verzierte Frauensättel mit hohen Sattelhörnern, mit Perlenbesatz gesäumte Satteldecken, Brust- und Stirnschmuck der Pferde und verzierte Schwanzriemen (Hartmann 1973b, Nr. 71–73, 77,78). Die wertvollsten Objekte sind jedoch die mit Visions-Motiven bemalten Schilde aus dickem Bisonleder (Abb. 73 u. 74) oder einzelne bemalte Schildüberzüge, die damals bereits als »von hohem Alter« bezeichnet wurden (Hartmann 1973b, Nr. XIV, 82–84).

Aus dem American Museum of Natural History in New York wurde 1905 eine Sammlung von etwa 80 Objekten erworben, der überwiegende Teil davon aus dem Plainsgebiet. Dazu gehören Stücke von den westlichen Sioux (Lakota), den Crow und den Blackfeet. Eines der interessantesten Stücke davon ist ein Männerhemd der Sioux, das mit einer Kampfszene zwischen einem Indianer und einem weißen Soldaten bemalt ist (Hartmann 1973b, Nr. 20).

Mit der Sammlung E. W. Lenders gelangte 1911 die Ausrüstung des Hunkpapa-Sioux-Medizinmannes »Black Chicken« nach Berlin (Hartmann 1973b, Nr. 136–139) und dazu weitere 110 Objekte von den Crow, Blackfeet, Northern

Abb. 71
Balduin Möllhausen als Trapper. Holzstich als Illustration zu einer Erzählung Möllhausens. »Die Gartenlaube«, 1862.
Der Abenteurer, Forschungsreisende und Schriftsteller Balduin Möllhausen (1825–1905) überließ dem Berliner Museum 1904 seine kleine Sammlung von Reiseandenken aus der Zeit zwischen 1850 und 1858. Dazu gehörten auch folgende Stücke aus dem Gebiet der Prärien und Plains, die auf seinem Portrait zu sehen sind: Ein gewebter Gürtel (»Sash«), der als Sioux bezeichnet wird, sicherlich aber ein Handelsprodukt ist; ein mit blauen und weißen Pony Beads bestickter Pfeifenbeutel, der von den Omaha stammen soll; und ein Paar Mokkasins, ebenfalls mit Pony Beads bestickt, angeblich von den Cheyenne.

Abb. 72
Pferd in Parade-Aufzäumung der Crow. Alle Objekte Slg. Harvey, 1905.
Paraden mit außerordentlich reich geschmückten Pferden haben eine lange Tradition bei den Crow. Die heute bei der »Crow Fair« zu beobachtenden Tiere tragen ganz ähnlichen Schmuck, wie ihn die Fred Harvey Company bereits vor über hundert Jahren an das Berliner Museum verkaufte. Die hier gezeigten Stücke sind typisch für die Ausstattung des Pferdes, wenn es von einer Frau geritten wird.

Frauensattel mit Steigbügeln. Länge: 63 cm. Inv.-Nr. IV B 7750.

Satteldecke mit Umrandung aus Glasperlen. 145 x 71 cm. Inv.-Nr. IV B 7767.

Lanzen- oder Säbelscheide. Länge: 120 cm. Inv.-Nr. IV B 7792.

Rohhaut-Tasche mit Fransen. Länge: 115 cm, Breite: 40 cm. Inv.-Nr. IV B 7888.

Schwanzriemen (Kruppgurt). Länge: 145 cm. Inv.-Nr. IV B 7753.

Kopfriemen mit Gebiß und Zügeln. Länge: 172 cm. Inv.-Nr. IV B 7772.

Stirnschmuck. Länge: 36 cm. Inv.-Nr. IV B 7782.

Brustschmuck. Länge: 74 cm, Breite: 41 cm. Inv.-Nr. IV B 7783.

Abb. 73
Bemalter Schild. Crow. Durchmesser: 55 cm. Slg. Harvey 1905. Inv.-Nr. IV B 7795.
Der etwa einen Zentimeter dicke Schild aus Rohleder ist grün bemalt und zeigt als zentrales Motiv eine Bärentatze. Zusätzlich sind der Balg eines Erdhörnchens und mehrere Büschel mit Eulenfedern daran befestigt. Die Bedeutung dieser Ausstattung ist nicht überliefert, doch kann man vermuten, daß der Träger dieses Schildes durch die Bemalung die Kraft des Bären auf sich übertragen wollte.

und Southern Cheyenne, Arapaho, Kiowa und Comanche. Zu den besonderen Stücken dieser Sammlung gehört ein reich verziertes Männerhemd der Blackfeet, das an den Ärmeln mit einem Behang aus Hermelinfellstreifen versehen ist und eine für die Blackfeet typische Bemalung mit Kaulquappen-Motiven trägt (Hartmann 1973b, Nr. 19). Von den Comanche stammt eine Adlerfederhaube mit langer Schleppe (Abb. 75) und eine vollständig mit Glasperlen bestickte Kindertrage (Abb. 76). Ein besonderes Einzelstück dieser Sammlung war ein bemaltes Bisonfell der Pawnee für die Hako-Zeremonie (entspricht der oben erwähnten Wawan-Zeremonie der Omaha), das leider zu den Kriegsverlusten zählt.

Der Ethnographica-Händler Umlauff aus Hamburg bot dem Berliner Museum 1912 eine Indianersammlung von etwa 300 Objekten an. Die meisten davon kamen von den Sioux (ohne Angabe einer Reservation), der Rest wurde pauschal

Abb. 74
Bemalter Schild. Crow. Durchmesser: 50 cm. Slg. Harvey 1905. Inv.-Nr. IV B 7797.
Die zwei unterschiedlich bemalten Hälften des Schildes lassen in der Mitte einen (Feuer speienden?) Bärenkopf mit Bärentatze und rechts einen sehr stilisiert gezeichneten (weiblichen?) Bären mit überdimensionalen Tatzen erkennen. Die anhängenden braunen Fellstücke stammen von den Ohren eines Bären. Die roten Linien sind möglicherweise Kraftlinien, die übrigen Symbole lassen sich nicht eindeutig bestimmen. Auch hier deutet alles darauf hin, daß die Macht des Bären für den Träger des Schildes eine besondere Rolle spielte.

als »Prärieindianer« bezeichnet. Da viele der angebotenen Stücke in Berlin bereits dem Typ nach vorhanden waren, wurden lediglich 88 davon ausgewählt, darunter die »Figur eines Kriegers«, bestehend aus Hemd, Leggings, Mokkasins, Halskette und Adlerfederhaube (Erwerbungsakte Amerika Vol. 36, 560/12).

Der deutsche Ethnologe Christian Leden, der durch seine Feldforschungen bei kanadischen Eskimo bekannt wurde (Leden 1927), nutzte 1912 einen Kanada-Aufenthalt, um bei Cree, Assiniboin und Blackfeet zu sammeln. Die nach Berlin geschickten Objekte dienten dazu, den Vorschuß an Reisemitteln, den er erhalten hatte, zurückzuzahlen. Das mag der Grund dafür sein, daß seine Dokumentation der einzelnen Stücke sehr oberflächlich ausgefallen ist. Unter den zehn Assiniboin- und 80 Blackfeet-Objekten befinden sich solche des täglichen Gebrauchs, aber auch viele mit zeremoniellem Charakter. Ein besonders wert-

a

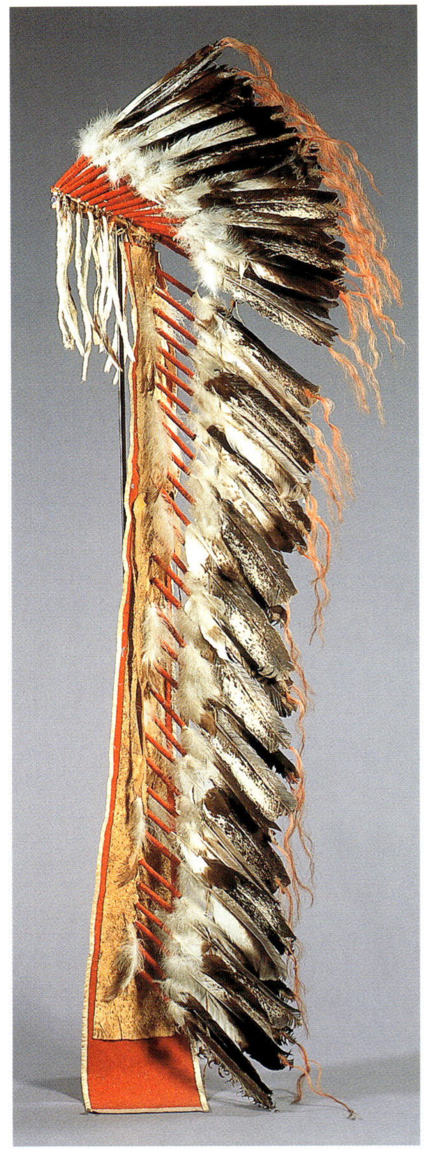

b

Abb. 75 (a+b)
Federhaube mit Schleppe. Comanche, um 1880. Länge: 222 cm. Slg. Lenders 1911. Inv.-Nr. IV B 8510.
Hauben aus Adlerfedern mit langer Schleppe symbolisierten ursprünglich die gemeinsamen Heldentaten und Verdienste einer Kriegergesellschaft. Der Anführer einer solchen Gruppe mußte bei seinem Volk in hohem Ansehen stehen, um ein solches Ehrenzeichen tragen zu dürfen. Der Typ dieser Federhauben entstand auf den nördlichen Plains und verbreitete sich auch zu den Comanche der südlichen Plains. Seit dem späten 19. Jahrhundert wurden solche Hauben immer häufiger zu Show-Zwecken verwendet, wodurch sie bald zum klischeebehafteten Symbol für »Indianer« schlechthin geworden sind.

volles Stück ist eine Haube der Blackfeet aus Bisonfell, an der Federn, Pferdehaare und zwei Bisonhörner befestigt sind (Abb. 77). In seinem sehr knappen Stil bezeichnet Leden sie als »Kriegshelm – sehr alt, heilig« (Akte Leden, 1537/12). Wahrscheinlich gehörte sie einst einem Mitglied des Bisonbundes und wurde beim Bisontanz getragen.

Die Sammlung Leden war die letzte größere Erwerbung aus dem Gebiet der Prärien und Plains. Von da an gelangten nur noch Einzelstücke oder sehr kleine Sammlungen nach Berlin. Dazu gehörte ein Hemd von Bear Chief, einem bekannten Häuptling der Piegan-Blackfeet. Der Berliner Industrielle Alexander Flinsch hatte 1896 die »Sportsman's Exposition« in New York besucht, wo Bear Chief mit einer Gruppe von Piegan aus Montana auftrat, um Waffen und Geräte der »primitiven Amerikanischen Jäger« zu demonstrieren. Dabei sei ihm das Hemd von dem Häuptling verehrt worden, wie er angibt. Als er es 1924 dem Museum schenkte, fügte er als weitere Erklärung hinzu: »Die Skalplocken bedeuten die Anzahl seiner getöteten Feinde«. Diese Angaben muß er einer kleinen Broschüre entnommen haben, die er dem Hemd beilegte, und in der man über den Häuptling lesen kann: »Bear Chief was a brave warrior in the old days when warriors had a place on the plains. He has counted *coup* upon his enemy many times; his wives have often trimmed his clothing with the scalps of enemies, torn from their heads with his own hands« (Erwerbungsakte Amerika Vol. 40, 434/24). Das Hemd ist mit breiten Perlenbändern geschmückt und trägt an den Armen einen Behang aus Hermelinfellstreifen. Die angeblichen »Skalplocken« befinden sich lediglich am vorderen und hinteren Zierstück unterhalb des Halsausschnitts.

Im Jahre 1925 gelang es Krickeberg, von dem Händler Paul Klostermann in München eine bemalte Bisonrobe zu kaufen, die wahrscheinlich vom Ende des 18. Jahrhunderts stammt (Krickeberg 1954, Taf. 8). Wenn dies zutrifft, wäre sie das älteste Stück der Berliner Sammlung aus dem Bereich der Prärien und Plains. Bekannt ist lediglich, daß Klostermann die mit stark stilisierten geometrischen Mustern bemalte Robe, die als Sioux bezeichnet wurde, in den 1880er Jahren erworben hat. Ihre genaue Herkunft ist ebenso unbekannt wie ihr gegenwärtiger Verbleib, denn sie zählt leider weiterhin zu den Kriegsverlusten der Berliner Sammlung.

Als weiteres Einzelstück bereicherte ein Mädchenkleid mit einem reich bestickten Oberteil, vermutlich eine Arbeit der Lakota, die Sammlung. Es wurde 1929 von dem Berliner Kaufmann Franz Serzisko gekauft, der im Besitz mehrerer Kleidungsstücke von den »Prärieindianern« war. In einer schriftlichen Befürwortung des Ankaufs bemerkte Walter Krickeberg, daß die Sammlung an Frauenkleidern aus dem Präriegebiet ziemlich arm sei (Erwerbungsakte Amerika Vol. 43, 90/29). An diesem Zustand hat sich bis heute nichts geändert.

Im gleichen Jahr kamen 12 Stücke von den Osage aus der Sammlung Lenders hinzu, überwiegend aus dem zeremoniellen Bereich. Darunter befanden sich eine Kürbisrassel und zwei Federfächer, wie sie in einer Peyote-Zeremonie Verwendung fanden.

Der Zweite Weltkrieg hatte vor allem bei den Bisonroben der älteren Sammlung erhebliche Verluste verursacht, die 1962 mit dem Ankauf von vier Roben der Sioux und Cheyenne ausgeglichen werden sollten. Verkäufer war der Händler Stolper aus New York, der sein Material vom Museum of the American Indian in New York bezog. Weitere Ankäufe aus dieser Quelle fanden bis 1972 statt. Dazu

Abb. 76
Kindertrage. Comanche, um 1890. Länge: 105 cm. Slg. Lenders 1911. Inv.-Nr. IV B 8526. Diese stabile Lattenwiege, die von den Frauen auf dem Rücken getragen oder ans Pferd gehängt werden konnte, ist ein Produkt der Reservationszeit. Seßhaftigkeit und leichterer Zugang zu Handelswaren brachten die Kunst des Perlenstickens zum Aufblühen. Typisch für die Comanche ist die großflächige Dekoration mit Glasperlen, die auf beiden Hälften unterschiedliche Grundfarben und Muster aufweisen. Es ist sicherlich nicht übertrieben, hier von einem Meisterwerk in der Kunst der Perlenstickerei zu sprechen.

gehörten als besondere Stücke ein Männerhemd der Cheyenne aus der Zeit vor 1850, eine Adlerfederhaube mit Schleppe von den Oglala-Sioux, ein bemalter Bisonschädel der Arapaho, der beim Sonnentanz Verwendung fand, ein Arapaho-Schild mit Federbehang und ein Halsband aus Bärenkrallen, angeblich aus der Zeit um 1820 (Hartmann 1973b, Nr. 14, 41, 45, 81, 147).

Weitere Stücke kamen aus dem Besitz des Sammlers und Händlers Arthur Speyer Jr. Darunter befand sich eine 1969 erworbene Bisonrobe mit einem Sonnenmotiv (angeblich von den Crow), die aus dem »Herzoglich Chinesischen Kabinett in

Abb. 77
Haube eines Mitgliedes des Bisonbundes. Blackfeet, um 1880. Höhe: 70 cm. Slg. Leden 1912. Inv.-Nr. IV B 8737.
Da der Sammler lediglich die Bezeichnung »Kriegshelm« angegeben hat, läßt sich die Funktion dieser Haube nicht eindeutig bestimmen. Am wahrscheinlichsten ist jedoch, daß es sich um den Kopfschmuck eines Mitgliedes des Bisonbundes handelt. Wenn ein Mann von einem Bison träumte oder ihn in einer Vision sah, konnte er diesem Bund beitreten. Die Männer trugen bei ihren Tänzen Hauben aus Bisonfell mit Hörnern daran und imitierten das Verhalten der Bisons. Als wichtigstem Nahrungstier wurde dem Bison eine besondere Verehrung entgegengebracht, so daß Bisonbünde und Bisontänze im gesamten Bereich der Prärien und Plains verbreitet waren.

Gotha« stammen soll und in die Zeit vor 1850 datiert wird (Hartmann 1973b, Nr. 2).

Nach diesen sehr alten Objekten gelangte 1980 erstmals ein modernes Plains-Stück in die Berliner Sammlung. Es handelte sich um ein bemaltes Leinwand-Tipi der Blackfeet aus Montana, das um 1970 entstanden war. Leider kamen seither nur wenige weitere moderne Stücke hinzu. Bei einem Besuch der Rosebud-Reservation in South Dakota konnte der Autor dieses Beitrags im Sommer 1990 eine dreiteilige Ausrüstung für die Peyote-Zeremonie erwerben. Diese von Burnette Iron Shell gefertigten Objekte bestehen aus Kürbisrassel, Federfächer und Zeremonialstab, jeweils mit Perlen im sogenannten »Peyote Stitch« bestickt.

Das jüngste Stück der Berliner Plains-Sammlung ist ein Star Quilt (Steppdecke mit Sternenmotiv), den Ann Davis, damals Lehrerin am Sinte Gleska College auf der Rosebud Reservation, 1991 im Sioux Indian Trading Post in Rapid City, South Dakota, für das Museum gekauft hat.

Bewertung der Sammlung aus den Prärien und Plains

Der Schwerpunkt der Berliner Sammlungen aus dem Gebiet der Prärien und Plains liegt auf den älteren Ethnographica, die vor 1850 entstanden sind. Unter diesem Gesichtspunkt wurden sie von Horst Hartmann nach dem Zweiten Weltkrieg sinnvoll ergänzt. Kulturhistorisch besonders wertvoll sind die Objekte von den seßhaften Dorfstämmen entlang des Missouri, da von deren ursprünglicher materieller Kultur nach 1850 nicht viel erhalten blieb.

Zahlenmäßig überwiegen allerdings die Sammlungen aus der zweiten Hälfte des 19. Jahrhunderts. Sie enthalten hervorragende Beispiele der ursprünglichen Kultur der Plainsnomaden, wie sie bis in die frühe Reservationszeit bestand. Obwohl der inhaltliche Schwerpunkt auf zeremoniellen Objekten und reich verzierten Kleidungsstücken liegt (zu denen auch die große Mokkasin-Sammlung zählt), befinden sich in ihr genügend Gegenstände des täglichen Gebrauchs, die ein einigermaßen abgerundetes Bild der traditionellen Kultur dieser Völker vermitteln.

Die größte »Nachfrage« von Wissenschaftlern aus dem In- und Ausland besteht bei den alten Sammlungen, allen voran die des Prinzen Maximilian zu Wied, der durch sein hervorragendes Reisewerk bis heute zu den bekanntesten Amerika-Forschern des frühen 19. Jahrhunderts zählt. Auch von seiten der Hobbyisten und anderer »Indianerfreunde« wird überwiegend nach den Sammlungen der Prärie- und Plainsindianer gefragt, so daß diese mehr im öffentlichen Interesse stehen als die aller anderen Regionen Nordamerikas. Um so bedauerlicher ist es, daß es bisher nicht gelungen ist, die moderne Reservationskultur dieses Gebietes durch neuere Sammlungen zu dokumentieren. Hier ist besonders an die heutige Form des Powwow zu denken, ein Tanzfest, dessen Wurzeln in den Tänzen der Männerbünde des frühen 19. Jahrhunderts liegen. Aus dieser Zeit besitzt die Berliner Sammlung hervorragende Belegstücke, die durch moderne Objekte des gleichen Typs ergänzt werden müßten, um die kulturelle Dynamik des Powwow deutlich zu machen. Die Herstellung von Powwow-Tanzkleidung und den dazugehörigen Ausrüstungsgegenständen gehört heute zu den wichtigsten traditionell orientierten handwerklichen Beschäftigungen auf den Plains-Reservationen. Für das Berliner Museum gilt es daher, dies als neues Sammelgebiet zu entdecken.

Südwesten

Abb. 78
Tanz der Heheya-Kachinas im Hopi-Dorf Oraibi, Frühjahr 1898. Foto: Karl von den Steinen.
Bis zum heutigen Tag verkörpern die farbenprächtigen tanzenden Kachinas und ihre Lieder alles, was nach den Gesetzen des Hopi-Lebens gut, richtig und schön ist.

Abb. 79
»Ein Navajo-Schamane.« Foto: John K. Hillers, wahrscheinlich 1879.
Die Navajo-Religion verbindet Elemente des Pueblo-Weltbildes mit dem schamanischen Erbe ihrer ursprünglichen Jägerkultur. Krankheit wird als eine Störung der universalen Harmonie durch Tabubrüche oder Hexerei aufgefaßt. Die von einem *Hataalii* (»Sänger«) geleiteten Heilungszeremonien haben den Zweck, das Gleichgewicht des Kosmos wieder herzustellen, damit der Betroffene erneut »in Schönheit gehen« kann.

Der Südwesten Nordamerikas, im Gebiet der heutigen US-Bundesstaaten Arizona und Neu-Mexico, ist ein Land von überwältigender Weite und rauher Schönheit.[1] Die mit Hartgräsern, Buschwerk oder Kakteen bewachsenen Hochebenen und Halbwüsten werden von Canyons, Tafelbergen (Mesas) und bizarren Vulkanformationen durchbrochen. Die Winter auf den Hochplateaus und in den waldigen Gebirgen können eiskalt und schneereich sein, im Frühjahr peitschen Sandstürme das Land. Der Himmel ist wochenlang fast wolkenlos und tiefblau, bis im Juli die kurze »Regenzeit« beginnt. Imposante Wolkengebirge türmen sich in der Hitze auf, werden allmählich immer dunkler und entladen sich schließlich in heftigen Gewittergüssen. Nur die großen Flüsse wie der Rio Grande und der Colorado, die das Land nach Osten und Westen begrenzen, führen ganzjährig Wasser.

Die indianischen Bewohner des Südwestens entwickelten trotz Wasserknappheit und Dürreperioden reiche und vielfältige Kulturtraditionen. Das ursprüngliche Kulturmuster schweifender Grüppchen von Wildbeutern (»Desert Culture«) erhielt vor über 2000 Jahren Impulse aus Mesoamerika. Einige Gruppen wurden seßhaft und pflanzten Mais, Bohne, Kürbis und Baumwolle an. Die Hohokam, eine der drei großen prähistorischen Kulturen, hatten schon vor Christi Geburt die Wüste Zentral-Arizonas mit riesigen Kanalsystemen fruchtbar gemacht. Die Entwicklungsphasen der Mogollon- und Anasazi-Kulturen lassen sich an ihrer Keramik und Architektur ablesen. In der Blütezeit ihrer Kultur zwischen 1100 und 1250 n. Chr. errichteten die Anasazi mehrstöckige Gebäudekomplexe mit umbauten Plätzen (Plazas) und kreisrunden unterirdischen Zeremonialräumen, genannt Kiva. Die Ruinen der Großbauten und Klippensiedlungen von Mesa Verde oder Chaco Canyon rufen noch heute Bewunderung hervor. Das Schicksal der Anasazi ist typisch für das prekäre Verhältnis zwischen Mensch und Umwelt in dieser Region: Eine lange Dürreperiode und die Erschöpfung der Ressourcen zwangen das Volk im Laufe des 13. Jahrhunderts zur Abwanderung. Einige Gruppen ließen sich am Rio Grande und am Little Colorado nieder und begründeten die Pueblo-Kultur.

Die heutigen Pueblo-Indianer gehören vier verschiedenen Sprachfamilien an und bilden die wichtigste Gruppe von Bodenbauern des Südwestens. Während am Rio Grande künstliche Bewässerung möglich ist, sind die Hopi-Bauern ausschließlich auf Niederschläge angewiesen. Zur optimalen Nutzung von Regen- und Schmelzwasser wenden sie verschiedene Methoden des Trockenfeldbaus an. Um durch Kooperation mit den Göttern und Geistern Regen und gute Ernten zu erlangen, befolgen die Pueblo einen Jahreskreislauf von Zeremonien, der den Wachstumszyklus des Mais begleitet und feiert. Eine zentrale Rolle spielen dabei die religiösen Geheimbünde und die Kachinas: Ahnengeister, die von Tänzern rituell verkörpert werden. Die spirituelle Verbundenheit mit dem Land und den Ahnen und das Bemühen um Harmonie zwischen allen Wesen und Kräften des Universums ist den indianischen Kulturen des Südwestens gemeinsam und findet in ihren Mythen, Legenden und Zeremonien reichen Ausdruck.

Bodenbau wird auch am unteren Colorado und am Gila River betrieben. Das Frühjahrshochwasser mit seinen fruchtbaren Sedimenten ermöglichte es den Mohave und anderen Stämmen der Yuman-Sprachgruppe, in der Flußebene Pflanzungen anzulegen. Jagd, Fischfang und das Sammeln von Mesquite-Bohnen erweiterten das Nahrungsangebot. Für die stromaufwärts lebenden Yuman-Gruppen Yavapai, Walapai und Havasupai war der Bodenbau eher Nebensache. Die dritte Gruppe von Pflanzern im Südwesten sind die O'odham (Pima und Papago) im Einzugsgebiet des Gila River. Sie setzten den Bewässe-

1 Das Kulturareal des »Größeren Südwestens« umfaßt auch die indianischen Kulturen im Nordwesten Mexikos, wie die Seri (Comcáac), Yaqui (Yoemem) oder Tarahumara (Rarámuri). In diesem Katalog beschränken wir uns auf das Gebiet nördlich der mexikanisch-amerikanischen Grenze.

rungsfeldbau ihrer Hohokam-Vorfahren in kleinerem Maßstab fort. Die Papago spezialisierten sich außerdem auf das Sammeln der Früchte des Saguaro-Kaktus. Die zeitweilige Rückkehr zum mobilen Wildbeutertum war in Dürreperioden für alle bäuerlichen Kulturen des Südwestens eine wichtige Überlebensstrategie.

Vermutlich ab dem 14. Jahrhundert wanderten Gruppen von Wildbeutern in die Pueblo-Region ein, die ursprünglich aus dem subarktischen Norden stammten und athapaskisch sprachen. Die Dine'é oder Ndé, wie sie sich selbst nennen, übernahmen Techniken und religiöse Ideen der Pueblo in ihre jägerisch-schamanische Tradition und wurden als Navajo und Apache bekannt. Die Navajo kombinierten den Maisanbau mit saisonalem Wanderleben und wandelten sich in der spanischen Ära zum Hirtenvolk. Die meisten Apache blieben ihrem Jägerleben treu. Als sie von den Spaniern Pferde erbeutet hatten, spezialisierten sie sich darauf, die Dörfer der Bauern zu überfallen.

Die schon immer komplexen Beziehungen zwischen den indianischen Völkern erfuhren mit dem Auftreten der Kolonialmächte eine neue Dynamik. Die Spanier, die den Südwesten ab 1598 systematisch vereinnahmten, brachten nicht nur begehrte Metallgegenstände, Haustiere und Nutzpflanzen, sondern auch Schwert und Kreuz. Die mobilen Apache und Navajo konnten sich ihnen leichter entziehen als die seßhaften Bauernvölker. Als die Pueblo vom Terror der Soldaten und Missionare genug hatten, entschlossen sie sich 1680 zur Revolte. Die Spanier wurden vertrieben, eroberten die Region aber zwölf Jahre später zurück. Die Rio Grande-Pueblo übernahmen nach außen hin das spanische Verwaltungssystem und das Christentum, hielten aber im Geheimen an ihren alten Zeremonien und soziopolitischen Strukturen fest. Daran hat sich bis heute nichts Wesentliches geändert, auch wenn sich ab Ende des 19. Jahrhunderts der Kulturwandel verstärkte. Durch die Eingriffe der US-Regierung und weißer Siedler wurden vor allem die traditionellen Wirtschaftsweisen vieler Stämme stark verändert.

Die materielle Kultur der Indianer des Südwestens zeigt eine enorme Vielfalt an Materialien und handwerklich-künstlerischen Traditionen. Während die Töpferei eine Spezialität der Pueblo und anderer Bodenbauer ist, spielte die Korbflechtkunst bei allen Gruppen eine wichtige Rolle. Textilien aus einheimischer Baumwolle wurden schon in vorspanischer Zeit hergestellt. Durch das Erlernen der Weberei von den Pueblo und die Übernahme der Schafzucht von den Spaniern begründeten die Navajo eine eigenständige Tradition der Deckenweberei. Von Mexikanern erlernten Navajo-Männer Mitte des 19. Jahrhunderts die Silberschmiedekunst, die sie dann an die Zuni und andere Pueblo-Gruppen weitergaben. Die Verarbeitung von Türkisen und anderen Edelsteinen zu Schmuck und Amuletten hatte im Südwesten schon immer ästhetische und spirituelle Bedeutung. Durch die Kombination mit Silber entstanden neue Traditionen der Schmuckherstellung, die heute ein Markenzeichen des indianischen Südwestens sind. Weberei und Silberschmiedekunst sind nur zwei Beispiele dafür, wie sich die Kulturen des Südwestens vor und nach Ankunft der Europäer gegenseitig inspirierten und ihre materielle Kultur dadurch bereicherten.

In diesem Zusammenhang muß schließlich der Tourismus erwähnt werden, der die indianischen Handwerkstraditionen ironischerweise ebensosehr veränderte wie er zu ihrem Fortbestand beitrug. Seit Fertigstellung der Eisenbahnlinie nach 1880 begaben sich immer mehr Touristen auf die romantische Suche nach dem Südwesten (siehe Dilworth 1996, Weigle und Babcock 1996). Einen wahren Rummel löste der »exotische« Schlangentanz der Hopi aus. Die Nachfrage von

Abb. 80
Drei Apache-Krieger, Arizona oder Neu-Mexiko. Foto: Timothy H. O'Sullivan. Wheeler-Survey von 1873.

Abb. 81
Antonio Azul, Oberhaupt der Pima. Foto: Alexander Gardner. Washington 1872.
Das Foto entstand beim Besuch einer Pima-Delegation in Washington. Azul und seine Leute protestierten bei der US-Regierung dagegen, daß ihnen amerikanische Siedler das Flußwasser abgruben, was zum Austrocknen ihrer Kanäle, Felder und Obstgärten führte. Der Protest hatte keinen Erfolg. Innerhalb einer Generation wurden die wohlhabenden Pima, deren Truppen an der Seite der Amerikaner gegen die Apachen gekämpft hatten, zu Almosenempfängern.

Abb. 86
Frauenrock (*biil*) aus zwei zusammengenähten Decken aus Wolle. Navajo. Höhe: 130 cm, Breite: 80 cm. Slg. Beuthner 1866. Inv.-Nr. IV Ca 243.
Für die Navajo ist der *biil* ein Symbol der Weiblichkeit. Der Überlieferung nach steht die breite schwarze Fläche für das Zentrum der Schöpfung. So wie ein Mensch aus der Mitte des weiblichen Körpers geschaffen wird, so ist das Zentrum des *biil* die Region des Hervorkommens (Bonar 1996: 102).

Sammlung bilden knapp 70 Beispiele der materiellen Kultur der Rio Grande-Pueblos: Keramik, Werkzeuge aus Stein, Holz und Metall, Hausrat, Kleidung und Schmuck. In Briefen an den Konsul des Kaiserlichen Konsulats in St. Louis, - Gerlich, spezifizierte Bandelier die im Herbst 1882 gesammelten Stücke nach Herkunft, Gebrauch und einheimischer Bezeichnung (Erwerbungsakte Amerika Vol. 8, 796/83). Die Mehrzahl der Pueblo-Objekte stammt aus dem Keres-sprachigen Pueblo Cochiti, wo Bandelier vorwiegend lebte und forschte.

Abb. 87
Gestreifte Decke aus Wolle im »Moqui-Stil«. Navajo. Höhe: 178 cm; Breite: 134 cm. Slg. Bandelier 1883. Inv.-Nr. IV Ca 7028. Alternierende feine Linien aus blauer und schwarzer Wolle werden von breiteren Streifen in Weiß strukturiert. Dieser klassische Typus von Decken der Navajo verweist, ebenso wie der Frauenrock *biil*, auf die Weberei ihrer Pueblo-Nachbarn. »Moqui« ist eine alte Bezeichnung der Weißen für die Hopi, von deren gestreiften Umhängedecken und Frauenkleidern aus schwarzer und blauer Wolle sich die Navajo-Weberinnen inspirieren ließen.

In einem der Briefe macht Bandelier auf besonders wertvolle Gegenstände aufmerksam, darunter »zwei prachtvolle Schilde. Solche sind höchst selten, denn die Indianer verkaufen sie nicht. Durch meine Bekanntschaft ist es mir gelungen, dieselben (durch eine Mittelsperson) zu sichern.« (Brief an Konsul Gerlich, 21. November 1882). Der große, aus zwei Lagen Büffelleder zusammengenähte Schild sei »vor ca. 100 Jahren verfertigt« worden. (Abb. 89) Leider erläutert Bandelier nicht, worauf sich diese Datierung stützt. Ein interessanter Hinweis, vielleicht auch auf die erwähnte »Mittelsperson«, findet sich jedoch in Bandeliers Tagebüchern: Im Jahr 1880 zeigte ihm sein Informant Juan José Montoya mehrere Schilde. Einer davon bestand aus zwei Büffelhäuten und war mit einem »Büffelkopf auf einem Halbmond« bemalt, ähnlich wie der Berliner Schild. Ein anderer Schild war nach Montoyas Angaben mehr als 50 Jahre vorher von seinem Vater angefertigt worden (Lange 1959: 166, und Tafel 24c).

Abb. 88
Mokkasins aus Wildleder, verziert mit bunten Glasperlen und rotem Stoff. Apache. Länge: 27 cm. Slg. Beuthner 1876. Inv.-Nr. IV Ca 4362.
Nach Angaben von Beuthner stammen diese prächtig verzierten Mokkasins für Männer, ebenso wie zwei Paare Frauen-Mokkasins, »von dem Stamm der Hicarilla Indians nahe der Hornada del Muerto zwischen Las Cruces und Apache Pass« (Erwerbungsakte Amerika Vol. 3, 1830/76). Diese Region im Süden Neu-Mexikos, am Ostufer des Rio Grande, ist allerdings traditionelles Siedlungsgebiet der Mescalero-Apache.

Der zweite Cochiti-Schild aus Bandeliers Sammlung ist wesentlich jünger, aber nicht weniger interessant (Abb. 90). Er besteht aus Tuch, das auf einen Holzrahmen gespannt ist. Getragen wurde er laut Bandelier bei den Comanche-Tänzen (vgl. Lange 1959: 324). Die Bemalung und die Verzierung mit einem Streifen roten Tuchs und Federn ist charakteristisch für Pueblo-Zeremonialschilde. Extravagant ist jedoch das aufgeklebte Papierbild eines europäischen Kreuzritters, das aus einem christlichen Kalender oder Bilderbuch stammen könnte. Die Pueblo haben eine Vorliebe für Parodie und Karikatur; die humorvollen Keramikfiguren weißer Touristen, Cowboys etc. sind ein Markenzeichen von Cochiti. Bandeliers Sammlung enthält ein schönes frühes Beispiel dieser Parodien aus Ton, das er als »Yankee« bezeichnet. Es läßt sich also vermuten, daß der Träger des Schildes einen Beitrag zur Erheiterung des Publikums leistete. Adolf Bastian dürfte ein solches »Akkulturationsprodukt« vermutlich weniger amüsiert haben. Aus heutiger Sicht ist es jedoch erfreulich, daß sich Bandelier bei seiner Auswahl nicht auf vermeintlich »unbeeinflußte« Stücke beschränkte, sondern ohne Vorurteil auch Modernes sammelte.

Bastians Verbindung nach St. Louis trug weitere Früchte. Durch die Vermittlung von Konsul Gerlich gelangten 1884 weitere 20 Keramiken aus Zuni nach Berlin (Sammlung Charles Gibson). Die Zuni-Bezeichnungen der Gefäße sind im Katalog notiert. Adolph Bandelier sah sich durch die positive Resonanz auf seine Berliner Sammlung ermutigt, weitere Geschäfte mit dem Museum für Völkerkunde einzufädeln. Als Bastian im Sommer 1883 eine Bestellung von Zeremonialgegenständen und »Altertümern» im Wert von maximal $ 200 in Auftrag gab, brachte Bandelier seinen jungen Kollegen und Freund Frank Hamilton Cushing ins Spiel (Bründer 1993: 397ff., Green 1990: 317f.). Der exzentrische Forscher Cushing hatte durch seinen Aufenthalt im Zuni-Pueblo und durch seine Reise nach Washington mit einer indianischen Delegation für nationales Aufsehen gesorgt.[4]

4 Für Cushing, den die Zuni zum Obersten Kriegshäuptling gemacht hatten, war die spektakuläre Reise im Jahr 1882 von großer öffentlicher Wirksamkeit. Die Zuni selbst waren aus religiösen und politischen Gründen an diesem Unternehmen interessiert. Sie sammelten heiliges Wasser vom »Ozean des Sonnenaufgangs« (Atlantik) und fanden in Washington und Boston ein Forum für ihre politischen Belange gegenüber der US-Regierung, z.B. im Kampf um ihre Landrechte.
Die pittoresken Darstellungen der Pueblo-Welt und des Forschers Cushing durch den Journalisten Sylvester Baxter trugen wesentlich dazu bei, den Südwesten als romantisch-ästhetischen Gegenentwurf zur amerikanischen Industriegesellschaft zu popularisieren, siehe Hinsley und Wilcox 1996, Dilworth 1996. Zu Cushings Arbeit in und über Zuni siehe Green 1979 und 1990.

Abb. 89
Großer bemalter Schild. Cochiti-Pueblo. Durchmesser: 63-65 cm. Slg. Bandelier 1883. Inv.-Nr. IV Ca 7007.
Dieser offenbar sehr alte Schild besteht aus zwei zusammengenähten Lagen Büffelleder. Sechs konzentrische Kreise von blindem Stich sorgen für die feste Verbindung der beiden Lagen; der Rand ist offen vernäht. Am Rand des gelben Innenfeldes sind rechts und links je sechs Löcher gebohrt, zur Befestigung der ledernen Schlaufe. Die kürzere Halteschlaufe ist an zwei Löchern zwischen den gemalten Hörnern festgemacht.
Die Wahrnehmung indianischer Schilde unter funktionalem Aspekt läßt uns leicht übersehen, daß es sich wie bei dem abgebildeten Exemplar um exzellente Malerei auf Leder handelt.

Abb. 90
Zeremonialschild für den Comanche-Tanz. Cochiti-Pueblo. Durchmesser: 47 cm. Slg. Bandelier 1883. Inv.-Nr. IV Ca 7008.
Der Schild besteht aus bemaltem Tuch, das auf einen Holzrahmen gespannt ist. Die Verzierung mit rotem Stoff und Federn ist typisch für Pueblo-Zeremonialschilde, während das aufgeklebte Papierbild eines europäischen Kreuzritters ausgesprochen originell ist.

Abb. 91
Bemaltes Keramikgefäß in Gestalt eines Gabelbocks, *nämehetonné*. Zuni-Pueblo. Maximale Höhe: 21,5 cm. Slg. Gibson 1884. Inv.-Nr. IV Ca 7098.
Der Sammler merkt an, daß dieses Gefäß bei Jagdzeremonien zum Aufbewahren von Wasser diente.

Abb. 92
Priesterhemd aus schwarzblauer Wolle, verziert mit bunten Wollstickereien, *utchun passithlian tsinapa.* Zuni-Pueblo. Länge: 77 cm. Slg. Cushing 1884. Inv.-Nr. IV Ca 7152. Über dieses Hemd, das an den Seiten offen getragen wurde, schreibt Frank Hamilton Cushing in seinem Katalog: »Es ist das alte Häuptlingskostüm, wird aber jetzt gewöhnlich nur von den Mitgliedern einer Priesterschaft bei Ceremonien getragen. Diese Hemden wurden ursprünglich von Baumwolle oder von der Wolle des Bergschafs gemacht und werden schon von den ersten spanischen Eroberern beschrieben« (Cushing 1895: 11). Die Stickerei an den Ärmeln stellt rote Wolkenterrassen auf blauem Untergrund dar.

Cushings Sammeltätigkeit für das Berliner Museum ist von Birgitta Bründer (1993) ausführlich untersucht und dargestellt worden. Cushing selbst verfaßte einen auf Deutsch publizierten Katalog, in dem er die in Zuni gesammelten Zeremonialobjekte in ihrem mythischen und rituellen Kontext vorstellt (Cushing 1895). Hier soll der Hinweis genügen, daß es sich bei den über 40 Gegenständen vor allem um Insignien und Sakralobjekte des Kriegsbundes der Bogenpriester handelt, in den Cushing initiiert war (Abb. 92). Ein aus heutiger Sicht besonders sensibler Teil der Sammlung ist die Statue des Kriegsgottes Ahayuta mit dazugehörigen Altargegenständen. Auch wenn es sich dabei durchweg um Nachbildungen handelt, verzichten wir aus Rücksicht auf die religiöse Privatsphäre der Zuni auf ihre Publikation und Ausstellung.[5]

In der ersten Hälfte der 1880er Jahre konnte das Berliner Museum noch eine weitere wichtige Sammlung aus dem Südwesten erwerben. Es ist wenig bekannt, daß Adrian Jacobsen nach Abschluß seiner großen Sammelreise an die Nordwestküste und nach Alaska noch einen Abstecher nach Arizona machte. Den brieflichen Auftrag dazu aus Berlin empfing er im Oktober 1883 in San Francisco, nach seiner Rückkehr aus dem Norden.[6] Jacobsen besorgte sich Empfehlungsschreiben und machte sich auf den Weg nach Süden. Die Stationen seiner Arizona-Rundreise waren Fort Yuma am Colorado, Gila, Phoenix und Tucson. Einen Teil der Objekte kaufte er von »Curiositäten-Händlern», darunter auch Grabungsfunde und einige Pueblo-Keramiken. Von besonderem Interesse sind die Dinge, die er direkt in Siedlungen der Yuman, Maricopa und O'odham (Pima und Papago) erwarb. Die Sammlung von über 160 Gegenständen beweist einmal mehr Jacobsens Geschick, in relativ kurzer Zeit hochwertiges Material zusammenzutragen. Soweit es möglich war, notierte er die einheimischen Bezeichnungen und Angaben zu Herkunft und Gebrauch. Unter den Stücken von den Colorado River-Yuman befinden sich einige ausgesprochene Raritäten. Dazu gehört der als *kauje* bezeichnete kunstvolle Halsschmuck aus einer geschnitzten weißen Herzmuschel. Er wurde nur von verheirateten Frauen getragen und kaum einmal an Fremde veräußert (Abb. 93). Von ethnologischer Bedeutung sind auch die Bündel mit Kriegs- und Vogelpfeilen der Yuman und O'odham sowie mehrere bemalte Pima-Kriegsschilde mit hölzerner Keule (Abb. 94). Dazu schreibt Jacobsen:

»In Gila kaufte ich auch einige Exemplare jener alten ledernen Schilder, welche die dortigen Einwohner im Kampfe gegen die Apachen gebraucht haben. Bogen und Pfeile dagegen wollte mir Niemand überlassen, weil man im Allgemeinen Furcht vor einem plötzlichen Überfalle der Apachen hegt. Aus diesem Grunde befinden sich auch die mit Pfeilen gefüllten Köcher und die Bogen neben jedem Hause, sodass sie sofort, wenn es nothwendig sein sollte, benutzt werden können.» (Jacobsen 1884: 401f.)

Die konfliktgeladene Atmosphäre war auch ein Grund dafür, daß Jacobsen auf einen Besuch der Apache-Reservation in Arizona verzichtete und Ende Oktober endgültig die Heimreise nach Deutschland antrat.

Die ältere Hopi-Sammlung

Dank der Initiative von Adolf Bastian hatte das Museum für Völkerkunde bis zum Ende des 19. Jahrhunderts eine beachtliche Sammlung von den indianischen Völkern des Südwestens aufgebaut. Ein besonders wichtiger Teil des kulturellen Mosaiks fehlte allerdings noch: die Hopi. In den 1890er Jahren war dieses kleine

5 »Die eingesandten Idole und Fetische sind, wie Herr Cushing bemerkt, keine Originale. Aber sie sind ihm von einem Mitglied der Priesterschaft des Bogens angefertigt worden und sind den Originalen in jeder Hinsicht gleich, nur dass sie eben nicht auf dem Altar gestanden haben, und keine Zeremonien mit ihnen vorgenommen worden sind« (Fußnote von Eduard Seler, in: Cushing 1895: 1). Die Existenz der Berliner Ahayuta-Figur ist in Zuni nicht unbekannt, wie eine von Barbara Tedlock zitierte Aussage zeigt (Tedlock 1992: 177). Zur Problematik der Rückführung von Ahayuta-Figuren siehe Merrill et al. 1993.

6 Über die Stationen dieser etwa vierzehntägigen Reise und den Erwerb von Objekten berichtet Jacobsen in seinem publizierten Reisebericht (Jacobsen 1884: 399-404). In der englischen Ausgabe werden diese Seiten unverständlicherweise nicht übersetzt, sondern reichlich verzerrt zusammengefaßt (Jacobsen 1977: 213).

Abb. 93
Muschelhalsschmuck für verheiratete Frauen, *kauje*. Yuman. Durchmesser der Muschel: 9 cm. Slg. Jacobsen 1883. Inv.-Nr. IV B 1666. Die an einem Band aus zusammengedrehten Schnüren befestigte Muschel ist äußerst kunstvoll geschnitzt und fein poliert. Das symmetrische Schnitzornament ist offenbar typisch, wie der Vergleich mit einem bei Whipple (1856: Tafel 42, Objekt J) abgebildeten Muschelhalsband zeigt. Jacobsen vermerkt auf seiner Objektliste, daß es sich bei diesem Exemplar um das einzige handelte, das er am Ort finden konnte.

Volk von Maispflanzern in der Wüste zum begehrten Forschungsobjekt amerikanischer Archäologen und Ethnologen geworden. Bastian und die Berliner Amerikanisten wollten den Anschluß auf keinen Fall verpassen. Den vom Evolutionismus geprägten Gelehrten der Jahrhundertwende erschienen die Hopi mit ihren archaisch anmutenden Zeremonien als »Enklave primitiven heidnischen Menschentums«, wie es der Kunsthistoriker Aby Warburg in romantischem Überschwang formulierte (Warburg 1996: 10). Für sie waren die Hopi lebende Repräsentanten einer früheren Stufe der Menschheitsentwicklung und ein Schlüssel zum Verständnis der Prähistorie des Südwestens, mit anderen Worten, »ein ethnologischer Leckerbissen« (Adolf Bastian, zitiert in Ehrenreich 1898: 215). Da man allerdings annahm, daß ihre Kultur durch den Einfluß der Amerikaner in kürzester Zeit verschwinden würde, galt es nun »in zwölfter Stunde«, wie sich Bastian auszudrücken pflegte, zu retten, was noch zu retten

Abb. 94
Bemalter Kriegsschild aus Leder und Kriegskeule aus Mesquite-Holz, *sunjiki*. Pima. Durchmesser des Schildes: 50 cm, Länge der Keule: 42,5 cm. Slg. Jacobsen 1883. Inv.-Nr. IV B 1546 und IV B 1508.
Für die eher friedliebenden Pima (Akimel O'odham), ein Volk von Bauern und Händlern im Einzugsgebiet des Gila River, waren Kriegszüge ein notwendiges Übel, um sich gegen die Übergriffe feindlicher Yuman- und Apache-Gruppen zu behaupten. Als die Überfälle der Apache überhand nahmen, bauten die Pima um 1800 eine effektive Militärorganisation auf. Ein Teil der Truppen spezialisierte sich auf den Nahkampf mit Schild und Keule. Herstellung und Gebrauch der Holzkeule hatten sich die Pima von den Yuman abgeschaut. Beim Vorrücken gegen die Feinde sprangen die Schildträger hin und her und versetzten die auffällig bemalten Schilde durch schnelles Hin- und Herdrehen in Bewegung. Mit dieser »Psycho-Technik« verwirrten sie ihre Gegner und betonten die magische Potenz des bemalten Schildes, die überall im Südwesten ein wichtiges Element des Kriegertums war (vgl. Russell 1975: 120f.).

war. Ab 1896 bemühten sich die Berliner intensiv darum, die Hopi-Kultur umfassend zu sammeln und dokumentieren.

Eine wichtige Vermittlerrolle spielte dabei Aby Warburg, der die Hopi-Reservation im Frühjahr 1896 besucht hatte und nach seiner Rückkehr nach Deutschland versuchte, Kontakte zwischen dem Museum für Völkerkunde und Hopi-Sammlern herzustellen (Cestelli Guidi und Mann 1998). Zwei Jahre später schickte das Museum selbst zwei Forscher zu den Hopi. Im Frühjahr 1898 besuchte Karl von den Steinen die Dörfer Oraibi und Walpi, im Sommer folgte ihm sein Kollege Paul Ehrenreich (siehe Ehrenreich 1899, Sanner 1996). In Oraibi waren beide Gast des deutschstämmigen Missionars und Ethnographen Heinrich Voth, einer schillernden Figur der Hopi-Geschichte um 1900. Ehrenreich und von den Steinen brachten je eine kleine Sammlung von Hopi-Objekten mit nach Berlin. Neben ein

Abb. 95
Korbschale in Spiralwulsttechnik. Pima. Durchmesser: 55 cm. Slg. Seler/Benham 1904. Inv.-Nr. IV B 6858.
Das Design mit einem vierarmigen Wirbel in der Mitte und feinen geometrischen Linien ist typisch für die älteren Pima-Korbschalen. Die »Schattierung« der ineinander verschachtelten Linien mit schwarzem Flechtmaterial aus Bocksdorn (Martynia sp.) verleiht dem Korbmuster eine dreidimensionale Wirkung. Eduard Seler kaufte dieses schöne Exemplar, zusammen mit anderen Pima-Körben, bei der Weltausstellung in St. Louis von dem Händler J. W. Benham aus Phoenix, Arizona.

Abb. 96
Adler-Kachina-Figur. Hopi. Höhe: 24 cm. Slg. Ehrenreich 1899. Inv.-Nr. IV B 2261.
Kachina-Puppen (*tihu*, pl. *tithu*) dienen als rituelle Geschenke an die kleineren Mädchen. Bei den großen Kachina-Zeremonien *Powamuy* im Februar und *Nimankatsina* im Juli überreichen die tanzenden Kachinas den Jungen kleine Bögen mit Pfeilen, den Mädchen Kachina-Figuren. Aus den Jungen sollen gute Jäger werden, die Mädchen sollen später viele Kinder bekommen. Durch die kleinen Figuren, die zuhause an den Wänden aufgehängt werden, lernen die Kinder auch, die vielen verschiedenen Arten von Kachinas zu unterscheiden.
Die abgebildete Figur eines Adler-Kachinas wurde 1898 von Paul Ehrenreich im Dorf Oraibi auf Third Mesa erworben. Es handelt sich um eine altertümliche, heute sehr seltene Form der Darstellung dieses Kachinas (vgl. Hartmann 1978, Nr. 54).

paar schönen Textilien sind vor allem die 26 Kachina-Figuren von Bedeutung. Aus einer Bemerkung Ehrenreichs geht hervor, daß die von ihm in Oraibi erworbenen sechs Schnitzwerke dem ursprünglichen rituellen Kontext entstammten (siehe Abb. 96). Dies ist erwähnenswert, da Hopi-Männer unter dem Einfluß von Händlern wie Thomas Keam damals schon begonnen hatten, Figuren speziell für den Verkauf herzustellen, die in Form und Bemalung verändert waren. Ehrenreich schreibt:

»Auf einem weiteren Rundgange durch das Dorf erhandelte ich einige Katshina-Puppen (tihu), was größere Schwierigkeiten machte, als ich erwartet hatte. Sie gehören eben den Kindern, die sich nicht leicht von ihrem Spielzeuge trennen« (Ehrenreich 1899: 92).

Ein äußerst wertvolles Produkt der beiden Hopi-Aufenthalte sind zwei fotografische Sammlungen. Voth erwirkte die Erlaubnis der Oraibi-Leute, daß Karl von den Steinen zwei Kachina-Tänze und Paul Ehrenreich die Schlangen-Gabelbock-Zeremonie fotografieren konnte. In Walpi machte Ehrenreich außerdem Aufnahmen von der Flötenzeremonie.[7]

7 Die Bedeutung der Berliner Sammlung von Fotografien und Objekten der Hopi in ethnologischer und wissenschaftshistorischer Perspektive ist Thema eines geplanten Forschungsprojektes (Sanner 1999, siehe auch Sanner 1996).

Abb. 97
Zuni-Hemis-Kachina-Figur. Hopi. Höhe: 44 cm. Slg. von den Steinen 1899. Inv.-Nr. IV B 2292.
Diese Form des Hemis-Kachina haben die Hopi von ihren Pueblo-Nachbarn, den Zuni, importiert. Die Hemis-Kachinas mit ihren beeindruckenden hölzernen Kopfaufsätzen (*tablita*) erscheinen bevorzugt beim Nimankatsina, der letzten und feierlichsten Zeremonie des Kachina-Zyklus.

Abb. 98
Palhikwmana-Kachina-Figur. Hopi. Höhe: 42 cm. Slg. Keam 1901. Inv.-Nr. IV B 5106.
Diese Figur einer Palhikwmana (»Flüssigkeit trinkendes Mädchen« oder auch »Mais mahlendes Mädchen«) ist eine der schönsten Kachinas der Berliner Sammlung. Der aufwendig gestaltete und bemalte Kopfaufsatz wird von Wolkenterrassen gekrönt. Die Bekleidung aus Stoff und Wollfäden entspricht dem Zeremonialgewand von Palhikwmana.
Die Figur gehört zu den Kachinas der älteren Hopi-Sammlung, die 1991 aus Leipzig zurückkehrten. Trotz aufwendiger Restaurierung hat das russische Exil bleibende Spuren hinterlassen: Die Bemalung am Kinn und an der Stirn ist abgeschabt, ein Teil des linken Fußes und der gelben Blüte rechts am Kopfaufsatz sind abgebrochen, die ursprünglich am Kopfaufsatz befestigten Federn sind nicht mehr vorhanden (vgl. Hartmann 1978: Nr. 26).

Abb. 99
Zwei Korbschalen mit Palhikwmana-Motiv. Hopi. Oben: Korbschale in Spiralwulsttechnik. Durchmesser: 34 cm. Slg. Seler/Voth 1906. Inv.-Nr. IV B 7438. Unten: Korbschale in »Wicker«-Technik. Durchmesser: 35 cm. Slg. Malotki 1975. Inv.-Nr. IV B 12899.
Zwei Korbflechttraditionen – zwei Epochen – ein Motiv: Die obere Korbschale in Spiralwulsttechnik mit Darstellung der Palhikwmana wurde Anfang des 20. Jahrhunderts auf Second Mesa hergestellt. Die Schale unten aus den 1970er Jahren zeigt das gleiche Kachina-Motiv, ist aber in der für Third Mesa typischen »Wicker«-Technik geflochten. Sie stammt aus dem Dorf Hotevilla. Wegen des enormen Zeitaufwandes für das Sammeln der Rohmaterialien, das Färben und Flechten wird die Korbflechtkunst heute von weniger, vorwiegend älteren, Frauen ausgeübt als früher. Die technische und ästhetische Qualität der modernen Körbe ist nach Ansicht von Experten jedoch höher als je zuvor (siehe Teiwes 1996).

Abb. 100
Korbteller in Spiralwulsttechnik. Hopi. Durchmesser: 46 cm. Slg. Keam 1901. Inv.-Nr. IV B 4927.
Dieser schöne Teller mit sternförmigem Design stammt aus dem Dorf Shongopavi auf Second Mesa. Die Korbflechtkunst der Hopi ist Ausdruck ihrer innigen Beziehung zum Land und seiner Pflanzenwelt.

Die beiden Deutschen interessierten sich auch brennend für die große Sammlung von Artefakten, die Voth in seiner Dachkammer aufbewahrte (siehe Sanner 1996: 256 und Abb. 3). Offenbar versuchten sie, Voth dazu zu bewegen, das Material nach Berlin zu verkaufen. Aber der Missionar stand in der Pflicht des Field Museum in Chicago, das die heute berühmte Sammlung kurze Zeit später übernahm. Dafür eröffnete sich schon bald eine neue Chance: Ende 1899 erhielt das Museum für Völkerkunde ein interessantes Angebot von Thomas V. Keam. Keams Handelsposten im Osten der Hopi-Reservation war eine wichtige Drehscheibe des Kulturkontakts (McNitt 1962 passim). Der umtriebige Ire regte seine Hopi- und Navajo-Bekannten, darunter die später berühmt gewordene Töpferin Nampeyo, zur künstlerischen Produktion für den Sammlermarkt an und belieferte amerikanische Museen mit ausgegrabener Hopi-Keramik. Karl von den Steinen und Eduard Seler engagierten sich nachdrücklich für den Erwerb der Sammlung, und im Frühjahr 1901 trafen schließlich 2500 alte und moderne Hopi-Objekte am Berliner Museum ein, zum Gesamtpreis von $ 3000. Die weitaus meisten Stücke sind archäologischen Ursprungs, darunter allein mehr als 1000 steinerne Pfeilspitzen, die alle einzeln inventarisiert wurden (siehe weiter unten). Die verbleibenden mehr als 300 Ethnographica bieten dennoch einen guten Überblick der materiellen Kultur der Hopi um 1900. Hier seien nur einige besonders wichtige Objektgruppen erwähnt.

Da sind zunächst einmal die rund 100 Kachina-Figuren. Zusammen mit zwei alten Figuren aus der Sammlung Cushing (siehe Cushing 1895: 7) und den von Ehrenreich und von den Steinen erworbenen Stücken, besitzt das Berliner Museum damit die größte Sammlung älterer Kachina-Figuren in Europa (Hartmann 1978: 10). Horst Hartmann hat diesen Bestand inclusive der bis 1977 erworbenen Stücke ausführlich dokumentiert (Hartmann 1978). Die Mehrzahl der von Keam gesammelten Schnitzwerke war mit Sicherheit von vornherein zum Verkauf bestimmt. Eine genauere Analyse dürfte ergeben, daß sie in Form und Bemalung bestimmte Modifikationen aufweisen.

Ein weiterer wertvoller Bestandteil der Sammlung Keam ist die Auswahl von etwa 100 typischen Korbschalen. Sie stammen zum Teil aus Shongopavi, dem Hauptdorf von Second Mesa, wo bis zum heutigen Tag exzellente Körbe in Spiralwulsttechnik gefertigt werden (Abb. 100). Die restlichen Stücke kommen aus Oraibi. Charakteristisch für Oraibi und die anderen Dörfer von Third Mesa sind flache Korbschalen in der sogenannten »Wicker«-Technik. Dabei wird ein kreuzförmiges Gerüst aus den starren Zweigen des *siwi*-Strauches (Parryella filifolia) vom Zentrum her mit den elastischen Fasern von *siváapi* (»Rabbit brush«, lat. Chrysothamnus spp.) umflochten (siehe Teiwes 1996: 32ff.). Die mit pflanzlichen Farbstoffen eingefärbten Fasern werden zu geometrischen oder figürlichen Designs von großem ästhetischen Reiz kombiniert (Abb. 99 unten).

Repräsentative Beispiele der von den Hopi-Männern gewebten Alltags- und Zeremonialbekleidung sind ebenso in der Sammlung vertreten wie eine Auswahl zeremonieller Accesoires und Musikinstrumente. Besonders glücklich waren die Berliner über eine komplette Tanzausrüstung, wie sie bei der Schlangen-Gabelbock-Zeremonie von den Mitgliedern des Schlangenbundes getragen wird. In der späteren Dauerausstellung (ab 1926) wurde diese Ausrüstung auf zwei Kostümfiguren präsentiert.

Zwischen 1903 und 1906 erhielt die Hopi-Sammlung noch einmal Zuwachs. Heinrich Voth, der gleichzeitig für die Fred Harvey Company sammelte (Wright 1979), lieferte auf Initiative Karl von den Steinens etwa 80 Ethnographica.

Abb. 101
Großer Brautgürtel aus Baumwolle. Hopi. Länge: 2 x 127 cm. Slg. Seler/Voth 1906. Inv.-Nr. IV B 7444.
Der große Gürtel ist Bestandteil des Brautgewandes, das von den männlichen Verwandten des Bräutigams in der Vorbereitungsphase zur Hochzeit gewoben wird. Wie alle Textilien der Hopi steckt er voller symbolischer Bezüge. So repräsentieren die an dicken Knoten befestigten Schnüre den fallenden Regen. Der Brautgürtel gehört auch zur Zeremonialkleidung verschiedener Kachinas.

Abb. 102
Figuraler Henkelkrug (Flötenspieler). Schwarz-auf-Weiß. Anasazi. Pueblo II (900–1100 n. Chr.). Allantown, Arizona. Höhe: 19,5 cm. Slg. Cole 1912. Inv.-Nr. IV B 10359.
Der Krug stellt wahrscheinlich den buckligen Flötenspieler dar, ein uraltes Motiv der Pueblo-Mythologie und -Felsmalerei. Der auf dem Foto nicht sichtbare Buckel ist plastisch ausgearbeitet. Diese seltene Gefäßform (vgl. Lister und Lister 1978: 46f.) ist offenbar eine Variation der Krüge in »Entenform«, die für die Pueblo II-Keramik charakteristisch sind.

Abb. 103
Henkelkrug. Schwarz-auf-Weiß. Anasazi. Pueblo III (1100–1300 n. Chr.). Canyon de Chelly, Arizona. Höhe: 21 cm. Slg. Cole 1912. Inv.-Nr. IV B 8999.
Auf dem Höhepunkt ihrer kulturellen Entwicklung produzierten die Anasazi eine in Form und Bemalung sehr vielfältige Schwarz-auf-Weiß-Keramik. Typisch für die Bemalung mit schwarzer Mineralfarbe sind schraffierte Flächen, Schachbrettmuster, ineinander verschränkte Zickzacklinien und Spiralen, die an die Bewegung von Wasser und Wellen erinnern. Der abgebildete Krug stammt aus den Ruinen kleinerer Hauskomplexe am Rande des Monument Canyon.

Darunter befinden sich zahlreiche Gebetsstäbe und -federn (*paaho* und *nakwakwosis*), aber auch Werkzeuge, traditionelle Spiele, Nahrungs- und Materialproben. Ein paar weitere Objekte, die Voth erworben hatte, kaufte Eduard Seler im Oktober 1906 in Fred Harveys »Hopi House« am Grand Canyon (siehe Dilworth 1996: 88ff.). Ein besonders schönes Stück darunter ist der aus Baumwolle gewebte große Brautgürtel, von denen das Museum insgesamt zwei besitzt (Abb. 101).

Archäologische Sammlungen

Die Kontinuität der Pueblo-Kultur spiegelt sich in der starken Identifikation der heute lebenden Indianer mit dem Land, den Ahnen und ihren Überlieferungen wider. Die unmittelbare Nachbarschaft von modernen Pueblos und prähistorischen Ruinen bedingte, daß die frühen Forscher und Sammler gleichermaßen ethnographisch wie archäologisch tätig waren. Deshalb enthalten die Pueblo-Sammlungen von Adolph Bandelier oder Thomas Keam neben zeitgenössischen Ethnographica große Mengen uralter Pfeilspitzen, Steinwerkzeuge oder Keramiken. Quantitativ machen Grabungs- und Oberflächenfunde den weitaus größten Teil der Berliner Objekte aus dem Südwesten aus.

Das überwiegend aus dem Pueblo-Bereich stammende archäologische Material, das acht große Schränke der Nordamerika-Studiensammlung füllt, wurde nie systematisch bearbeitet und publiziert. Immerhin ist ein Teil der Keramik von einem früheren Volontär des Museums anhand stilistischer Merkmale datiert worden (Kartei Dr. Wagner). Alle Epochen der prähistorischen Anasazi-Kultur und ihrer Erben sind mit schönen und typischen Keramiken vertreten: von der unbemalten grauen Ware der späten *Basketmaker*-Phase (ca. 500–700 n. Chr.) über die Schwarz-auf-Weiß-Keramik der klassischen Periode (Pueblo III, ca. 1100–1300) bis zur »experimentellen« polychromen Ware im Awat'ovi- oder Sikyatki-Stil (Pueblo IV, ca. 1300–1598). Die historische Phase (Pueblo V, ab 1598) ist vor allem durch Hopi- und Zuni-Keramik vertreten.

Die beiden wichtigsten und größten Sammlungen stammen von Thomas Keam (1901) und von dem Archäologen George Lamont Cole (1912). Der interessanteste Teil von Keams Archäologica sind die etwa 900 alten Hopi-Keramiken. Die Erwerbungsakte (Sammlung Keam Vol. 41) enthält einen umfangreichen Schriftwechsel, in dem Keam die Keramik stilistisch klassifiziert. Als Hauptfundorte nennt er die Ruinen, Gräberfelder und Schreine von vier früheren Hopi-Siedlungen: »Awatubi« (Awat'ovi), »Coyavapkeekoo« (?), »Coowyka« (Kawaika'a) und »Shimopavi« (am Fuße des heutigen Dorfes Shongopavi). Aus Awat'ovi und Kawaika'a stammen zahlreiche elegant bemalte polychrome Schalen und Krüge (Abb. 105). Zu den Raritäten gehört ein bemalter Sandsteinkegel (*toritatuskya)* aus Awat'ovi, der offenbar in der Altarzeremonie des Maraw-Frauenbundes eine zentrale Rolle spielte. Dem Maraw-Altar sind nach Angaben von Keam ebenfalls sechs mit Wolkensymbolen bemalte Steinplatten zuzuordnen, die er in »Coyavapkeekoo« ausgegraben hatte.

Mit über 3000 Objekten rangiert die Sammlung prähistorischer Keramik von Jay Cooper Cole (1912) in der Nordamerika-Sektion des Museums für Völkerkunde quantitativ an zweiter Stelle hinter der Sammlung von Adrian Jacobsen (Hartmann 1973: 237, Anm. 51). Das Material, das von Coopers Vater George Lamont Cole an Fundorten wie Canyon de Chelly und Hom'olovi ausgegraben wurde, dürfte für die heutige Forschung von großem Interesse sein. Besonders reich ver-

Abb. 104
Schöpfkelle und Schale. Schwarz-auf-Weiß. Anasazi. Pueblo III (1100–1300 n. Chr.). Canyon de Chelly, Arizona. Slg. Cole 1912. Länge Schöpfkelle: 23,5 cm. Inv.-Nr. IV B 8919. Durchmesser Schale: 17,5 cm. Inv.-Nr. IV B 8872.
Die Gestaltung der Schöpfkellen ist ein weiteres Kriterium für die zeitliche Zuordnung von Anasazi-Keramik. Bei dem abgebildeten Gefäß ist der Griff von der Schale deutlich abgesetzt und in sich geschlossen. Er bildet gleichzeitig eine Art Rassel: Im Hohlraum, der an beiden Längsseiten je zwei kleine Löcher besitzt, befinden sich mehrere Steinchen oder Körner.

Abb. 105
Schale. Sikyatki-Polychrome. Kawaika'a (Hopi). Pueblo IV (1300–1598). Durchmesser: 22,5 cm. Slg. Keam 1901. Inv.-Nr. IV B 2992.
Nach dem Niedergang der klassischen Anasazi-Kultur und den darauf folgenden Migrationen entstanden neue Keramik-Traditionen. Einige Gruppen ließen sich im Gebiet der Hopi-Mesas nieder; die heutigen Hopi bezeichnen sie als *Hisatsinom* (»Leute von vor langer Zeit«). In Dörfern wie Sikyatki, Awat'ovi oder Kawaika'a wurde eine polychrome Keramik auf gelber oder oranger Basis hergestellt, die durch ihre elegante und phantasievolle Bemalung beeindruckt. Die Innenseiten von Eßschalen wurden besonders häufig mit stilisierten Darstellungen von Vögeln, Wolken, menschlichen und übermenschlichen Wesen dekoriert. Die abgebildete Schale enthält eine außergewöhnlich komponierte, abstrakt anmutende Bemalung.

treten ist einfache graue oder gerippte (corrugated) Ware der frühen Anasazi sowie die schöne Schwarz-auf-Weiß-Keramik aus der Blütezeit dieser Kultur (Abb. 102–104). Für eine zukünftige Analyse stehen Coles ausführliche Beschreibung der Grabungsorte und ein Konvolut dazugehöriger Fotografien zur Verfügung.

Eine wichtige Ergänzung zum großen Bestand an Anasazi-Keramik ist schließlich eine Sammlung von 264 Objekten der prähistorischen *Basketmaker*- und Anasazi-Kultur, mit zahlreichen Flechtarbeiten, Holz- und Knochengeräten. Richard Wetherill, eine der legendären Gründerfiguren der Südwest-Archäologie, hatte die Stücke in den Klippensiedlungen von Süd-Utah gesammelt und 1904 auf der Weltausstellung in St. Louis an Eduard Seler verkauft (vgl. McNitt 1966: 214ff.).

Die ethnologischen Sammlungen des 20. Jahrhunderts

Nach dem Aufbau der Hopi-Sammlung um 1900 ließ die Sammelaktivität für den Bereich des Südwestens etwas nach. Eine Frau Clara Friedmann aus Oppeln verkaufte dem Museum 1902 die »Indianer-Raritäten-Sammlung« ihres verstorbenen Mannes, ein Sammelsurium aus Grabungsfunden und Ethnographica von den Rio Grande-Pueblos, Apache und anderen Gruppen. Die Zusammenstellung indianischer Körbe, die 1905 von *Fred Harvey's Indian Department* erworben wurde, enthält schöne Exemplare aus dem ganzen Südwesten. Eine bemerkenswerte Ergänzung des älteren Materials von den Zuni und Rio Grande-Pueblos sind die von Vater und Sohn Cole erworbenen über 40 Objekte, die 1914 als »Nachtrag« zu der großen Sammlung prähistorischer Grabungsfunde nach Berlin kamen (Erwerbungsakte Amerika Vol. 37, 264/14). Das nach Coles Angaben seltenste Stück darunter ist ein Zuni-Knabenhemd, das bei der Initiation in den Kok-ko- bzw. Kachina-Bund getragen wurde.

Bis in die 1930er Jahre richteten die Berliner Nordamerika-Kustoden ihr Augenmerk offenbar darauf, den relativ geringen Bestand an Objekten der Navajo und Apache zu erweitern. Der Erwerb einiger Apache-Lederarbeiten von den Händlern E. W. Lenders (1911) und Arthur Speyer Sr. (1936) sowie der Ankauf einer kleinen Privatsammlung mit Souvenirs aus dem Südwesten, darunter einige Navajo-Decken (Sammlung Fischer 1937), trug jedoch eher zum diffusen Charakter dieses Sammlungsteils als zu dessen Vervollständigung bei.

Zwischen 1965 und 1984 sorgte Horst Hartmann für eine beträchtliche Erweiterung und Aktualisierung der Pueblo- und Navajo-Sammlungen. Auf mehreren Reisen kaufte er bei Händlern im Südwesten moderne Keramik der Rio Grande-Pueblos, einige Navajo-Teppiche, alten und neuen Silber- und Türkisschmuck der Navajo, Trommeln aus Cochiti und mehr. Ein Höhepunkt seiner Reise von 1965 dürfte der Besuch bei der berühmten Töpferin Maria Martinez und ihrem Sohn Popovi Da im Pueblo San Ildefonso gewesen sein. Die sieben Keramiken, die er von ihnen kaufte, gehören zum wertvollsten Teil der neueren Pueblo-Sammlung (Abb. 107). Im Auftrag des Museums für Völkerkunde sammelte ab 1974 auch der aus Deutschland stammende Hopi-Sprachforscher Ekkehart Malotki im Südwesten. Seine Auswahl von etwa 60 Kachina-Figuren im *action style* erweitert den älteren Bestand um zahlreiche Kachina-Typen, die vorher nicht vertreten waren. Die Kontinuität der Hopi-Korbflechterei und Weberei im 20. Jahrhundert wird auch durch 15 moderne Korbschalen in »Wicker«-Technik mit Kachina-Motiven (Abb. 99 unten) und eine große bestickte Brautrobe dokumentiert.

Abb. 106
Zwei »Kürbisblüten«-Halsketten.
Links: »Kürbisblüten«-Halskette aus Silber mit Schmucksteinen. Navajo. Länge: ca. 39 cm. Slg. Hartmann 1965. Inv.-Nr. IV B 12798.
Rechts: »Kürbisblüten«-Halskette aus Sterling-Silber und Türkisen. Zuni-Pueblo. Länge: ca. 39 cm. Slg. Hartmann 1965. Inv.-Nr. IV B 12801.
Dieser populäre Typ von Silberarbeiten ist ein schönes Beispiel für die multikulturelle Kreativität des indianischen Kunsthandwerks im Südwesten. Das vermeintlich indianische Motiv der Kürbisblüten hat in Wahrheit maurische Ursprünge. Die ersten Navajo-Silberschmiede übernahmen von ihren mexikanischen Lehrmeistern die Herstellung von Halsketten mit aufgereihten Granatapfelblüten aus Silber. Der halbmondförmige Anhänger, genannt *naja*, galt bei den Mexikanern als Schutz vor dem bösen Blick.
Die Zuni, die wie die Hopi das Silberschmieden von den Navajo lernten, entwickelten eine eigene Form der »Kürbisblüten«-Halskette. Wie es für die Silber- und Türkisarbeiten der Zuni typisch ist, besteht sie aus einer Vielzahl geschnittener und einzeln in Silber gefaßter Türkissteinchen. An jede der zehn Rosetten ist außen eine silberne Kürbisblüte angelötet.

Abb. 107
Maria Martinez und Popovi Da (San Ildefonso-Pueblo): Große Schale mit Federmotiv. Schwarz-auf-Schwarz. 1964. Durchmesser: 36 cm. Slg. Hartmann 1965. Inv.-Nr. IV B 12791.
Zusammen mit Nampeyo (Hopi-Tewa, 1860–1942) und Lucy Lewis (Acoma, 1890–1992), von deren Keramik das Berliner Museum jeweils ein Stück besitzt, bildet Maria Martinez (1888–1980) das Triumvirat großer Töpferinnen, die zu Beginn des 20. Jahrhunderts die Keramik-Tradition ihrer Pueblos wiederbelebten und zur weltbekannten Kunst machten. Maria arbeitete mit ihrem Ehemann Julian, später mit ihrer Schwiegertochter Santana und ihrem Sohn Popovi Da zusammen, die für die Bemalung der Keramik sorgten. Es entstanden Meisterwerke siena-roter und polychromer Keramik, aber zum Markenzeichen wurde die bemalte oder unbemalte schwarze Ware. Durch ein spezielles Verfahren, das sie wie ein Geheimnis hütete, schuf Maria eine metallisch glänzende schwarze Keramik von großer Eleganz.

Horst Hartmann und Ekkehart Malotki schufen mit ihren Erwerbungen auch den Grundstock für eine Sammlung moderner Malerei des Südwestens. Diese Arbeiten betrachten wir, zusammen mit einigen in jüngster Zeit erworbenen Gemälden, im Kapitel »Moderne Malerei«.

Ein problematischer Bestandteil der neueren Pueblo-Sammlung soll nicht unerwähnt bleiben: zwölf Zeremonialmasken. Aus ethischen Gründen ist das Sammeln, Erforschen und Ausstellen dieser Objekte heute nicht mehr vertretbar. Für die Hopi sind es lebendige Wesen, die als »Freunde» bezeichnet und mit heiligem Maismehl (*hooma*) rituell ernährt werden. Deshalb sind sie unter regulären Umständen unveräußerlich. Hopi-Gäste des Dahlemer Depots haben in den letzten Jahren mehrfach die dort aufbewahrten Kachinas, darunter auch einige alte Exemplare, besucht und mit Gebeten und *hooma* bedacht. Vielleicht ist dies ein tragbarer Kompromiß zwischen der Forderung nach Rückgabe und der musealen Profanisierung dieser Objekte.

Der Stellenwert der Sammlung aus dem Südwesten

Die in Dahlem beheimatete Sammlung von den Indianern des Südwestens erreicht nicht den Rang wie die umfassenden Bestände von der Nordwestküste und aus Alaska. Auch gibt es keine sehr alten Sammlungen, die sich in ihrer Einzigartigkeit mit der des Prinzen zu Wied vergleichen ließen. Allerdings darf man nicht vergessen, daß ein deutlicher Kulturwandel im Südwesten erst sehr spät einsetzte, und daß deshalb das museale Attribut »alt« hier eine andere Bedeutung hat als im Bereich der Plains, Kaliforniens oder des Waldlandes. Die Archivarin Wilma Kaemlein vom Arizona State Museum in Tucson, die Mitte der

1960er Jahre das äußerst nützliche Inventar *Southwestern American Indian Specimens in European Museums* erstellte, verweist deshalb auch auf den hohen Anteil »besonders wertvoller alter Sammlungen« am Berliner Museum für Völkerkunde, und zwar aus dem späten 19. Jahrhundert (Kaemlein 1967: 93).

Dazu gehören zweifellos die recht gut dokumentierten Ethnographica, die Adolph Bandelier 1882 in verschiedenen Rio Grande-Pueblos erwarb. Aber auch die Sammlung, die Adrian Jacobsen ein Jahr später bei den O'odham in Süd-Arizona und bei den Yuman-Stämmen des unteren Colorado zusammentrug, enthält eine ganze Reihe aussagekräftiger und seltener Stücke. Wegen ihres hohen Alters sind auch einige Apache- und Navajo-Stücke der Sammlung - Beuthner (1866 angekauft) von besonderem Wert. Ansonsten gehört der Bestand von diesen athapaskischen Gruppen zu den »Schwachpunkten«. In Umfang und Qualität recht gut vertreten ist die materielle Kultur der Hopi und Zuni. Die Hopi-Sammlung der Jahrhundertwende geht auf systematische Bemühungen zurück, während das teilweise ältere Zuni-Material aus vielen verschiedenen Quellen stammt. Frank Hamilton Cushings Sammlung von Zuni-Zeremonialobjekten (1884) und seine Auswahl von Doubletten aus dem Grabungsmaterial der Hemenway-Expedition (1888) sind vor allem von wissenschaftshistorischer Bedeutung.

Eine Bemerkung zur archäologischen Sammlung: Prähistorische und frühe historische Pueblo-Keramik bildet quantitativ einen Großteil des Bestandes aus dem Südwesten. Auch wenn sich das Material mit den systematischen Beständen amerikanischer Museen nicht messen kann, ist doch z.B. die Hopi-Sammlung von Thomas Keam eine wichtige Ergänzung zu der Keramik, die er ans Peabody Museum und andere Institutionen verkaufte (vgl. Wade und McChesney 1981). Die relativ gut dokumentierte Anasazi-Keramik der großen Sammlung Cole besitzt ebenfalls Forschungspotential.

Die Kontinuität und Vitalität handwerklicher und künstlerischer Traditionen ist nirgendwo im indianischen Nordamerika so groß wie im Südwesten. Umso bedauerlicher ist, daß etwa die Töpferkunst der Hopi-Tewa und Hopi im 20. Jahrhundert in Dahlem nicht vertreten ist, mit Ausnahme von zwei aktuellen Arbeiten von Nona Naha (Sammlung Sanner 1999). Ein weiteres Beispiel für Versäumnisse sind die Kachina-Figuren der Hopi: Zwischen der beachtlichen älteren Sammlung aus der Zeit um 1900 und den Beispielen für die stilistische Entwicklung im letzten Viertel des 20. Jahrhunderts klafft eine Lücke von 75 Jahren. Ein wenig von dem Enthusiasmus, mit dem Berliner Ethnologen vor 100 Jahren im Südwesten sammelten, könnte – unter gewandelten Vorzeichen – der aktuellen Erwerbungspolitik nicht schaden. Die zur Kunst transformierten handwerklichen und ästhetischen Traditionen der Pueblo, Navajo, Apache oder O'odham stehen in voller Blüte, das kreative Potential scheint unerschöpflich, neue Traditionen werden heute begründet.

Plate 73.

Drawn by Captn. S. Eastman, U.S.A. from a sketch by E. M. Kern. Engd. by J. C. Mc Rae

Kalifornien

Abb. 108
Kalifornische Indianerinnen des San Joaquin-Tales beim Transport von Wasser und Grassamen in Körben. Stich nach einer Zeichnung von E. M. Kern. Schoolcraft 1855, Band V: Tafel 28.

Kalifornien als Kulturareal ist um einiges kleiner als der gleichnamige US-Bundesstaat. Die Völker des Nordwestens, wie die Hupa und Yurok, sind deutlich vom Kulturmuster der Nordwestküste beeinflußt, werden aber auch kulturell zu Kalifornien gerechnet. Die Wildbeutergruppen der Trockengebiete östlich und südlich der Sierra Nevada gehören dagegen kulturell zum Großen Becken. Die Bodenbau treibenden Stämme der Yuman-Sprachfamilie am unteren Colorado, an der Grenze zu Arizona, werden sinnvollerweise dem Südwesten zugerechnet. Im Einzugsgebiet des großen kalifornischen Längstales mit der Kette der Sierra Nevada im Osten und dem Küstengebirge und dem Pazifik im Westen entwickelte sich im Laufe von Jahrtausenden ein typisches Kulturmuster. Abgeschirmt von Meer, Hochgebirge und Wüste formten eingewanderte kleine Stammesgruppen ein Mosaik aus bis zu 90 Sprachen und Hunderten von Dialekten. Das milde Klima und eine üppige Natur ermöglichten vielen Gruppen ein beschauliches Dasein und eine ausgewogene Ernährung. Zentralkalifornien hatte die höchste Bevölkerungsdichte Nordamerikas.

Die kalifornischen Indianer machten Jagd auf Rotwild, Kaninchen, Wasservögel und Meeressäuger und fischten in den Binnen- und Küstengewässern. Grundlage ihrer Lebensweise war jedoch die intensive Sammelwirtschaft. Das reiche Vorkommen von Wildfrüchten ermöglichte Vorratshaltung und eine überwiegend seßhafte Lebensweise in kleinen, politisch autonomen Dorfgemeinschaften unter der Führung eines Häuptlings. Die periodische »Erneuerung der Welt« und der Reifezyklus der Wildfrüchte standen im Mittelpunkt der Tänze und Zeremonien, die teilweise von Geheimbünden organisiert wurden. Die stammeseigenen Sammel- und Fischgründe wurden ökologisch sinnvoll gepflegt, etwa durch gezieltes Abbrennen von Unterholz und Dammbau. Die weißen Eroberer, denen Kalifornien wie ein Garten Eden vorkam, übersahen, daß die parkähnliche Landschaft das Werk der von ihnen als besonders primitiv verachteten Indianer war.

Die Kalifornier sammelten Gräsersamen, Klee, Beeren, Nüsse und Wurzeln, vor allem aber Eicheln. Die Früchte der kalifornischen Eichen wurden getrocknet, zu feinem Mehl verarbeitet und durch Auslaugen von den Bitterstoffen befreit. Das gebrauchsfertige Mehl verarbeiteten die Frauen dann zu Brei, Suppe oder Brot. Gekocht wurde in wasserdichten Körben durch Hinzufügen erhitzter Steine.

Körbe bildeten den wichtigsten und am höchsten entwickelten materiellen Kulturbesitz. Von der geflochtenen Säuglingstrage über die täglich benutzte Eßschale bis zu den wertvollen Schmuckkörbchen, die eine Person zur Feier der Pubertät oder Hochzeit erhielt und die mit dem Verstorbenen verbrannt oder vergraben wurden, waren Körbe integraler Bestandteil des Lebens. Nirgendwo in Nordamerika war das Repertoire an Flechttechniken, Formen, Designs und Applikationen größer als bei den Pomo, Maidu, Chumash und anderen Gruppen. Allein für die Verarbeitung der Eicheln – vom Sammeln bis zum Verzehr – stand eine Palette unterschiedlichster Korbformen zur Verfügung. Aber Körbe waren mehr als Gebrauchsgegenstände; sie betonten die enge Beziehung der Kalifornier zu ihrer Umwelt, hatten spirituelle und zeremonielle Bedeutung und boten ästhetischen Genuß. Den Korbflechterinnen, deren Kunst hoch geschätzt wurde, lieferten die Feuchtgebiete des Längstales und die Nadelwälder des Nordwestens eine Fülle unterschiedlicher Flechtmaterialien.

Vor Ankunft der Europäer hatten schätzungsweise 350 000 Menschen in Kalifornien gelebt. Der Kontakt mit den Spaniern, Mexikanern und schließlich Amerikanern brachte den Indianern unsägliches Leid. Die Einrichtung spanischer Missionen im 18. Jahrhundert in Süd- und Mittelkalifornien bedeutete Zwangsmissionierung, Frondienst und verheerende Seuchen. Wie eine Katastrophe traf dann der Goldrausch von 1848 vor allem die Stämme des Längstales. Geschwächt und dezimiert von den eingeschleppten Seuchen und der Wegnahme und Zerstörung ihrer Lebensräume, hatten sie den Feuerwaffen und der Mordlust weißer Glücksritter, Viehzüchter und selbsternannter Bürgerwehren wenig entgegenzusetzen. Um das Jahr 1900 gab es noch 17000 kalifornische Ureinwohner.

Von den heute wieder 200000 Indianern in Kalifornien leben annähernd 3/4 in den Metropolen: Zuwanderer vom Land und aus anderen Bundesstaaten. Trotz ihrer tragischen Geschichte und der starken Assimilation sind die kalifornischen Indianer nicht ausgestorben. Zeremonielle und handwerkliche Traditionen haben auf den kleinen Reservationen überdauert und werden heute mit neuem Selbstbewußtsein wiederbelebt. Die Korbflechtkunst ist zum zentralen Identitätssymbol geworden.

Abb. 109
Kalifornische Indianerin des Sacramento-Tales beim Korbflechten. Stich nach einer Zeichnung von E.M. Kern. Schoolcraft 1855, Band V: Tafel 7.

Ältere Sammlungen

Die ältesten historischen Stücke der Berliner Kalifornien-Sammlung wurden schon um 1830 erworben. Mit der über 30 Objekte umfassenden Sammlung Deppe (1837) besitzt das Museum eine jener wertvollen alten Kollektionen, um die amerikanische Kuratoren europäische Museen wie Helsinki, London, Prag, Moskau und vor allem das ehemalige Leningrad beneiden. Ausmaß und Potential der (frühen) europäischen Kalifornien-Sammlungen wurden von amerikanischen Fachleuten erst vor wenigen Jahren entdeckt und systematisch erfaßt (Blackburn und Hudson 1990).

Lange bevor in Nordamerika die ersten Museen gegründet wurden, hatten europäische Expeditionen, Kaufleute, Missionare oder Reisende in der spanisch-mexikanischen Ära Artefakte kalifornischer Indianer erworben. Viele dieser Männer waren mit dem Museumsgedanken vertraut und speziell zum Sammeln ausgebildet (Blackburn und Hudson 1990: 15, 19ff.). Dies gilt auch für Ferdinand Deppe (1794–1860), einen ehemaligen Gärtner des preußischen Königshofes. Ein reicher Adliger stellte Deppe 1824 für eine Forschungsreise nach Mexiko als Vogelpräparator ein. Zwischen 1824 und 1836 sammelte und präparierte Deppe »Naturalien« für das Zoologische Museum Berlin (Stresemann 1954), erwarb aber auch »mexikanische Alterthümer« und Ethnographica der nordamerikanischen Westküste.

Die vollständige Zuordnung und Identifikation der indianischen Objekte, die Deppe während seiner Handelstätigkeit in Zentral- und Südkalifornien erwarb und die er 1836 dem Zoologischen Museum verkaufte, gestaltet sich bis heute schwierig. Jedenfalls sind es mehr als die von Krickeberg (1914: 701) aufgelisteten 22 Stücke. So konnten anhand der aufgefundenen Originalliste mehrere schöne Körbe und Ohrgehänge aus Vogelknochen eindeutig Deppe zugeordnet werden (Abb. 113 und 114) (Bankmann 1998). Deppes kalifornische Sammlung, die nach der Leipzig-Rückführung wieder einigermaßen komplett ist, enthält seltene frühe Beispiele von Zeremonialschmuck und -kleidung und einige Korbarbeiten von makelloser Schönheit (Abb. 117 und 118). Es ist offensichtlich, daß sich Deppe bei der Auswahl stark von ästhetischen Kriterien leiten ließ. Von besonderer Bedeutung sind neben den Deckel- und Federkörben die beiden großen Federgürtel, die sechs Stirnbinden aus Goldspechtquill, der raffinierte Ohrschmuck (vgl. Bates 1982) sowie ein sehr schönes, mit weißen Glasperlen

Abb. 110
Ferdinand Deppe: Mission San Gabriel (in der Nähe des heutigen Los Angeles). Öl auf Leinwand, 1832. Nach einer 1828 angefertigten Skizze. Archiv der Mission Santa Barbara.

Abb. 111
Tanzkopfschmuck der Bewohner Kaliforniens. Lithographie nach Louis Choris, 1816. (»Voyage pittoresque autour du monde«, 1820).

durchwirktes Haarnetz (»Ultalata«) von den Kainama, einer Gruppe der südlichen Pomo (vgl. Krickeberg 1914:717).

Bis zum letzten Drittel des 19. Jahrhunderts wurde die kleine Kalifornien-Sammlung nur sporadisch durch Einzelstücke erweitert, darunter einige Pfeile und Bögen im Stil der Sierra Miwok sowie zwei schöne Chumash-Körbe. Letztere waren Bestandteil des 1862 komplett angekauften »Museums aztekisch-mexikanischer Alterthümer« von Carl Uhde. Eine zahlenmäßig bedeutende Aufstockung erhielt die Sammlung dann Mitte der 1870er Jahre, nach Gründung des Völkerkundemuseums durch Bastian. Im Austausch mit der *Smithsonian Institution* (siehe Blackburn und Hudson 1990: 38ff.) erwarb das Museum eine Kollektion ethnobotanischer Exemplare eines »Dr. E. Palmer« sowie ein beträchtliches Konglomerat von Grabungsfunden.

Die einsamen Inseln vor der südkalifornischen Küste, ehemaliges Siedlungsgebiet der Chumash und Gabrielino, waren ab 1870 zum Schauplatz gigantischer Grabplünderungen und verbissener Konkurrenz geworden (siehe Moratto 1984:

Abb. 112
Frances Joaquin Jack mit Ohrgehänge und Muschelhalsketten, 1923. Smithsonian Institution, National Anthropological Archives.

Abb. 113
Ohrgehänge für Frauen. Costanoan (?). Länge des Röhrenknochens: 15 cm. Slg. Deppe 1837. Inv.-Nr. IV Ca 92.
Dieses außergewöhnliche Schmuckstück ist, zusammen mit einem ebenfalls von Deppe gesammelten Pendant im British Museum, das älteste noch vorhandene seiner Art (vgl. Bates 1982: 18, King 1999: Abb. 122). Verschiedene Materialien wurden hier geschmackvoll miteinander kombiniert: Ein Gehänge aus Haliotis-Scheiben, Muschel- und Glasperlen schmückt einen polierten und mit feinen Ritzornamenten versehenen hohlen Vogelknochen. Der Clou bei dieser Art von Ohrgehänge ist jedoch die (ursprünglich) mit roten Spechtfedern und Muschelscheiben dekorierte kleine Korbscheibe, die mit einer Schnur am oberen Ende des Knochens befestigt ist.

Abb. 114
Geschenkkorb. Pomo. Durchmesser: 27 cm. Slg. Deppe 1837. Inv.-Nr. IV Ca 77.
Zu den schönsten Beispielen kalifornischer Korbflechtkunst gehören die mit bunten Federn und verschiedenen Muschelscheibchen verzierten Geschenk- oder Schmuckkörbe der Pomo. Sie waren eine begehrte Gabe bei gesellschaftlichen Ereignissen, etwa bei den Pubertätszeremonien der Mädchen oder bei Hochzeiten. Die beiden ältesten Geschenkkörbe in der reichhaltigen Berliner Sammlung stammen von Ferdinand Deppe (vgl. Barrett 1908: 141ff., Krickeberg 1914: 738f.).

Abb. 115
Zwei Stirnbinden aus Goldspechtquill. Kalifornien. Länge: 61 und 63 cm. Slg. Deppe 1837. Inv.-Nr. IV Ca 99 (oben) und IV Ca 100.
Stirnbinden aus den Schwanzfedern des kalifornischen Goldspechtes (Colaptes auratus oder mexicanus) sind das typischste Element kalifornischer Zeremonialbekleidung. Sie spielten eine wichtige Rolle bei den Zeremonien des Kuksu-Kultes und werden noch heute, in modifizierter Form, bei Tänzen getragen. Die von Deppe gesammelten alten Stirnbinden bestehen aus lachsfarbenen Kielen, bei denen nur an einem Ende die dunkle Federspitze belassen wurde. Sie wurden alternierend nach Kiel- und Federende aneinandergesetzt und mit Fäden aus Indianerhanf oder Seidenpflanze zusammengenäht. Das untere Stück ist zusätzlich mit angenähten weißen Muschelscheibchen verziert (vgl. Krickeberg 1914: 728ff.).

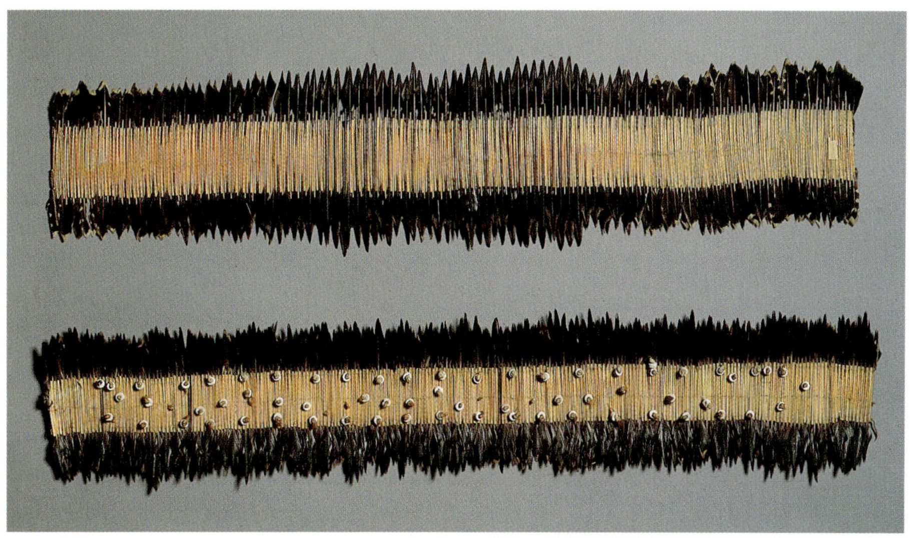

120ff.). Einer der Männer, die im Auftrag der *Smithsonian Institution* Grabungen durchführten, war der Deutsche Paul Schumacher. In populären Zeitschriften wie dem *Globus* informierte Schumacher die deutsche Leserschaft über die Inseln im Santa Barbara-Kanal. Aus San Francisco meldete er 1876 zufrieden:

»Unsere Ausgrabungen von ethnologischem Material waren äußerst reich und wir sammelten mit etwa viertausend Skeletten, welche wir ans Tageslicht brachten, nahezu hundert Kisten voll allerlei Geräthschaften aus der amerikanischen Steinzeit« (Schumacher 1876: 355).

Einige Dutzende der von Schumacher und Reverend Stephen Bowers, einem notorischen Grabräuber, ausgegrabenen Steingeräte, bearbeiteten Muscheln, Perlen, Knochenschnitzereien und Projektilspitzen wurden von der *Smithsonian Institution* nach Berlin abgegeben. Skelettmaterial war offenbar nicht dabei.

Abb. 116
Gewebter Federgürtel. Kalifornien. Länge: 187 cm. Slg. Deppe 1837. Inv.-Nr. IV Ca 103. Die aus einheimischen Fasertauen geflochtenen und reich dekorierten Gürtel besaßen für die kalifornischen Indianer höchsten Wert als Zeremonial-, Prestige- und Handelsobjekte. Durch das Einflechten von roten Specht- und grünen Entenfedern auf der Außenseite entstanden dichte Felder in schillerndem Rot und Dunkelgrün. Zusätzlich wurden durchbohrte weiße Muschelscheibchen eingeknüpft, angeordnet zu geometrischen Mustern. Für eine Abbildung des zweiten Berliner Federgürtels aus der Sammlung Deppe siehe Bates 1982: Abb. 22.

Abb. 117
Schatzkorb mit Deckel. Chumash. Größter Durchmesser: 37 cm. Slg. Deppe 1837. Inv.-Nr. IV Ca 74a+b.
Die Chumash in der Region des heutigen Santa Barbara waren eines der größten und wohlhabendsten Völker Kaliforniens. Die ersten spanischen Kolonisatoren bewunderten die hohe Kunstfertigkeit dieser friedliebenden Leute, sei es in der Steinbearbeitung, der Holz- und Muschelschnitzerei, den spektakulären Felsmalereien oder der Korbflechtkunst. Der von Deppe erworbene »Schatzkorb« ist ein beeindruckendes Zeugnis der Chumash-Kulturtradition, die schon Mitte des 19. Jahrhunderts durch den Einfluß der Missionen weitgehend verschwunden war. Weltweit existieren von solchen Deckelkörben nur noch wenige Exemplare.
Das Gefäß ist in Bündelwulsttechnik hergestellt, wobei jeweils drei Binsenstengel zu einem Wulst verflochten werden. Die von Meisterhand gesetzten Zierstiche aus Sumach und Gras und die elegante Krümmung des Korbes verleihen dem Design eine dreidimensionale Wirkung. Der Korb scheint zu atmen und zu pulsieren, die Komposition der Flächen verändert sich bei intensiver Betrachtung.

Abb. 118
Großer ovaler Deckelkorb. Chumash. Länge: 48 cm. Slg. Deppe 1837. Inv.-Nr. IV Ca 76a+b. Laut Deppes Objektliste enthielt dieser exzellente, mit rotem und schwarzem Flechtmaterial dekorierte Deckelkorb eine große Federdecke. Vermutlich handelt es sich dabei um die seit 1991 wieder in der Berliner Sammlung vorhandene Decke aus dicht besetzten Feldern von weißen und braunen Federn (Inv.-Nr. IV B 182, nicht abgebildet).

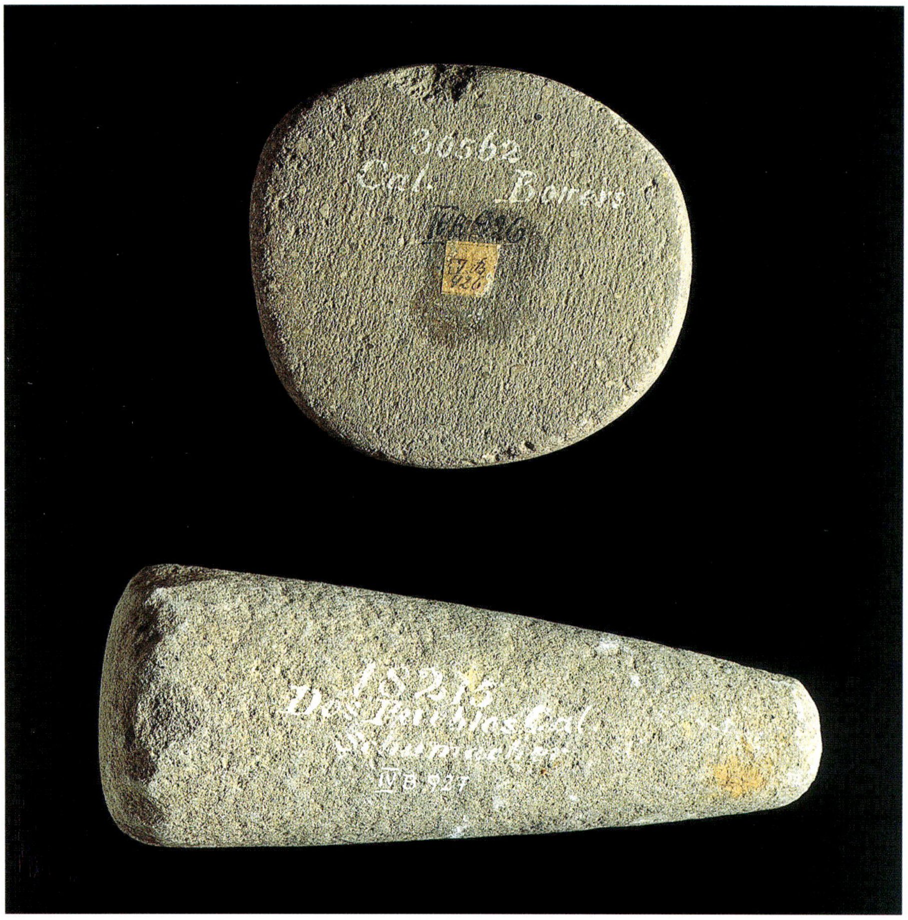

Abb. 119
Archäologische Funde von Steingeräten. Chumash-Gebiet (Südliches Kalifornien). Oben: Reibestein (Mano). Länge: 10 cm. Slg. Bowers, 1870er Jahre. Inv.-Nr. IV B 926. Unten: Stößel. Länge: 17,5 cm. Slg. Schumacher, 1870er Jahre. Inv.-Nr. IV B 927.
Die beiden schön bearbeiteten alten Steingeräte sind Teil eines Konvoluts von archäologischem Material, das die Smithsonian Institution 1878 ans Berliner Museum abgab. Die Ausgräber, Stephen Bowers und Paul Schumacher, haben sich in weißer Schrift auf ihren Beutestücken verewigt. Die fünfstelligen Originalnummern deuten an, in welchen Massen die Dinge und Knochen der Chumash-Vorfahren ausgegraben und als Museumsobjekte und Souvenirs verkauft wurden.

1899 kam durch die Vermittlung Karl von den Steinens eine kleine, ähnlich beschaffene Sammlung hinzu, erworben von dem auf Santa Catalina lebenden Kaufmann Will Garrick. Vom heutigen Standpunkt ist die Herkunft des archäologischen Materials problematisch; dennoch kann man die Schönheit mancher Muschelarbeiten und die exzellente Bearbeitung der merkwürdigen *doughnut stones*,[1] der kugelförmigen Steinmörser und konischen Stößel nur bewundern. Den zeitgenössischen Indianern galten die alten Steingeräte als Schöpfungen des Kulturheros Coyote, die sie »mit heiliger Scheu« betrachteten (Krickeberg 1914: 708).

Die Sammlungen des frühen 20. Jahrhunderts

Ihr heutiges Ausmaß erreichte die Kalifornien-Sammlung zwischen 1903 und 1914 durch die systematischen Bemühungen Karl von den Steinens und Eduard Selers. Auf Museums- und Kongreßreisen in Nordamerika knüpfte vor allem von den Steinen zahlreiche Kontakte, die sich für den Sammlungserwerb bald als fruchtbar erwiesen. Eine zentrale Rolle spielte dabei der Ethnologe George Dorsey, mit dem von den Steinen Freundschaft geschlossen hatte. Eigentlich als Kustos am *Field Columbian Museum* in Chicago tätig, arbeitete Dorsey von 1903 bis 1904 am *Fred Harvey Indian Department* in Albuquerque. Diese neugegrün-

1 Durchbohrte Steinscheiben, die wohl vor allem als Gewicht für Grabstöcke dienten (siehe Hudson und Blackburn 1982: 247ff.).

dete Institution der expandierenden *Fred Harvey Company* war eine Mischung aus Museum und Verkaufsschau und diente vor allem als Umschlagplatz für Sammlungen indianischer Objekte.[2] Während der deutschstämmige Hermann Schweizer zusammen mit Harveys Schwiegersohn J. F. Huckel den Erwerb der Ethnographica von regionalen Sammlern organisierte, kam Dorsey die strategische Rolle zu, die Verkaufspolitik des Harvey-Konzerns in ethnologische Seriosität zu »verpacken«. Er schrieb die Kataloge und bewertete die Stücke. Zu den ersten Museen, die größere Sammlungen von Harvey erwarben, gehörte Berlin.

Um die Jahrhundertwende hatte ein wahrer Run auf kalifornische Körbe eingesetzt, mit gravierenden Auswirkungen auf Qualität und Quantität der Produktion (Washburn 1984). Für die Indianer war die Korbflechterei zur wichtigen Einnahmequelle geworden. Die *Fred Harvey Company* profitierte von der wachsenden Konkurrenz unter Museen und Sammlern und holte beim Verkauf von Korbsammlungen enorme Gewinnspannen heraus (siehe Pardue 1996: 106). Aus der Korrespondenz Karl von den Steinens geht hervor, daß die Berliner Verwaltung den geplanten Ankäufen kritisch gegenüberstand, weil die Preise um ein Vielfaches höher lagen als für Körbe aus Afrika, Südamerika oder Ozeanien (Erwerbungsakte Amerika, Sammlung Dorsey). Dorsey und Huckel begründeten die hohen Preise mit dem starken Rückgang hochwertiger Korbwaren und versicherten immer wieder, den Berlinern besonders wertvolle und alte Kollektionen anzubieten.

Im Mai 1903 schickte Dorsey seinem Freund Karl von den Steinen eine Auflistung von neun ethnographischen Sammlungen aus dem Westen und Südwesten Nordamerikas. In seiner Antwort gesteht von den Steinen, »neidisch« auf die Fülle des Harvey-Materials zu sein und beklagt, daß die finanzielle Situation am Museum wegen des Ankaufs teurer südamerikanischer Goldobjekte sehr schlecht sei (Wie wenig sich die Prioritäten doch ändern!). Die an erster Stelle der Liste angebotene »fast vollständige« Sammlung von Pomo-Ethnographica kam wohl aufgrund des Preises ($ 6000) von vornherein nicht in Frage, was aus heutiger Sicht mehr als bedauerlich ist (siehe Smith-Ferri 1996). Immerhin kam es Ende 1903 schließlich zum Erwerb von 218 Objekten der nordkalifornischen Hupa, darunter knapp 100 Körbe, zum Preis von $ 1500. Zu den interessantesten Teilen der laut von den Steinen »einseitigen« Sammlung gehören der zeremonielle Kopf- und Rückenschmuck aus Hirschleder, bunten Federn und Vogelbälgen, die mit Stachelschweinborsten und Schnüren aus Samen- und Glasperlen verzierten Tanzröcke, sowie die Kollektion fein geschnitzter Hornlöffel (vgl. Krickeberg 1914: passim).

Auf Betreiben von den Steinens wurde Dorsey in den Jahren 1904 und 1905 erneut tätig. Zusammen mit einer großen Sammlung von den Crow (siehe Kapitel »Prärien und Plains«) erwarb das Berliner Museum 1905 von *Harvey's Indian Department* eine Auswahl von Körben und Korbflechtmaterial der südkalifornischen Missionsindianer (142 Objekte). Zusätzlich stellte Dorsey in Albuquerque eine Kollektion von 164 Körben verschiedener Stämme der Nordwestküste, des intermontanen Gebietes, des Südwestens und Kaliforniens zusammen, angepriesen als »the best collection of baskets to be had in America today in my estimation« (Brief an Karl von den Steinen, 31. August 1905). Die zweifellos schöne Sammlung enthält auch einige Exemplare von den Maidu, Monache und Yokuts.

Die drei jüngsten größeren Kalifornien-Sammlungen des Museums wurden direkt von ortsansässigen Ethnologen und professionellen Sammlern erworben.

2 Zur Geschichte der Fred Harvey Company und zur kritischen Analyse von Dorseys Rolle siehe Weigle und Babcock 1996; Howard und Pardue 1996.

Abb. 120
Großer Transportkorb in einfacher durchbrochener Flechttechnik. Maidu. Größter Durchmesser: 71 cm. Sammlung Wilcomb 1914. Inv.-Nr. IV B 12017.
In ganz Kalifornien dienten große konische Körbe zum Sammeln und Transportieren von Grassamen, Eicheln, Wurzeln und anderen Nahrungsmitteln und Materialien. Der Korb wurde in einem weitgeflochtenen Netz mit Tragriemen und Stirnband auf dem Rücken transportiert (siehe Abb. 108).

Abb. 121
Vorratskorb. Nördliche Pomo (Coyote Valley, Mendocino County). Durchmesser: 40 cm. Sammlung Barrett 1905. Inv.-Nr. IV B 7322.
Dieser aus Weidenruten und den rötlichen Trieben des Judasbaums geflochtene Korb ist ein exzellentes Beispiel für die Drei-Faser-Flechttechnik, die dem Gefäß gleichermaßen Festigkeit und Elastizität verleiht. Barrett vermerkt, daß es sich bei diesem Stück um eine alte Arbeit handelt.

Abb. 122
Großer Vorratskorb in Gitterflechttechnik. Nördliche Pomo (Pinoleville). Größter Durchmesser: 72 cm. Sammlung Barrett 1905. Inv.-Nr. IV B 7270.
Bei diesem aus Schilfgras, Fichtenwurzel und Judasbaum-Trieben geflochtenen Korb mit eingewebten durchbohrten Muschelscheibchen handelt es sich laut Barrett um eine neue Arbeit. Die Anfertigung in der komplexen und zeitaufwendigen Gitterflechttechnik und das extravagante Design mit diagonal verlaufenden Bändern aus Dreiecken und Zickzacklinien machen diesen Korb zu einem außergewöhnlichen Meisterwerk (vgl. Bibby 1996: 45ff.).

Abb. 123
Kochkorb in einfacher Flechttechnik. Zentral-Pomo (Hopland). Größter Durchmesser: 46 cm. Sammlung Barrett 1905. Inv.-Nr. IV B 7282.
Bauchige Körbe von mittlerer Größe wie dieser wurden zum Kochen von Eichelsuppe oder -brei mit Hilfe von erhitzten Steinen benutzt. Das zweite horizontale Designband von oben enthält eine Unterbrechung des Musters, die für die Pomo-Korbflechterei typisch ist und als *dau* bezeichnet wird. Barretts Pomo-Gewährsleute begründeten die Notwendigkeit dieser »Öffnung«, die meist eine kreative Auflösung des gleichmäßigen Designs ist, damit, daß die Korbflechterin andernfalls erblinden würde. Coyote, der Kulturheros, hatte die Menschen am Anfang der Zeiten instruiert, im Designband der Körbe eine solche Öffnung zu lassen (Barrett 1908: 171). Nach anderen Interpretationen ermöglicht die Öffnung dem Geist, in den Korb oder heraus zu gelangen.

Durch die Vermittlung des Ethnologen Alfred L. Kroeber kam 1905 eine Sammlung von 118 Körben verschiedener Pomo-Gruppen nach Berlin. Der Ethnologe Samuel A. Barrett hatte die durchweg hochwertigen Stücke gesammelt und mit der Hilfe von Pomo-Informanten analysiert (Barrett 1908: 135). Seine auf den Berliner Karteikarten (in Übersetzung) festgehaltenen ausführlichen Beschreibungen der vielgestaltigen Körbe, ihrer Provenienz, Materialien, Designs und einheimischen Terminologie machen die Sammlung für künftige Forschungen besonders wertvoll, auch wenn die Namen der Flechterinnen nicht vermerkt sind (vgl. Bates und Lee 1990: 2). Barretts Originalfotos und Karteikarten mit Kurzbeschreibungen und persönlichen Bewertungen sind erhalten. Der größte Teil der Körbe und Designs ist zudem in der Monographie »Pomo Indian Basketry« (Barrett 1908) dokumentiert und teilweise abgebildet, mit Berliner Inventarnummern.

Nach dem Erwerb der vor allem aus Körben bestehenden Sammlungen Harvey und Barrett war die Amerika-Abteilung unter ihrem Leiter Eduard Seler offenbar daran interessiert, das gesamte typische Inventar der materiellen Kultur kalifornischer Indianer zu sammeln. Alfred Kroeber, der das Institut und Museum der *University of California* in Berkeley gerade zum Zentrum der Kalifornien-Forschung ausbaute und sich durch seine Forschungen und sein Wissen bereits einen hervorragenden Ruf erworben hatte, mußte hierfür der ideale Ansprechpartner sein.[3]

Im Mai 1910 überwies das Museum eine Summe von knapp 600 Dollar an Kroeber mit dem Auftrag, Objekte kalifornischer Indianer zu erwerben. Im Dezember des gleichen Jahres schickte Kroeber die erste Ladung mit Ethnographica nach Berlin ab. Es handelte sich um über 50 Objekte von den nördlichen Wintun und Achumawi, vorwiegend Körbe und Geräte, die bei der Verarbeitung des Eichelmehls benutzt wurden. In seinem Begleitbrief an Selers Assistenten K. T. Preuss charakterisierte Kroeber das Material, das sein Kollege T. T. Waterman gesammelt hatte, als »selten«. Die Mehrzahl der Körbe sei »grob« und stark gebraucht, was dem Museum aber sicher lieber sei, als Objekte zu erhalten, die schöner aussehen, dafür aber den »Einfluß der weißen Zivilisation« zeigten. Der Briefwechsel, der sich daraufhin zwischen Preuss und Kroeber entfaltete, liefert interessante Aufschlüsse über die Sammelpolitik der Berliner Amerikanisten (Erwerbungsakte Amerika, Vol. 34, 15/11). Preuss, der an einer »alles Wesentliche umfassende(n) Typensammlung« interessiert war, zeigte sich mit Kroebers Ausbeute nicht sehr zufrieden und spezifizierte die Sammelpolitik des Museums:

»Sollte es nun nichts mehr als Körbe geben, nichts von Hausgeräten, Kleidung, Schmuck, Ceremonialobjekten, Geräten für Jagd und Fischfang usw., so würde das Sammeln allen Zweck für unser Museum verlieren. (...) Es will nicht von *einzelnen* Gegenständen *alles*, sondern von *allem* Kulturbesitz *eines* Stammes *etwas* haben, nämlich die für den betreffenden Stamm charakteristischen Kulturgüter, und zwar neben den gewöhnlichen Gebrauchsgegenständen auch gute repräsentable, natürlich *unbeeinflusste* Stücke, für die es auch gern mehr zahlen würde« (Brief an Alfred Kroeber vom 7. Januar 1911, Hervorhebungen im Original).[4]

In seinem Antwortschreiben bedauerte Kroeber, die Berliner Erwartungen nicht erfüllt zu haben, erinnerte aber daran, daß er bereits 1909 in einem Brief angekündigt hätte, nicht viel mehr als Körbe sammeln zu können. Zur Begründung verwies er auf die rapide Akkulturation der meisten kalifornischen Gruppen. Die offenbar sehr unterschiedlichen Interessen seines *Department of*

3 Alfred Louis Kroeber (1876–1960), ein Schüler von Franz Boas, gehört als Ethnograph und Theoretiker zu den wichtigsten Vertretern der amerikanischen *Cultural Anthropology* und zu den bedeutendsten Ethnologen des 20. Jahrhunderts (Kardiner und Preble 1961, Kroeber 1970).

4 Zur Sammlungs- und Ausstellungsphilosophie von Preuss siehe Eisleb 1973: 193ff.

Abb. 124a
Zeremonialkorb in diagonaler Flechttechnik. Pomo (Ukiah). Durchmesser: 44 cm. Höhe: 22 cm. Sammlung Barrett 1905. Inv.-Nr. IV B 7269.
Über dieses Meisterwerk kalifornischer Korbflechtkunst schreibt der Sammler auf seiner Karteikarte: »Dieser Korb ist der begehrenswerteste der ganzen Sammlung. Er hat ein perfekt gearbeitetes Design und die feinste Flechtung dieser Art, die mir in meiner Arbeit bei den Pomo jemals begegnet ist.« Ein Manko von Barretts ansonsten gut dokumentierter Korbsammlung ist, daß er die Namen der Flechterinnen nicht notierte. Es ist zu hoffen, daß einige der Berliner Körbe von Experten in Zukunft anhand stilistischer Merkmale individuellen Künstlerinnen zugeordnet werden können (vgl. Bibby 1996).

Anthropology und des Berliner Museums, vertreten durch Preuss, spezifizierte er dann in einer ausführlichen Passage, mit der Schlußfolgerung:

»If it is your principle to abstain from attempting to form collections in regions which permit of only an imperfect representation, and to concentrate instead your resources in fields where such attempts are still practicable, I can only advise you to abandon the California field altogether. We cannot secure for you specimens which have no longer any existence. (...)« (Brief an K. T. Preuss vom 16. März 1911).

Abb. 124b
Unterseite des Zeremonialkorbes, Inv.-Nr. IV B 7269.

Kroebers Offerte, trotzdem auch weiterhin nach entsprechendem Material für die Berliner Sammlung Ausschau zu halten, blieb wegen seiner umfangreichen Lehr- und Forschungstätigkeiten am Institut von Berkeley letztlich ohne Ergebnis. Anfang 1913 kam er mit Eduard Seler überein, den nicht ausgegebenen Geldbetrag nach Berlin zurückzusenden. In seinem Dankschreiben an Kroeber erwähnte Seler, daß inzwischen ein Herr Wilcomb aus Oakland dem Museum eine große Sammlung kalifornischer Ethnographica angeboten hätte. Durch den Ankauf der Sammlung Wilcomb wurden die Berliner Bedürfnisse nach einer »umfassenden Typensammlung« schließlich einigermaßen erfüllt. Vielleicht war Kroeber, der Wilcomb und seine Sammlungen kannte, an der Einfädelung des Geschäftes sogar beteiligt.

Charles P. Wilcomb (1865–1915), der in seinem kurzen Leben als Feldforscher, Sammler und Museumsgründer Enormes leistete, kannte nicht nur die Reservationen und *Rancherias* der Indianer, sondern hatte auch die großen europäischen Völkerkundemuseen besucht und studiert (Fry 1979). 1914 bot er dem Berliner Museum eine Sammlung von 500 Objekten an, die ursprünglich für ein Privatmuseum im Osten der USA vorgesehen war, dessen Auftraggeber dann jedoch vom Kauf zurücktrat (Krickeberg 1914: 679). Den Ankauf, darunter auch

Abb. 125
Worfelschale. Pomo (Gegend von Ukiah). Durchmesser: 44 cm. Höhe: 12 cm. Sammlung Wilcomb 1914. Inv.-Nr. IV B 12049.
Zwei der fünf Designbänder auf der Außenseite dieses Korbes enthalten einen auffälligen *dau* (vgl. Abb. 123): Das sternförmige Muster auf dem breiten dunklen Streifen und die Zickzacklinie in der Nähe des Korbrandes. Der *dau* in der Zickzacklinie entspricht dem Muster von hellen und dunklen Dreiecken auf dem breiten Streifen. Die zum Worfeln von Grassamen oder zum Sieben von Eichelmehl verwendeten Korbschalen in einfacher Flechttechnik wurden zusätzlich mit drei oder vier Ringen von Gittergeflecht verstärkt. Ungewöhnlich an diesem Korb ist neben den elaborierten geometrischen Designs die Verwendung von Zierfasern in verschiedenen hellen Brauntönen und Dunkelgrün.

Abb. 126
Geschenkkörbchen. Östliche Pomo (Upper Lake, Lake County). Größter Durchmesser: 14,5 cm. Sammlung Wilcomb 1914. Inv.-Nr. IV B 11944.
Neben den auf der Außenseite vollständig mit bunten Federn besetzten Geschenkkörben gibt es einen Typ von Körben in Spiralwulsttechnik, deren Design aus einer Kombination dunkler Flechtornamente, einzeln applizierter Federn und Muschelperlen besteht. Die Eleganz des abgebildeten Körbchens resultiert aus der diagonalen Kombination verschiedener Zierelemente. Die eingewobenen roten Spechtfedern bilden diagonale Reihen, ebenso wie die mit winzigen blauen und weißen Glasperlen besetzten durchbohrten Muschelscheibchen. Die schwarzen Zierfedern stammen vom Schopf der kalifornischen Wachtel.

Abb. 127
Tanzschürze für Frauen (Ausschnitt). Hupa (Trinity River). Gesamtlänge: ca. 150 cm. Sammlung Wilcomb 1914. Inv.-Nr. IV B 12139. Solche reich dekorierten Tanzschürzen aus Hirschleder trugen wohlhabende Hupa-Frauen bei wichtigen zeremoniellen Anlässen um die Hüfte gebunden. Die Verzierung besteht aus teilweise gefärbtem Flechtwerk aus Stroh, aus Venusmuscheln sowie Haliotis-Scheiben und -Plättchen.

einige Stücke von der Nordwestküste und vom Plateau, nahm Krickeberg zum Anlaß, den kalifornischen Bestand des Museums in seiner kulturhistorischen Bedeutung ausführlich vorzustellen (Krickeberg 1914: 701–745). Er betrachtete typische und hervorragende Beispiele des materiellen Kulturgutes und verglich in diffusionistischer Manier die »ursprüngliche« Kultur (Zentral-) Kaliforniens mit den von der Nordwestküstenkultur beeinflußten Nordkaliforniern.

Der Stellenwert der Kalifornien-Sammlung

Amerikanische Kuratoren, die in den letzten Jahren die Bestände von kalifornischem Material in Museen außerhalb der USA systematisch erfasst haben, zählen die Berliner Kalifornien-Sammlung zu den bedeutendsten ihrer Art (Vane und Bean 1990: 276; Blackburn und Hudson 1990). Die Stärke der Sammlung liegt in der interessanten Mischung aus alten Preziosen, die noch aus den Zeiten der Kunstkammer stammen, und bedeutenden Erwerbungen, die um die Jahrhundertwende durch den Kontakt mit amerikanischen Ethnologen, Sammlern, Händlern und Museen zustande kamen. Die Verluste, die in der ersten Hälfte des 20. Jahrhunderts durch Tausch und Kriegsfolgen zu verzeichnen sind, bewegen sich im »normalen« Rahmen. Als Beispiel sei die Geschichte der Sammlung Barrett genannt: Von den ursprünglich 118 Körben wurden 5 zwischen 1936 und 1941 getauscht oder abgegeben; von den 21 Kriegsverlusten kehrten 13 Stücke 1991/92 aus Leipzig zurück, während 8 Objekte weiterhin vermißt werden.

Als Ausstellungsthema sind die kalifornischen Indianer und ihre Kunst bisher stark vernachlässigt worden (vgl. Boden und Gockel 1995: 51). Dies dürfte auch mit dem Fehlen eines stereotypengerechten Images im Bewußtsein der deutschen Öffentlichkeit zu tun haben. Parallel dazu hat Kalifornien in den Forschungen deutscher Amerikanisten immer eine marginale Rolle gespielt.[5] Mit der Berliner Sammlung haben sich in der jüngeren Vergangenheit vor allem amerikanische Kollegen beschäftigt. Der selektive »Katalog« von Krickeberg (1914) kann immer noch als repräsentativ gelten, wenn man von einigen Erwerbungen moderner Malerei einmal absieht (siehe das Kapitel zur modernen Kunst). Angesichts des Revivals kalifornischer Korbflechtkunst (Bibby 1996) ist zu hoffen, daß die reiche Sammlung historischer Körbe durch den Ankauf qualitätvoller moderner Arbeiten ergänzt werden kann.

5 Eine bemerkenswerte Ausnahme bildet die evolutionistisch geprägte Arbeit von Fritz Krause (1921). Julius Lips (1928) erwähnte die Kalifornier als typisches Beispiel für die von ihm postulierte Kulturstufe der »Erntevölker«. Eine frühe Beschreibung der kalifornischen Indianer, die wegen ihrer ausgeprägt ethnozentrischen Wertungen von historischem Interesse ist, findet sich in der populärwissenschaftlichen Zeitschrift *Globus* (Anonymus 1876).

4213, COLOROW

Plateau und Großes Becken

Abb. 128
Colorow (ca. 1810–1888), Häuptling der Nördlichen Ute. Inv.-Nr. VIII E 1786.
Mehrere Kleidungsstücke und Ausrüstungsgegenstände, die angeblich Colorow gehörten, befinden sich in der Berliner Sammlung.

Die beiden Kulturareale Plateau und Großes Becken im Westen Nordamerikas werden wegen ihrer geographischen Lage auch als Intermontanes Gebiet bezeichnet. Zwischen den Gebirgsketten der Rocky Mountains im Osten und dem Kaskadengebirge und der Sierra Nevada im Westen erstreckt sich in einer Nord-Süd-Ausdehnung von über 2000 Kilometern ein weites, überwiegend trockenes Land, das bei der amerikanischen Expansion nach Westen die »letzte Grenze« bildete. Das Große Becken im Süden besteht aus Trockensteppen und Halbwüsten, die von schmalen, mit Pinyon-Kiefern bewachsenen Bergketten durchsetzt sind. Die wenigen Flußläufe münden nicht ins Meer, sondern speisen Sümpfe und Seen im Inneren des Großen Beckens, darunter der Große Salzsee in Utah. Das Plateau, das den nördlichen, feuchteren Teil des Intermontanen Gebietes bildet, wird von den Flußsystemen des Columbia und Fraser River zum Pazifik hin entwässert. Hier finden sich üppige Grasländer und Gebirge mit Nadelwäldern, aber auch trockene unwirtliche Landstriche, auf denen vor allem Beifuß wächst.

Was den weißen Siedlern als Hindernis auf dem Weg nach Kalifornien oder als jungfräuliche Wildnis erschien, die als Viehweide eingezäunt oder unter den Pflug genommen werden mußte, war seit Jahrtausenden Heimat zahlreicher indianischer Völker. In kleinen, unabhängigen Gruppen wanderten sie von Jahr zu Jahr nach einem festen Rhythmus über das Land, um die unterschiedlichen Ressourcen zum richtigen Zeitpunkt des Jahreskreislaufs optimal zu nutzen. Die Plateau-Gruppen verbrachten den Winter in Erdhaus-Siedlungen am Flußufer und begaben sich ab dem Frühjahr auf Wanderschaft. Die mobilen Sommerlager bestanden aus kegelförmigen Hütten mit einer Abdeckung aus Matten. Der erste gefangene Lachs, die ersten Beeren und Wurzeln des Sommers wurden in Zeremonien gefeiert, die den Respekt für das Land und die Hoffnung auf ein

Abb. 129
Eine Familie von Tukudeka (»Schafesser«), einer Gruppe der Nördlichen Shoshone, vor ihrem Tipi. Idaho. Foto: William H. Jackson 1871. Inv.-Nr. VIII E 3025.

gutes Jahr zum Ausdruck brachten. Während die Männer Lachse fingen oder auf die Jagd gingen, gruben die Frauen auf feuchten Wiesen die stärkehaltigen Knollen der Camas-Lilie aus und sammelten Kräuter und Beeren. Die Paiute und Shoshone des Großen Beckens nutzten den Fischreichtum der Seen, jagten Wasservögel und sammelten Binse und Weide als Rohmaterial. Höhepunkt des Jahreskreislaufs war überall der Herbst. Auf den Bergzügen des Großen Beckens sammelten die Familien Pinyon-Nüsse in großen Mengen als Wintervorrat; die Männer machten gemeinschaftliche Jagd auf Kaninchen, die in aufgespannte Netze getrieben wurden. Der Herbst war die Zeit der großen Versammlungen, bei denen man die sozialen Beziehungen zwischen Familien und Gruppen pflegte, Handel trieb und die erfolgreiche Ernte mit Zeremonien, Tänzen und Erzählungen feierte. Bei aller Anpassungsfähigkeit waren die Menschen, vor allem im Großen Becken, vor schlechten Jahren und Hungersnöten nie sicher.

Die Verbreitung des Pferdes nach Norden, an der die Ute im Südosten entscheidenden Anteil hatten, verursachte etwa ab dem Jahr 1700 einen enormen Kulturwandel. Die Nez Percé, Flathead und andere Gruppen im Grasland des südlichen Plateaus spezialisierten sich auf Pferdezucht. Überall auf der Westseite der Rocky Mountains schlossen sich kleine Lokalgruppen zu Stammesverbänden unter der Führung von Häuptlingen zusammen, um auf den Plains Bisons zu jagen oder die konkurrierenden Plains-Stämme zu bekriegen. Individueller Reichtum und politische Macht gewannen an Bedeutung, während die materielle Kultur nachhaltig von Plains-Vorbildern geprägt wurde: Tipis verdrängten die mattenbedeckten Hütten; Federhauben und perlenbestickte Ledergewänder ersetzten die Kleidung aus geflochtenen Fasern und Kaninchenfellen. Einige Gruppen des westlichen Großen Beckens und die Salish-sprechenden Völker des Nordwestens blieben allerdings ihrer alten Sammler- und Fischerkultur verhaftet.

Das Eindringen weißer Siedlerströme um 1850 brachte neuen Wandel. Da die Indianer der amerikanischen Expansion im Weg standen, wurden sie vertrieben und bekamen Reservationen zugeteilt, oft in kargen Landstrichen. Der erbitterte Widerstand der Nez Percé oder Ute brachte große Anführer wie Chief Joseph (ca. 1832–1904) hervor; von den Paiute und ihren Propheten Wodziwob und Wovoka ging 1869 und 1889 die Geistertanzbewegung aus, mit der die (vergebliche) Hoffnung auf das Verschwinden der Weißen und die Rückkehr des alten Lebens verbunden war.

Nach der historischen Phase ihrer Entrechtung und Dezimierung durch die amerikanischen Eroberer haben sich die indianischen Kulturen des Plateaus und Großen Beckens im Laufe des 20. Jahrhunderts konsolidiert. So zählen die Indianer des Großen Beckens, deren Zahl bis 1930 auf 12 000 gesunken war, heute wieder 30 000 Personen. Die Lebensbedingungen haben sich vielerorts durch moderne Gesundheitsversorgung und durch Programme zur ökonomischen Entwicklung, z.B. in den Bereichen Forstwirtschaft und Tourismus, erheblich verbessert. Zeremonien wie der Bärentanz der Ute oder der von den Plains übernommene Sonnentanz sind ein Bekenntnis zu indianischer Religiosität und Identität. Die alten Verträge mit der U.S.-Regierung bilden die Grundlage für den gerichtlichen Kampf einzelner Gruppen, wie der Westlichen Shoshone, um Durchsetzung ihrer Land-, Jagd- und Fischereirechte.

Abb. 130
»Ku-rá-tu at Rest«. Paiute. Kaibab Plateau. Foto: John K. Hillers. Powell-Expedition von 1873.
Die Menschen, die als Sammlerinnen, Jäger und Fischer das Große Becken durchstreiften, wurden von den Amerikanern verächtlich »Digger Indians« genannt und auf der untersten Stufe der menschlichen Evolution angesiedelt. Gleichzeitig arrangierten weiße Fotografen idyllische Szenen einer bereits zerstörten Lebensweise und spärlich bekleidete junge Frauen als Objekte für die romantischen und sexuellen Phantasien ihrer weißen Kunden (vgl. Fleming und Luskey 1988: 110, 131ff.).

Abb. 131
»The Seed Gatherers«. Paiute. Kaibab Plateau. Foto: John K. Hillers. Powell-Expedition von 1873.
Das Wildlederkleid, das die linke Frau trägt, stammte von den Ute aus Colorado. Der Expeditionsleiter, John W. Powell, hatte es aus dem Museum in Washington mitgebracht und die Frau gebeten, es für die Fotografien anzuziehen. Den Gesichtern auf vielen dieser Fotos ist der Unmut über die weißen Forscher anzusehen.

Die Sammlungen vom Plateau

Ein beliebtes und offenbar leicht zu erwerbendes Sammelgut für Reisende im Gebiet des Columbia River um 1900 waren prähistorische Projektilspitzen und Steinwerkzeuge. Das Berliner Museum besitzt davon mehrere kleine Sammlungen, darunter auch drei Jaspis-Pfeilspitzen, die Adrian Jacobsen vom Columbia mitbrachte. Das Material ist überwiegend schlecht oder überhaupt nicht dokumentiert. Immerhin befürwortete Konrad T. Preuss 1929 den Ankauf einer Sammlung von über 100 Projektilspitzen, Messern und Schabern aus Obsidian und anderem Stein »wegen einzelner Formen und wegen der genauen Herkunftsangabe« (Erwerbungsakte Amerika Vol. 43, E 615/29). Der Berliner Paul Hinner hatte die Stücke am Fuße eines Hügels im Christmas Lake Valley, Oregon, gefunden.

Die ältesten ethnologischen Sammlungen vom Plateau, die sich in Berlin befinden, haben ihren Ursprung in dem enormen Interesse, das europäische Naturforscher im späten 19. Jahrhundert der Flora und Fauna in den neuerschlossenen Gebieten zwischen Oregon und Britisch-Kolumbien entgegenbrachten. Gewissermaßen als Beiprodukt naturkundlicher Expeditionen kamen in den 1880er Jahren zwei Sammlungen nach Berlin, die bis heute kaum beachtet wurden, aber für die Ethnologie des Plateau-Gebiets von erheblichem Wert sein dürften.

Die ältere der beiden Sammlungen stammt von dem Schweizer Naturforscher Alphonse Forrer, der sich in San Francisco niedergelassen und auf das Sammeln zoologischer Exemplare der Westküste spezialisiert hatte. Ende 1879 bot Forrer dem Museum für Völkerkunde eine Sammlung von 75 Ethnographica der Klamath aus Oregon an, die im Mai 1880 angekauft wurde (Akte Amerika Vol. 6, 2723/79).[1] Die Objekte sind teilweise ausführlich beschrieben, aber es findet sich kein Hinweis darauf, wo genau sie gesammelt wurden bzw. ob sie alle aus einer Quelle stammen. Die breite Auswahl von Objektgruppen und Materialien legt immerhin nahe, daß Forrer an einem repräsentativen Überblick der materiellen Kultur der Klamath gelegen war. Zwei weitere Sammlungen mit Klamath-Material, die in Umfang und Qualität der Berliner Sammlung entsprechen, verkaufte Forrer 1877 und 1883 an die Sammlung für Völkerkunde der Universität Göttingen und an das Historische Museum Bern (siehe Blackburn und Hudson 1990: 34, 104f.; Thompson 1977: 190–206). Den amerikanischen Forschern, die diese Sammlungen katalogisierten, war offenkundig nicht bewußt, daß Forrer einen Teil seines Materials auch nach Berlin verkauft hatte.

Die Sumpf- und Seenlandschaften der Klamath-Heimat lieferten große Mengen von Binsen, die als Rohmaterial für Flechtwerk eine wichtige Rolle spielten. Forrer sammelte Binsenkörbe und -teller, die mit Mustern aus Grasstroh verziert sind, eine flache »Reisetasche« mit ledernem Tragriemen (Abb. 132), einen Köcher, eine Schirmmütze für Männer, Schnüre und eine Pferdeleine – alles aus zusammengedrehten Binsen geflochten. Typisch sind auch die beiden großen Binsenmatten sowie ein schönes Paar geflochtene Mokkasins für den Winter mit dazugehörigen Leggings (vgl. Thompson 1977, Nr. 230 und 231).

Die übrigen Stücke der Sammlung decken ein breites Spektrum von Materialien und Formen ab: eine sehr aufwendig gefertigte Kindertrage (siehe Disselhoff 1937: 79f.), Korbhüte für Männer und Frauen, ein Kinderkleidchen aus Hirschleder mit Resten von Bemalung, eine gut erhaltene große Decke aus Streifen von Kaninchenfell, Schneeschuhe, Jagd- und Fischfanggeräte, Stein- und Knochenwerkzeuge, Halsketten, Amulette und Zeremonialschmuck. Bemerkenswert ist

1 Aus der Akte geht nicht hervor, ob Forrer in Verbindung mit dem Schweizer Linguisten Albert Gatschet stand, der im gleichen Zeitraum für das *Bureau of American Ethnology* Sprachforschungen bei den Klamath betrieb.

Abb. 132
Flache »Reisetasche« aus Binsengeflecht mit ledernem Tragriemen. Klamath. Höhe: ca. 31 cm. Breite: ca. 45 cm. Sammlung Forrer 1880. Inv.-Nr. IV B 986.

schließlich eine kleine Sammlung von Geschicklichkeits- und Ratespielen, die sich bei den Klamath großer Beliebtheit erfreuten. Zwanzig Jahre nach Forrer erwarb George Dorsey eine ähnliche Sammlung von Spielen für das *Field Museum Chicago*, die er in einem Aufsatz beschrieben hat (Dorsey 1901). Ein beliebter Zeitvertreib an langen Winterabenden war das »Ring und Nadel-Spiel«. Das in Berlin vorhandene Spielgerät besteht aus einem 7 cm langen Bastkörper in Form einer Möhre. Am oberen Ende ist eine kleine Öse sowie eine etwa 10 cm lange Schnur befestigt, an deren anderem Ende eine kleine Knochenspitze festgebunden ist. Der Spieler hielt die Knochennadel zwischen Daumen und Zeigefinger und versuchte, mit einer Schwingung der gleichen Hand den Bastkörper so über die Nadel zu bewegen, daß er die Öse aufspießen konnte. Da dies keine leichte Aufgabe ist, glaubt man der Anmerkung Forrers auf der Karteikarte: »Mit diesem Spiel unterhalten sich die Leute oft mehrere Stunden hintereinander« (vgl. Thompson 1977, Nr. 268).

Abb. 133
Schale aus schwarzgrünem Stein in Form einer sitzenden menschlichen Gestalt. Mittlerer Fraser River, Britisch-Kolumbien. Höhe: 23 cm. Breite der Schale: 11,5 cm. Sammlung Dieck 1887. Inv.-Nr. IV B 1700.
Die Thompson-Indianer, von denen diese Skulptur erworben wurde, interpretierten die dargestellte Figur als König oder Häuptling (»Eilm«). Sie war zehn Jahre zuvor, also etwa 1877, unter einer umgestürzten Douglastanne »10 Fuß tief in der Erde« gefunden worden, 24 Meilen oberhalb von Yale. Ihr gegenüber befand sich eine zweite Figurenschale aus gleichem Material, die ebenfalls nach Berlin kam, aber im Zweiten Weltkrieg verloren ging. Durchbohrungen am Hinterkopf und in der Nasenscheidewand der menschlichen Figur sowie in dem gekrümmten Vogelschnabel könnten zur Anbringung von Kopf- und Nasenschmuck gedient haben.
Die Datierung solcher Figurenschalen, von denen im Fraser-Gebiet insgesamt nur ein paar Dutzend gefunden wurden, ist schwierig. Stryd (1976: 175f.) ordnet sie einer jüngeren prähistorischen Schnitztradition zu, deren Alter er auf 600–1000 Jahre datiert. Duff (1976: 57ff.) hält ein Alter von 1500 Jahren für möglich und nimmt an, daß es sich um weibliche Darstellungen mit Vulva-Symbolik handelt.

Die zweite größere Sammlung vom Plateau, die in den 1880er Jahren nach Berlin kam, ist nicht nur wegen der Objekte bemerkenswert, sondern auch wegen der gut dokumentierten Entstehungsgeschichte, die interessante Schlaglichter auf die gesellschaftlichen Hintergründe der Sammlungspolitik im deutschen Kaiserreich wirft. Das Studium der alten Erwerbungsakten liefert ja oft mehr Aufschlüsse über Motivation und Mentalität von Sammlern als über die gesammelten Objekte. Anfang des Jahres 1887 nahm der Rittergutsbesitzer Dr. J. Dieck aus der Gegend von Merseburg brieflich Kontakt mit Adolf Bastian auf, um ihn über eine geplante Forschungsexpedition nach Britisch-Kolumbien zu informieren. Dieck, der sich gegenüber Bastian als Besitzer des größten deutschen Arboretums vorstellte (eine wissenschaftliche Baumpflanzung), beabsichtigte, mehrere Sammler auszuschicken, um in den Bergregionen Britisch-Kolumbiens Sämereien von Douglastannen und anderen Baumsorten zu beschaffen. Dabei verfolgte er handfeste wirtschaftliche Interessen: Ebenso wie der preußische Forstminister Lucius arbeitete Dieck daran, aus nordwestamerikanischem Saatgut »ein wirklich acclimatisationsfähiges Pflanzenmaterial« für deutsche Forsten zu züchten (Brief an Adolf Bastian vom 7. 3. 1887, Erwerbungsakte Sammlung Dr. Dieck 1887–88).

Abb. 134
Kleine Schale aus schwarzgrünem Stein in Form einer liegenden Figur (»Tidekam«) mit anthropomorphen Zügen. Mittlerer Fraser River, Britisch-Kolumbien. Länge: 14 cm. Höhe: 5 cm. Sammlung Dieck 1887. Inv.-Nr. IV B 1702.
Charakteristisch für die figürliche Gestaltung dieser Schalen sind die runden, hervorstehenden Augen und die reliefartige Darstellung der Rippen, zum Teil auch der Wirbelsäule wie bei der Figurenschale IV B 1700.

In mehreren Briefen unterbreitet Dieck Bastian seinen Plan, gleichzeitig ethnographische Sammlungen anlegen zu lassen, die er als Ergänzung zu dem von Adrian Jacobsen vorwiegend an der Küste gesammelten Material betrachtet.[2] Er hofft auf finanzielle Unterstützung durch Minister Lucius und bittet Bastian, dem Gesuch durch seine »äußerst gewichtige Stimme« Nachdruck zu verleihen. Diecks Argumentation, mit der er Bastian für das Unternehmen gewinnen will, ist eine kuriose Mischung aus vorgeblicher Selbstlosigkeit im Dienste der Wissenschaft, unverhohlenem kaufmännischen Kalkül und nationalem Pathos. Er hofft, »daß Sie mir Ihre gütige Hilfe nicht versagen werden, zunächst aus Wohlwollen für mein ehrliches Streben, alsdann aber, um sich für Ihr Museum das ethnologische Material zu sichern, welches ich sonst mit blutendem Herzen dem Meistbietenden anbieten müßte und wir dann wieder erleben könnten, daß das Ausland das Werthvollste erhielte« (Brief an Adolf Bastian vom 7. 3. 1887).

Neun Monate später kann Dieck, der die Expedition von Deutschland aus leitet, erste Erfolge an Bastian melden. Der Erwerb seltener archäologischer Steinobjekte wird zusätzlich dadurch »versüßt«, daß man die britische Konkurrenz aus dem Felde geschlagen hat:

»Mein Reisender, Herr Purpus, hat in (Britisch-Kolumbien) allem Anschein nach Aquisitionen von höchstem Maße gemacht. Es gelang ihm nämlich, das Vertrauen und die Freundschaft eines Mannes zu machen, der bei dem weitverzweigten Stamme der Flathead-Indianer die Rolle eines Patriarchen einnimmt. Derselbe hat seine Indianer veranlaßt, an Herrn Purpus Gegenstände herauszugeben, welche sie den Abgesandten englischer Museen bisher noch immer verweigert hatten, trotzdem dieselben schweres Gold für dieselben boten. Es befinden sich nämlich in den Händen dieser Indianer noch eine kleine Anzahl uralter Steinbilder von künstlerischer Arbeit und theilweise höchst kostbarem Materiale. ...« (Brief an Adolf Bastian vom 6. 12. 1887).

Auf Bastians Wunsch schickte Dieck im Februar 1888 dem Berliner Museum die inzwischen eingetroffenen Steinobjekte zur Ansicht zu, nachdem er sie von Friedrich Ratzel und anderen Wissenschaftlern in Leipzig hatte begutachten lassen. Als besonders spektakulär galten eine am mittleren Fraser River erworbene

2 Der unermüdliche Jacobsen hatte von seiner Reise immerhin auch ein paar Körbe der Lillooet und Thompson-Indianer mitgebracht.

Abb. 135
Zeremonialrassel (»Julumuchzel«). Erworben bei den Unteren Thompson. Länge: 30 cm. Sammlung Dieck 1887. Inv.-Nr. IV B 1753.
Der Rasselkörper besteht aus einer zusammengebogenen doppelten Hornschale, in die auf jeder Seite ein rundes Gesicht eingeritzt ist. Stabile Federkiele, die durch Löcher am unteren Rand gezogen sind, verbinden den Rasselkörper mit einem Stiel aus zwei Holzstäben. Die Hölzer und Kiele sind mit schmalen Streifen von Handelstuch und einer Schnur fest umwickelt. Nach Angaben des Sammlers wurde diese Rassel »zum Tanz gebraucht, auch zum Vertreiben oder Rufen von Geistern. Nur Reiche, Bevorzugte, durften sie anrühren. Es wird ihr Wunderkraft zugeschrieben.« Teit erwähnt allerdings, daß die Thompson-Indianer keine in der Hand gehaltenen Rasseln verwendeten (Teit 1900: 384). Möglicherweise wurde dieses Stück von einem Nachbarvolk importiert.

Axt und mehrere Meißel aus Nephrit, einem durchscheinenden grünen Mineral. Da dieses Material für den Bereich Amerikas lange Zeit nur aus Mexiko bekannt war, boten sich die von Jacobsen in Alaska entdeckten Nephrit-Objekte und die Stücke vom Plateau als Stoff für neue Migrationstheorien an.[3] Als Beleg für die »Nephrit-Manie« der damaligen Zeit sei erwähnt, daß der Verkaufswert der von Dieck angepriesenen Axt von den Leipziger Experten mit mindestens 2000 Mark angesetzt wurde (Brief Dieck an Bastian vom 19. 2. 1888). Es dürfte an dem enormen Preis gelegen haben, daß Berlin letztlich auf den Ankauf der Axt verzichtete, auch wenn Dieck im gleichen Brief auf ein kurz zuvor ans *British Museum* gelangtes kleines Nephritbeil aus Britisch-Kolumbien hingewiesen hatte. Für ihn erklärte sich dadurch, »warum es jetzt von englischen Agenten am Fraser wimmelt, die wahrscheinlich beauftragt sind, *mehr Nephrit* zu suchen« (Brief Dieck an Bastian vom 19. 2. 1888, Hervorhebung im Original). Wohin die Axt letztlich verkauft wurde, geht aus der Erwerbungsakte nicht hervor.

Bei seinem ambitionierten Plan, durch die Expedition den Aufstieg in die erlauchten Wissenschaftskreise der Reichshauptstadt zu schaffen, hatte Dieck offenbar an alles gedacht. In mehreren Briefen ersucht er Bastian inständig, sich bei der Akademie der Wissenschaft um finanzielle Unterstützung für sein Vorhaben einzusetzen. Außerdem hofft er, sein Material beim Internationalen Amerikanistenkongreß in Berlin im Herbst 1888 präsentieren zu können. Um auch die Gunst Rudolf Virchows zu erlangen, kündigt er an, »eine Anzahl gesunder wie deformierter Flathead-Schädel für ihn zu sammeln, die vielleicht bereits erworben sein werden« (Brief Dieck an Bastian vom 12. 2. 1888). Während sich Bastian abwartend verhielt, wurde Dr. Dieck letztlich weder in die Akademie aufgenommen noch schickte er irgendwelche »Flathead-Schädel«. Das Berliner Museum erwarb von ihm schließlich in zwei Lieferungen insgesamt 59 alte und zeitgenössische Stücke.

Alle Objekte wurden offenbar in einer einzigen Siedlung etwa 24 Meilen nördlich von Yale am Fraser River erworben.[4] Als Vermittler erwähnt Dieck einen lokalen Anführer, der »über 30–40 Ansiedlungen den gleichen Einfluß besitzt und uns *treu* ergeben ist« (Brief Dieck an Bastian vom 12. 2. 1888, Hervorhebung im Original). Dessen Volk bezeichnet er als »Unterabteilung der Flatheads am mittleren Fraser River, welche sich Kalamuk oder Cholamuch nennen.« Bei den vermeintlichen »Flatheads« handelt es sich zweifellos um eine Gruppe der Thompson-Indianer, die zu den Binnen-Salish gehören. James Teit erwähnt in seiner klassischen Monographie zwar keine »Kalamuk«, schreibt aber, daß die Eigenbezeichnungen der zahlreichen kleinen Lokalgruppen der Unteren Thompson typischerweise aus dem Namen ihres Wohnortes und dem Suffix *-mux* (»Volk« bzw. »Leute«) zusammengesetzt sind (Teit 1900: 171).

Ein besonders wertvoller Teil der Sammlung sind die von Dieck hervorgehobenen alten Steinobjekte. Da sie keiner systematischen Grabung entstammen, müßte zu ihrer genaueren Bestimmung und Datierung vergleichbares Material aus anderen Sammlungen herangezogen werden. Neben einem Hammer und mehreren »Meißeln« aus unterschiedlichem Steinmaterial, darunter Nephrit, finden sich zwei merkwürdige »Steinfiguren, Mokassins vorstellend, *Klüger* genannt«. Typisch für die Region sind die dünnwandigen Tabakspfeifen aus glänzendem schwarzem Stein und eine steinerne »Medizinschale« mit vier Füßen und dem realistisch modellierten Kopf einer Kröte (vgl. Teit 1900, Abb. 153 und 154). Bemerkenswerte und seltene Beispiele für die prähistorische Kunst des Fraser-Thompson-Gebietes sind die beiden aufwendig geschnitzten Figurenschalen aus schwarzem Stein (Abb. 133 und 134).

3 Tatsächlich stammte das grüne Steinmaterial aus lokalen Quellen, siehe Teit (1900: 407 und Anm. 3).
4 Nach einer Liste von Siedlungen der Unteren Thompson aus der Zeit vor 1900 könnte es sich um das Dorf Kalulaa'lex (»small house of owl«), 24 Meilen nördlich von Yale am Ostufer des Fraser River, handeln (Teit 1900: 169).

Abb. 136
Säuglingstrage (»Spatzen«) mit Tragband und Bügel. Untere Thompson. Länge: 57 cm. Sammlung Dieck 1887. Inv.-Nr. IV B 1724.
Boden und Seitenwände dieser Trage bestehen aus dünnen Holzlatten, die in Längsrichtung angeordnet und dicht miteinander verflochten sind. Die Seitenwände sind außen zusätzlich mit gefärbtem Grasstroh oder ähnlichem Material dekoriert. Eine abnehmbare gebogene Holzlatte dient als Kopfschutz. Um die Trage ist eine Kordel aus geflochtenen Schnüren gebunden, die in der Mitte zu einem mit farbiger Wolle dekorierten Trageband erweitert wurden.

Abb. 137
Hölzerner Grabstock mit abnehmbarem Griff aus Horn oder Geweih. Vermutlich Lillooet oder Thompson. Länge des Grabstocks: 60 cm. Slg. Harvey 1903. Inv.-Nr. IV B 6682.
Der Grabstock gehört zu Fred Harveys Sammlung von den nordkalifornischen Hupa, dürfte aber eher von Lillooet oder Thompson-Indianern stammen (vgl. Teit 1906: 223, Teit 1900: 231). Die Frauen dieser beiden Gruppen benutzten solche Grabstöcke zum Ausgraben eßbarer Wurzeln. Der Griff aus dem Horn von Bergschaf oder Bergziege wurde auf das andere Ende gesetzt, wenn die Spitze des Stockes stumpf geworden war.

Vom materiellen Kulturgut der historischen Thompson-Indianer enthält die Sammlung eine Anzahl von Objekten, wie sie zum größten Teil auch in der Monographie von Teit (1900) beschrieben und abgebildet sind: Haushaltsgeräte, Transportbehälter, Schneeschuhe, geflochtene Körbe, Matten und eine große Decke aus Bergschafwolle nebst einfachem Webapparat. Zu den meisten Gegenständen notierte der Sammler die einheimischen Bezeichnungen. Die große Bedeutung des Fischfangs am Fraser River wird durch verschiedene Werkzeuge und Haushaltswaren dokumentiert, vom Lachsnetz und Geräten zur Anfertigung solcher Netze bis zur geflochtenen Matte aus Zedernrinde, die als Unterlage zum Schneiden der Lachse diente, und einer typischen flachen Holzschale zum Servieren der gebratenen Fische (vgl. Teit 1900, Abb. 133 und 155). Die kulturelle Nähe zu den Küstenstämmen kommt auch in der kleinen Auswahl fein geschnitzter Löffel aus Holz und Horn und einem Kanumodell mit Rudern zum Ausdruck.

Die hervorragenden Korbflechtarbeiten der Thompson aus Streifen von Zedernwurzel sind mit wenigen Beispiele vertreten, darunter zwei schön dekorierte, konische Körbe mit »Fuß«, die zum Beerensammeln benutzt wurden, und zwei Kindertragen (siehe auch Disselhoff 1937: 78f.). Eine der beiden Tragen enthält zwei Kissen aus Zedernbast und wird als »Korb zum Flachmachen der Köpfe«

a

b

Abb. 138 a+b (Vorder- und Rückseite)
Geflochtene Tasche. Plateau. Länge: 60 cm. Breite: 44 cm. Slg. Harvey 1905. Inv.-Nr. IV B 8367.
Bei vielen Stämmen des Plateaus sind verzierte Taschen aus einheimischem Hanf und/oder Maishülsen seit langer Zeit das künstlerische Markenzeichen der Frauen (siehe Schlick 1994: 133–172). Ursprünglich dienten sie zum Aufbewahren von eßbaren Wurzeln und anderen Sammelprodukten, später auch als Satteltaschen. Die Ornamente wurden durch *false embroidery* (»falsche Stickerei«) appliziert. Bei dieser Technik wird in das Grundgeflecht ein Zierstreifen eingeflochten, der nur auf der Außenseite zu sehen ist.
Die abgebildete Tasche entspricht dem traditionellen Typ, bei dem oben und unten ein Streifen Hanfgeflecht undekoriert bleibt; der in den Rand eingezogene Lederstreifen dient zum Verschließen der Tasche. Die geometrischen Muster bestehen aus hellen und dunklen Maishülsen mit Umrandungen aus roter und blauer Handelswolle.
Typisch für die Plateau-Taschen ist, daß die Rückseite eine andere, meist schlichtere Musterung aufweist als die Vorderseite.

bezeichnet (Inv.-Nr. IV B 1725). Die entsprechende Methode wird in der Objektliste ausführlich beschrieben, mit dem Schlußsatz: »Vorstehender Korb ist noch zum Flachmachen benutzt worden, jetzt jedoch wird diese Mode nicht mehr geübt.« Teit schreibt in seiner Monographie, daß die Thompson-Indianer und andere Stämme des Binnenlandes die künstliche Kopfdeformation generell ablehnten, mit einer Ausnahme: »A few of the Lower Thompsons, who had married women from the coast, permitted them to deform the heads of their children« (Teit 1900: 308).

Die Erwerbungen von Forrer und Dieck, mit ihrer Vielfalt an Objekten und Materialien einzelner indianischer Gruppen, blieben innerhalb der Berliner Plateau-Sammlung ohne Nachfolge. Bei den Objekten vom Plateau, die Anfang des 20. Jahrhunderts mit den Sammlungen Harvey (1905) und Wilcomb (1914) ans Berliner Museum gelangten, handelt es sich größtenteils um Körbe. Von Wilcomb stammen einige Körbe der Klamath, die den älteren Bestand aus der Sammlung Forrer erweitern. Die von George Dorsey zusammengestellte Korbsammlung von *Harvey's Indian Department* (siehe das Kapitel über Kalifornien) enthält mehr als 60 qualitätvolle Flechtarbeiten von den Thompson, Lillooet, Klikitat, Wasco, Klamath und weiteren Plateau-Gruppen. Dazu gehört auch ein Dutzend flacher Taschen mit bunten Ornamenten, die wegen der Verwendung von (gefärbten) Maishülsen als Flechtmaterial häufig »Cornhusk Bags« genannt werden (Abb. 138 und 139). Die alternative Bezeichnung »Nez Perce Bags« ist irreführend, da solche Taschen nicht nur von den Nez Percé, sondern auch von anderen Stämmen des (südlichen) Plateaus hergestellt wurden (Ackerman 1996: 44).

Abb. 139
Geflochtene Tasche (Vorderseite). Plateau. Länge: 39 cm. Breite: 30 cm. Slg. Harvey 1905. Inv.-Nr. IV B 8373.
Als Mitte des 19. Jahrhunderts durch Einflüsse der Weißen die Sammelwirtschaft an Bedeutung verlor, begannen die Plateau-Frauen kleinere Taschen zu flechten, die sie als Handtasche benutzten. Der Trend zu kleinen Formaten mit elaborierten farbigen Designs, floralen und figürlichen Motiven wurde noch verstärkt, als sich gegen Ende des Jahrhunderts weiße Sammler und Touristen für »authentische indianische Handarbeiten« zu interessieren begannen. Bei dem abgebildeten Stück bestehen die farbigen Flächen zum größten Teil aus kommerzieller Wolle.

Abb. 140
Kriegskeule. Ute. Länge (ohne Pferdeschwanz): 54 cm. Sammlung Wolf 1888. Inv.-Nr. IV B 1768.
Solche Keulen, mit einem in Leder eingenähten steinernen Kopf und angesetztem Pferdeschweif, waren typisch für die Reiternomaden des Westens. Nach Angaben des Sammlers gehörte dieser »Häuptlingsstab mit Knute und Wedel« zu den Gegenständen aus dem Besitz des Ute-Anführers Colorow, die bei dem Gefecht am White River in Colorado am 25. August 1887 in die Hände der Weißen fielen.

Abb. 141
Pfeifenbeutel mit Perlenstickerei im südlichen Plains-Stil. Länge mit Fransen: ca. 85 cm. Sammlung Beuthner 1872. Inv.-Nr. IV B 6611.
Nach Angaben von Beuthner wurde dieser Pfeifenbeutel bei den Ute erworben, die ihn wiederum von den Arapaho der Plains erbeutet hatten. Dies macht ihn zu einem Dokument der kriegerischen Beziehungen zwischen beiden Gruppen im Übergangsbereich von Großem Becken und Plains. Der Ute-Häuptling Colorow wurde dafür gerühmt, zahlreiche Siege über die Arapaho und andere feindliche Nachbarn errungen zu haben (Dockstader 1977: 56).

Die Sammlungen aus dem Großen Becken

Umfangreiche Sammlungen aus dem Großen Becken sind im Berliner Museum nicht vorhanden. Bei den wenigen älteren Stücken handelt es sich vor allem um Ausrüstungsgegenstände von Reiterkriegern der Ute aus der zweiten Hälfte des 19. Jahrhunderts. Wegen des starken Plains-Einflusses wurden sie in der Sammlung dem Bereich der Prärien und Plains zugeordnet. Das vielleicht älteste Stück aus der Region ist ein Köcher aus einem vollständigen Fischotterfell mit dazugehörigen Pfeilen. Er stammt von den Shoshone der Rocky Mountains und wurde von Herzog Paul von Württemberg gesammelt (siehe Krickeberg 1954: 190 und Tafel 41 c und d).

Im Jahr 1873 verkaufte ein Herr H. Lüders dem Museum für Völkerkunde den aus 17 Teilen bestehenden »vollständigen Anzug eines Utah Indianers« aus Colorado, den er vermutlich auf einer Reise erworben hatte (Erwerbungsakte Amerika Vol. 3, 1995/73). Neben Rock, Leggings, Mokassins, Federhaube und Rückenschleppe enthält die Sammlung eine Reihe von Ausrüstungsgegenständen und Zierat: einen Bogen und Pfeile in einem doppelten Köcher mit angenähter lederner Pulverflasche, zwei »Zopfhalter« aus mit Perlschnüren umwickelten Lederzylindern, einen Halsschmuck aus Dentaliumröhren und Glasperlen, einen Handspiegel aus Holz, ein Amulett aus einem Stück Schädelknochen und anderes mehr. Die meisten Stücke dieser Ute-Ausrüstung gehörten zum Beutegut der Sowjetarmee und kehrten in sehr schlechtem Zustand 1991 nach Berlin zurück; einige bleiben vermißt.

Die zweite nennenswerte Sammlung von den Ute gelangte 1888 als Geschenk des Reisenden Eugène Armin Wolf ans Museum. Wolf war durch Mexiko und nach Kuba gereist, hatte im Chinesenviertel von San Francisco Opiumpfeifen erworben (und möglicherweise geraucht), in den Rocky Mountains Bären und Wildkatzen erlegt und indianische Gegenstände erworben. Anfang 1888 präsentierte er über 100 mitgebrachte Objekte und Fotos in Köln in einer Ausstellung, deren Erlös den Opfern eines Rheinhochwassers zugute kam. Kurz darauf zog er nach Berlin um und schenkte den größten Teil seiner Sammlung dem Museum für Völkerkunde. Der gedruckten Objektliste nach handelt es sich bei den indianischen Objekten um »Indianer-Kostüme aus den Gefechten mit den Ute-Indianern am White River 25. August 1887« sowie um »Costüme und Fabrikate der Ute, Uncompagreeh und Navahoe-Indianer« (Erwerbungsakte Amerika Vol. 11, 976/88).

Das Gefecht, bei dem ein Teil der Objekte angeblich erbeutet wurde, ist historisch verbürgt. Colorow, Häuptling der White River Band der Nördlichen Ute, gehörte zu jenen unbeugsamen Anführern und Kämpfern, die sich mit der Abschiebung ihrer Völker in Reservationen nicht abfinden wollten (siehe Dockstader 1977: 55ff.). Im Sommer 1887 führte er eine Gruppe seiner Leute auf einen Jagdzug ins alte Stammesgebiet im Nordwesten von Colorado. Ende August kam es dort zu Gefechten mit einer Truppe von weißen Jagdhütern und Siedlern, die Colorow und seine Leute am Jagen hindern und nach Utah zurücktreiben wollten (Rockwell 1956: 182ff.; Pettit 1990: 135). Ob der Abenteurer Wolf an dem Kampf teilgenommen hat, geht aus den Akten nicht hervor; jedenfalls behauptet er, daß die meisten Stücke seiner Sammlung bei diesem Gefecht erbeutet wurden. Mehrere Objekten werden Colorow bzw. seinem Bruder Ben direkt zugeschrieben: eine reich mit Perlen bestickte Weste, eine »Friedenspfeife« aus Catlinit mit dazugehörigem Pfeifenbeutel, ein Steigbügel, eine mit Leder überzogene Kriegskeule (Abb. 140), das lederne Futteral für Colorows Winchester

Abb. 142
Korbgefäß mit enger Öffnung und »Klapperschlangen-Design«. Südliche Paiute. Höhe: 14 cm. Slg. Wilcomb 1914. Inv.-Nr. IV B 12065.

und anderes mehr.[5] Drei Kleidungsstücke der Sammlung stammen nach Wolfs Angaben von Chipeta, der Frau des Ute-Häuptlings Ouray (siehe Pettit 1990: 162): ein vollständig mit Perlen besticktes poncho-artiges »Festgewand« und ein paar Mokkasins. Zu den Stücken von weniger prominenter Herkunft gehören ein schön bemaltes Hirschfell und ein Wiegenbrett im typischen Ute-Stil, mit einem Sonnenschutz aus Weidengeflecht (vgl. Pettit 1990: 68ff.).

Die anderen Gruppen des Großen Beckens, darunter die Shoshone, sind in der Berliner Sammlung nur mit wenigen Einzelstücken vertreten. Von den Paiute gibt es immerhin ein Dutzend schöner Körbe, die zu den Sammlungen Keam, Seler/Wetherill, Harvey und Wilcomb gehören (Abb. 142). Ein weiteres Paiute-Körbchen stammt von Balduin Möllhausen und wurde auf besonders abenteuerliche Weise gesammelt. In seinen »Reliquien« erzählt er von »einer aus Weiden geflochtenen und mit Harz angefüllten kleinen Büchse, welche ich bei der Verfolgung einer wilden Pay-Ute-Bande, deren Grausamkeit einer unserer Packknechte zum Opfer gefallen war, in der kalifornischen Wüste erbeutete« (Möllhausen 1999, 1: 181).

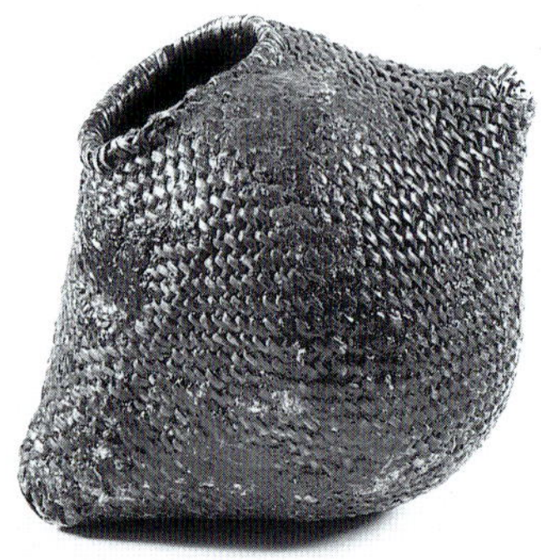

Abb. 143
Körbchen für Pfeilharz. Südliche Paiute. Um 1850. Höhe: 12 cm. Slg. Möllhausen 1904. Inv.-Nr. IV B 7192.

Der Stellenwert der Sammlungen vom Plateau und Großen Becken

Mit mindestens 400 Objekten besitzt das Museum für Völkerkunde unter den Museen Westeuropas offenbar die größte Sammlung vom Plateau (vgl. Boden und Gockel 1995: 51). Den ethnologisch bedeutendsten Teil davon bilden die beiden alten, relativ systematisch vor Ort erworbenen Sammlungen Forrer und Dieck. Die von Eugène Wolf gesammelten Ethnographica von den Ute sind auch unter historischen Gesichtspunkten interessant, obwohl die Authentizität der »Colorow-Stücke« noch zu beweisen wäre. Trotz dieses Potentials sind die

5 Mehrere Ausrüstungsgegenstände, die Colorow zugeschrieben werden, befinden sich auch an amerikanischen Museen, siehe Callaway et al. 1986, Abb. 16.

Bestände vom Plateau und aus dem Großen Becken innerhalb der Berliner Nordamerika-Sammlungen bis heute zweifellos am stärksten vernachlässigt worden. Dies entspricht dem geringen Interesse an diesen beiden Kulturarealen in der ethnologischen Forschung.

Eine klare Trennung der Klamath-Sammlung von Forrer und der Thompson-Objekte von Dieck, die bisher gemeinsam aufbewahrt werden, wäre im Interesse zukünftiger Forschungen wünschenswert. Unterschiedliche ethnologische Definitionen und Abgrenzungen der Kulturareale Plateau und Großes Becken erklären, warum sich Körbe vom Plateau und von den Paiute im Bereich der Nordwestküste und des Südwestens finden. Sie sollten ebenso zusammengelegt werden wie die kleinen Sammlungen und Einzelstücke von den Ute und Shoshone, die bisher dem Plains-Bereich zugeordnet sind. Schließlich sei erwähnt, daß die von Fred Harvey angekaufte große Sammlung von den Crow (siehe das Kapitel »Prärien und Plains«) möglicherweise eine Reihe von Objekten enthält, die von den Nez Percé und anderen Plateau-Gruppen stammen. Moderne Stücke fehlen in diesem Teil der Berliner Sammlung leider völlig.

CHEAP
BOSTON

Nordwestküste

Abb. 144
Das Kwakiutl-Dorf »Nooette« (Newitti) auf Hope Island im Jahre 1881. Foto von Edward Dossetter. American Museum of Natural History, New York.
Im Oktober 1881 traf Adrian Jacobsen in Fort Rupert auf Vancouver Island ein und begann mit Hilfe von George Hunt seine Sammeltätigkeit für das Berliner Museum. In seinem Reisebericht schreibt er darüber: »Unser erster Ausflug mit der Schaluppe war nach dem Indianerdorfe Nooette auf Hope Island, einer kleinen Insel nördlich von Vancouver, gerichtet. Hier blüht noch das alte Indianerthum in fast völliger Unberührtheit, weshalb die Leute auch nicht geneigt waren, mir ihre Tanzmasken, Rasseln etc. zu verkaufen. Nur der grossen Ueberredungskunst meines Dolmetschers Georg Hundt [George Hunt], welcher bei allen Indianern weit herum sehr angesehen ist, gelang es, den Häuptling zu veranlassen, mir gegen gute Bezahlung eine Anzahl vortrefflicher ethnologischer Gegenstände zu verkaufen« (Jacobsen 1884: 51–52).

Die von tiefen Fjorden zerschnittene Küstenlandschaft der Nordwestküste umfaßt den gesamten südlichen Teil Alaskas und erstreckt sich über Britisch Kolumbien bis zur Nordgrenze Kaliforniens. Das steil abfallende Küstengebirge mit seinen undurchdringlichen Wäldern drängte die Menschen in die schmalen Küstenstreifen am Pazifischen Ozean. Dabei wurden nicht nur die Ufer der weit ins Land reichenden Meeresarme als Siedlungsplätze genutzt, sondern auch die vielen kleinen und großen Inseln, die der Küste vorgelagert sind.

Die Küstenregion bot den Menschen einen ungeheuren Reichtum an Nahrung und Rohstoffen. Die Grundlage der Ernährung bildete der Lachs, dessen Fleisch getrocknet und geräuchert als Wintervorrat diente. Dieses Nahrungsangebot wurde durch andere Fluß- und Meeresfische ergänzt. Die Ernährung war damit für das ganze Jahr gesichert, und dies ermöglichte eine Siedlungsweise in festen Dörfern, die aus großen stabilen Häusern aus Zedernholz bestanden. Die sogenannte Rotzeder (Thuja plicata) aus der Familie der Zypressen lieferte das Material für den größten Teil der Kulturgüter, die an der Nordwestküste hergestellt wurden.

Der von der Natur gebotene Reichtum ermöglichte die Bildung einer Gesellschaftsform, wie man sie sonst nur von bäuerlichen Kulturen kennt. An der Spitze der Hierarchie standen die mit erblichen Privilegien ausgestatteten Dorfhäuptlinge, gefolgt von ihren engeren Verwandten und dem gewöhnlichen Volk. Die unterste Schicht bildeten die Sklaven, die meist Kriegsgefangene waren. Durch Reichtum oder besondere Verdienste konnte man in die nächsthöhere Klasse aufsteigen.

Ein charakteristisches Kulturelement der Nordwestküste ist der Potlatch, ein Sammelbegriff für verschiedene Formen von Verdienst- oder Gedenkfesten, bei denen Geschenke verteilt werden. Solche Feste konnten bei der Einsetzung eines neuen Häuptlings, bei einer Hochzeit, beim Tod einer hochrangigen Person, bei der Errichtung eines Wappenpfahls und vielen anderen Anlässen stattfinden. Neben Gütern des täglichen Gebrauchs wurden dabei auch besondere Prestigeobjekte verschenkt. Dazu gehörten beispielsweise bemalte Kupferplatten (»Coppers«), die nach jedem Besitzwechsel in ihrem Wert stiegen. Geschnitzte und bemalte Löffel, Schalen, Kisten und viele andere künstlerisch gestaltete Objekte wurden speziell für Potlatch-Feste hergestellt. Bei diesen Feiern wurden mythische Geschichten und Klanlegenden in Form von Maskentänzen aufgeführt. Die Masken stellten mythische Ahnen dar, böse Geister aus den Wäldern, Narren oder Tiere. Die Tiermasken repräsentierten entweder das Wappentier einer Familie oder ein Wesen aus der Mythologie. Dabei kam es vor, daß Tiere sich in Menschen verwandelten, was durch aufwendig gestaltete Klappmasken geschah.

Der Winter, der als »heilige Zeit« galt, wurde von den Geheimbünden dominiert. Die Feiern zur Initiation neuer Mitglieder waren faszinierende Schauspiele, bei denen man allerhand theatralische Tricks verwendete. Einer der bedeutendsten Geheimbünde war der Hamatsa- oder Kannibalenbund der Kwakiutl. Ihm gehörten alle hochrangigen Häuptlinge und Schamanen an. Die Mitglieder hatten angeblich das Privileg, Menschenfleisch zu essen. Dies äußerte sich in einem besonders wilden, »kannibalischen« Verhalten der neuen Mitglieder, die einige Wochen im Wald leben mußten und danach in einer besonderen Zeremonie »gezähmt« wurden. Bei den Tänzen des Hamatsa-Bundes traten große Masken von Vogelmonstern auf, von denen es hieß, daß sie mit ihren langen starken Schnäbeln die Schädel ihrer Opfer aufbrechen und das Gehirn ausschlürfen.

Die Kunst der Nordwestküste hat ganz eigene Stilformen hervorgebracht, die mit keiner anderen Region Nordamerikas vergleichbar sind. Allein die Größe der Häuser mit ihren bemalten Fassaden ist beindruckend. Die davor aufgestellten acht bis zwölf Meter hohen Wappenpfähle verstärken noch den Eindruck von Monumentalität. Diese Pfähle sind die weithin sichtbaren Zeichen von Reichtum und Prestige. Sie unterliegen keiner religiösen Verehrung, wie die falsche Bezeichnung »Totempfahl« glauben läßt, sondern kennzeichnen die Ahnenreihe einer Familie und deren soziale Position. Solche Pfähle waren Auftragsarbeiten an professionelle Künstler, die sich für ihre Arbeit gut bezahlen ließen. Ähnliches gilt für andere Schnitzwerke wie Boote, Kisten oder Masken, die oftmals einen individuellen Stil aufweisen, so daß man sie bekannten Meisterschnitzern des späten 19. Jahrhunderts zuordnen kann. Die ethnologische Kunstforschung hat in diesem Bereich bereits einige Fortschritte gemacht.

Die ersten europäischen Seefahrer, die an der Nordwestküste landeten, entdeckten sehr schnell den natürlichen Reichtum des Landes, der sich in klingende Münze verwandeln ließ. Die Felle von Seeottern ließen sich in China und Europa mit großem Gewinn verkaufen, so daß zu Beginn des 19. Jahrhunderts bereits die ersten Handelsstationen eingerichtet wurden. Die Russen operierten im nördlichen Teil der Küste, während die britische Hudson's Bay Company den Handel im südlichen Teil beherrschte. Wie überall in Nordamerika waren Metallwaren, Stoffe, Wolldecken und Glasperlen besonders begehrt. Die Indianer lernten sehr schnell, sich Schnitzwerkzeuge aus Eisen selbst herzustellen, wodurch im 19. Jahrhundert die Schnitzkunst ihre größte Blüte erlebte. Davon profitierten auch die großen amerikanischen Museen, beispielsweise die in New York und Washington, die ab 1875 Sammelexpeditionen an die Nordwestküste schickten und so in der Lage waren, die »traditionelle« Kunst und Kultur dieser Region in großem Umfang zu dokumentieren. Auch das Berliner Museum folgte 1881 diesem Trend, so daß der Sammler Adrian Jacobsen eine der umfassendsten und schönsten Sammlungen Europas zusammentragen konnte, bevor diese Kulturen für immer verschwinden würden, wie Bastian glaubte.

Mit der Gründung Kanadas 1867 kamen auch die Indianer der Nordwestküste unter staatliche Oberherrschaft. In Verträgen und Erlassen wurde ihnen immer mehr von ihrem Land weggenommen, bis nur noch kleine und kleinste Reservate (in Kanada »Reserves« genannt) übrig blieben. Eine der symbolträchtigsten Maßnahmen zur »Zivilisierung« der Indianer war das 1884 erlassene Verbot des Potlatch. Zu seiner Durchsetzung wurden noch 1921 über zwanzig Kwakiutl von hohem Rang zu Gefängnisstrafen verurteilt. Sie kamen erst wieder frei, als sie ihre rituellen Objekte, vor allem Masken, den Behörden übergaben.

Der kommerzielle Fischfang und die zunehmende Integration in die kanadische Gesellschaft veränderten die traditionellen Strukturen erheblich. Durch Arbeitslosigkeit waren immer mehr Indianer auf staatliche Unterstützung angewiesen. Viele siedelten deshalb in Großstädte über.

Das Potlatch-Verbot wurde 1951 aufgehoben. Dies war ein erster Anstoß für die seit Beginn der 70er Jahre einsetzende kulturelle Rückbesinnung. Die Wiederbelebung der alten Holzschnitz-Techniken und die Übernahme des Siebdrucks führten zum Aufblühen der Nordwestküsten-Kunst. Masken wurden nicht nur für Potlatch-Feste geschnitzt. Sie fanden nun einen immer größeren Kunst- und Sammlermarkt.

Einige der alten, vom Verfall bedrohten Wappenpfähle wurden als historische Monumente in Museen konserviert. Indianische Künstler erhielten den Auftrag, als Ausgleich neue zu schaffen. Viele dieser sogenannten »Totempfähle« stehen heute in kanadischen Städten in Parks und auf öffentlichen Plätzen. Sie sind ein weithin sichtbares Zeichen dafür, daß die Kulturen der Nordwestküste nicht untergegangen sind, sondern in der modernen kanadischen Gesellschaft ihren (wenn auch marginalen) Platz gefunden haben.

Die ältesten Sammlungen

Mit den Entdeckungsreisen von James Cook (1728–1779) gelangte eine größere Anzahl von Objekten nach Europa, die er und seine Mannschaft unterwegs erworben hatten. Die meisten davon kamen aus der Südsee, doch befanden sich darunter auch Stücke von seiner dritter Reise, die ihn auf der Suche nach einer Verbindung zwischen Nordpazifik und Atlantik (der legendären Nordwestpassage) 1778 an die Westküste Nordamerikas geführt hatte. Da die Schiffe wegen Reparaturarbeiten vor Anker gehen mußten, suchte Cook eine Bucht an der Westküste von Vancouver Island auf, der er den Namen *Nootka Sound* verlieh. Die Schiffe lagen dort von Ende März bis Ende April 1778, und in dieser Zeit hatte die Besatzung reichlich Gelegenheit, die Dörfer der Nootka zu besuchen und Tauschhandel zu treiben. Bei den Indianern waren eiserne Nägel und andere Metallobjekte besonders begehrt. Dafür tauschten sie Kleidung, Geräte aus Holz oder Knochen und Ritualobjekte wie Rasseln und Masken (Feest 1998).

Diese in Europa noch nie gesehenen »Merkwürdigkeiten« gelangten in die Hände verschiedener Gelehrter oder wurden verschenkt, getauscht und verkauft. Im Jahre 1819 konnte Heinrich Lichtenstein, Direktor des Berliner Museums für Zoologie, bei der Auktion des Museums von William Bullock in London einen Teil der Sammlung von James Cook für die Berliner Kunstkammer erwerben (Koch 1973a: 141). Darunter befanden sich auch einige Stücke vom Nootka Sound, von denen zwei Masken unter dem Sammlernamen Cook im Inventarverzeichnis der Nordamerika-Sammlung eingetragen wurden (Abb. 145 u. 146). Ein drittes, als »Hausgötze« bezeichnetes Stück (Abb. 147) war lediglich als »Nootka Sound«

Abb. 145
Wolfsmaske. Nootka Sound. Länge: 26 cm. Slg. James Cook 1778, erworben 1819. Inv.-Nr. IV B 27.
Der ursprüngliche Eintrag ins Inventarbuch lautet: »Maske von Holz, Schwein- oder Wolfskopf mit Menschenhaar. Nutka Sund. Cook«. Bei dieser recht kleinen Maske handelt es sich um einen Stirnaufsatz, ganz ähnlich wie derjenige der Sammlung Cook im *British Museum*, bei dem die Bänder zum Befestigen noch vorhanden sind (King 1981, Nr. 90). Die spitzen Zähne und die Form der Schnauze lassen keinen Zweifel daran, daß es sich um die Darstellung eines Wolfs handelt.

Abb. 146
Wolfsmaske. Nootka Sound. Länge: 34,5 cm. Slg. James Cook 1778, erworben 1819. Inv.-Nr. IV B 178.
Der ursprüngliche Eintrag ins Inventarbuch Lautet: »Maske eines Haifischkopfes. Nootka Sund. Cook«. Die dargestellte Tierart läßt sich bei diesem Stirnaufsatz ebenfalls als Wolf deuten, doch sind Schnauze und Zähne sehr viel weniger realistisch gestaltet als bei der Maske oben. Wolfsmasken treten bei den Winterzeremonien in einem eigenen Wolfstanz auf.

Abb. 147
Hauspfosten-Modell. Nootka Sound. Höhe: 22 cm. Ohne Angabe eines Sammlernamens. Inv.-Nr. IV B 265.
Der ursprüngliche Eintrag ins Inventarbuch lautet: »Bild eines Hausgötzen, maskenartig. Nootka Sund«. Die Annahme, daß es sich bei dieser kleinen Skulptur um ein Hauspfosten-Modell handelt, beruht auf ihrer Ähnlichkeit mit den Hauspfosten im Inneren eines Nootka-Hauses, wie sie auf einem Stich in dem Bericht zu Cooks dritter Reise zu sehen sind. Dies und die Herkunftsangabe »Nootka Sound« machen eine Zuordnung zur Sammlung Cook sehr wahrscheinlich.

Abb. 148
Inneres eines Hauses im Nootka Sound. Stich nach einer Zeichnung John Webbers im Atlas zu Cooks Reisen, 1785. Im Hintergrund sieht man zwei Hauspfosten mit menschlichen Zügen und einer runden Mundöffnung, von denen der rechte dem Berliner Hauspfosten-Modell sehr ähnlich ist.

verzeichnet, ohne einen Sammlernamen. Fünf weitere Stücke (Hut IV A 7562, Keule IV A 8965, Zedernbast-Umhang IV A 8966, Bootsmodelle IV A 9482 u. 9483) wurden in der Südsee-Sammlung registriert und erst in den Jahren 1900, 1927 und 1983 als Objekte von der Nordwestküste erkannt und an die Amerika-Abteilung übergeben. Ähnlich erging es den Stücken, die 1824 aus dem Nachlaß von Johann Reinhold Forster (1729–1798) in Halle erworben wurden. Nur die Rassel in Gestalt eines Vogels (Abb. 15) wurde als Nordamerika-Stück registriert, ein Angelhaken (IV A 6971, Kriegsverlust) und ein Bastklopfer (IV A 8185) kamen 1890 und 1910 aus der Südsee-Abteilung hinzu.

Diese wenigen Stücke, die sich mit einiger Sicherheit auf die dritte Reise James Cooks zurückführen lassen, bilden die früheste dokumentarisch belegbare Berliner Nordamerika-Sammlung und nehmen daher in der Sammlungsgeschichte einen besonderen Rang ein. Darüber hinaus sind sie unwiderbringliche Zeugnisse einer von Europäern noch unbeeinflußten Kultur, die sich durch den bald darauf an der Nordwestküste einsetzenden Pelzhandel stark veränderte.

Die im Jahre 1772 gegründete Königlich Preußische Seehandlung schickte ab 1822 Handelsschiffe rund um die Welt. Primäres Ziel war es, am gewinnbringenden Überseehandel teilzuhaben, daneben galt es aber auch, als Repräsentant preußischer Macht aufzutreten und politische Kontakte zu knüpfen. Das erste eigene Schiff der Seehandlung war die *Mentor*, die von Dezember 1822 bis September 1824 um die Welt segelte. Die Reise verlief von Bremen aus um Südamerika herum nach Hawaii, von dort nach Kanton in China und um Afrika herum zurück in den Ostseehafen Swinemünde. Nordamerika wurde dabei nicht berührt (Burmester 1988: 21–25). Um so erstaunlicher ist es, daß sich unter den »Seltenheiten und Curiositäten«, die die *Mentor* von der Reise mitbrachte, drei Bootsmodelle befinden, die angeblich vom Nootka Sound stammen (Abb. 149). Dies läßt zwei Schlüsse zu: Einmal, daß es an der Nordwestküste bereits im frühen 19. Jahrhundert eine Produktion von Souvenirartikeln für Seefahrer gab, die im Netzwerk des internationalen Handels vertreten waren, so daß man sie

Abb. 149
Kanu-Modell, angeblich Nootka Sound. Länge: 48 cm. Slg. *Mentor* 1824. Inv.-Nr. IV B 269. Dieses sehr sorgfältig bemalte Modell repräsentiert einen »Head Canoe« genannten Bootstyp, der seit dem frühen 19. Jahrhundert an der Nordwestküste nicht mehr gebaut wird. Er ist daher nur in Form solcher Modelle überliefert, die allerdings falsch proportioniert sind: Im Verhältnis zu Höhe und Breite eines solchen Bootes müßte dieses Modell etwa doppelt so lang sein.

beispielsweise auch in Honolulu erwerben konnte. Zum zweiten, daß »Nootka Sound« damals offenbar als Synonym für »Nordwestküste« galt, denn es ist kaum vorstellbar, daß die so bezeichneten Stücke tatsächlich alle von dort stammen.

Das zweite Schiff der Preußischen Seehandlung, die *Princess Louise* (Abb. 16), unternahm insgesamt sechs Weltumsegelungen, alle westwärts via Südamerika, nach Hawaii und über den Pazifik nach China. Die erste dieser Reisen fand von 1825 bis 1829 statt, die zweite von 1830 bis 1832, die dritte von 1832 bis 1834 (Burmester 1988: 40–41). Von diesen drei Reisen kommen die Objekte aus Nordamerika, die in den Inventarbüchern unter verschiedenen Daten eingetragen sind. Auch hier bleibt unklar, wo diese Stücke erworben wurden. In einem Verzeichnis des Seehandlungsagenten Wilhelm O'Swald, in dem die Objekte nach Herkunftsgebiet aufgelistet sind, erscheint auch die Kategorie: »Russisch-Amerikanische Settlements & Nord West Coast« (Müller 1993: 26), welche die *Princess Louise* jedoch nicht im entferntesten berührte. Die elf Objekte, die mit dem Datum 1829 versehen sind, tragen entweder Kodiak-Insel oder Aleuten als Herkunftsbezeichnung. Von den 20 Objekten mit dem Datum 1834 kommt wiederum ein Teil aus der Arktis, doch diesmal sind auch ein Bootsmodell und drei Paddel dabei, die eindeutig von der Nordwestküste stammen (Abb. 150a u. b).

Auch in der Sammlung Deppe von 1837 befinden sich einige Stücke, die nicht aus Kalifornien, sondern von der Nordwestküste herkommen. Dazu gehören zwei bemalte Paddel (Abb. 150c) und eine farbig bemalte Holzmaske (Abb 151). Die Maske ist wahrscheinlich eine Arbeit der Haida und repräsentiert einen sehr frühen Stil von Gesichtsmasken mit einem Lippenpflock in der Unterlippe. Nach Macnair (1998: 63–67) handelt es sich um eine Darstellung von *Djilakons*, einer Ahnfrau des Adlerklans der Haida. Vermutlich stammt dieser Maskentyp von einem unbekannten Meisterschnitzer der Kaigani-Haida, der sie für einen gerade im Entstehen begriffenen kommerziellen Markt angefertigt hat.

Diese wenigen frühen Stücke von der Nordwestküste waren eigentlich noch keine Sammlung, da sie lediglich als Nebenprodukte anderer Sammlungen nach Berlin gelangt waren. Sie regten auch nicht dazu an, gezielt in dieser Richtung weiter zu sammeln, so daß fast ein halbes Jahrhundert verging, bevor in Berlin das Interesse geweckt wurde, weiteres Material dieser Region zu erwerben.

Abb. 150
Paddel unterschiedlicher Herkunft, die eine Vielfalt in Form und Bemalung erkennen lassen.

Angaben v. l. n. r.:

a) »Nordwestküste«. Länge: 141 cm. Slg. *Princess Louise* 1834. Inv.-Nr. IV B 45.

b) »Nordwestküste«. Länge: 151 cm. Slg. *Princess Louise* 1834. Inv.-Nr. IV B 44.

c) »Neu Californien«. Länge: 155 cm. Slg. Deppe 1837. Inv.-Nr. IV B 41.

d) Bella Bella (Heiltsuk). Länge: 177 cm. Slg. Jacobsen 1881. Inv.-Nr. IV A 2479. Zum Kanu IV A 2478 gehörig.

Abb. 151
Gesichtsmaske mit Lippenpflock. »Neu Californien«. Höhe: 21,5 cm. Slg. Deppe 1837. Inv.-Nr. IV B 34.
Masken dieser Art wurden bisher als »Portraits« weiblicher Häuptlinge angesehen, da solche Lippenpflöcke hochrangigen Frauen vorbehalten waren. Es handelt sich jedoch nicht um individuelle Portraits, sondern um Variationen in der Darstellung einer mythischen Ahnfrau des Adlerklans der Haida, die *Djilakons* genannt wird. Die Mythe besagt, daß die auf den Inseln der Haida lebenden Adler aus ihrem Leib hervorgekommen sind. Da inzwischen mehrere Masken dieses Typs aus der Zeit um 1830 bekannt sind, vermutet man, daß ein Haida-Schnitzer sie für den Verkauf hergestellt hat.

Die Sammlungen nach 1880

Als Adolf Bastian im Jahre 1880 von einer Reise nach Polynesien zurückkehrte, hatte er einen Aufenthalt in Portland, Oregon. Am Columbia River sah er, wie sich die europäische Zivilisation immer weiter ausbreitete und die Kulturen der Indianer zu zerstören drohte. Zurück in Berlin schrieb er an amerikanische Kollegen und informierte sich über die Möglichkeiten, eine Sammlung mit Material von der Nordwestküste anzulegen (Cole 1985: 58).

Mit Hilfe des »Ethnologischen Hilfscomités« und dem Norweger Johan Adrian Jacobsen gelang es ihm, diesen Plan in die Tat umzusetzen. Jacobsen brach im Juli 1881 an die Westküste Nordamerikas auf und befand sich bereits im September auf Vancouver Island, wo er bei den Kwakiutl in Alert Bay seine ersten Objekte für Berlin erwerben konnte.

Noch während sich Jacobsen an der Nordwestküste aufhielt, erreichte ein an den Generaldirektor der Königlichen Museen gerichteter Brief Bastian. Er kam von Paul Schulze, dem Präsidenten der *North West Trading Company* mit Sitz in Port-

Abb. 152
Tintenfischmaske. Chilkat-Tlingit. Höhe: 24 cm. Slg. Schulze 1881. Inv.-Nr. IV A 352.
Leider hat Paul Schulze keine detaillierten Angaben zu seinen Stücken gemacht. Daher kann man nur vermuten, daß diese Maske mit den Saugnäpfen auf den Wangen die Transformation eines Menschen in einen Tintenfisch symbolisiert. Die »Krone« setzt sich aus einem Kranz von kleinen Figuren zusammen, die bei den Tlingit meist in den Ohren einer Maske sitzen und manchmal als »Hilfsgeister« bezeichnet werden. Die beiden Zahnreihen des Mundes bestehen aus Opercula, den harten Verschlußdeckeln einer Meeresschnecke.

land, Oregon, und enthielt die Nachricht, daß dieser dem Museum in Berlin eine Sammlung von Gegenständen schenken wolle, die er selbst größtenteils in Alaska gesammelt habe. Er verstehe dieses Geschenk als ein Zeichen seines Interesses für die Wissenschaft und seiner Anhänglichkeit an sein Geburtsland (Brief vom 6. Dezember 1881, Erwerbungsakte Amerika Vol. 7, 33/82). Das Geschenk wurde in Berlin gerne angenommen. Aus dem Dankschreiben des Generaldirektors geht hervor, daß Bastian bei seinem Aufenthalt in Portland mit Schulze zusammengetroffen war. Dies war wahrscheinlich der Auslöser für diese großzügige Gabe.

Abb. 153
Kriegshelm. Chilkat-Tlingit. Höhe: 25 cm. Slg. Schulze 1881. Inv.-Nr. IV A 350.
Bei den Tlingit waren solche Helme Teil einer Rüstung, zu der außerdem ein Visier und ein Brustpanzer gehörten. Sie waren aus Hartholz geschnitzt und besaßen oft ein grimmiges Gesicht, das den Feind erschrecken sollte. Historischen Berichten zufolge wurden sie bis Anfang des 19. Jahrhunderts verwendet, doch dann machten die Feuerwaffen sie überflüssig. Es ist daher sehr wahrscheinlich, daß dieser Helm im 18. oder frühen 19. Jahrhundert entstanden ist.

Der aus Berlin stammende Paul Schulze war eine wichtige Anlaufstelle für Reisende und Forscher an der Nordwestküste, vor allem wenn sie aus Deutschland kamen. So hatte er die Forschungsarbeit der beiden Berliner Brüder Aurel und Arthur Krause, die 1881 im Auftrag der Bremer Geographischen Gesellschaft nach Südalaska reisten, großzügig unterstützt (Krause 1984: 9).

Die Sammlung Schulze besteht aus 70 Objekten, überwiegend von den Tlingit-Untergruppen Chilkat, Hoonah und Hutsnuwu aus dem südlichen Alaska. Von den Haida stammen drei Stücke: ein Umhang aus Zedernbast, ein Modell-Wappenpfahl aus Argillit und ein (leider nicht mehr vorhandenes) Kanu-Modell von 109 cm Länge. Neben Steingeräten, Keulen, Schüsseln, Löffeln, Pfeifen und Körben enthält die Sammlung auch verschiedene zeremonielle Objekte wie Rassel, Trommel und Tanzschurz eines Schamanen, eine Chilkat-Decke und mehrere Masken. Zu den eindrucksvollsten Stücken gehört eine Maske mit einer »Krone« aus kleinen Hilfsgeistern und je zwei Reihen von Saugnäpfen des Tintenfischs auf den Wangen (Abb. 152). Eine besondere Rarität stellt der aus Holz geschnitzte Helm dar, der ursprünglich Teil einer ganzen Rüstung gewesen sein muß (Abb. 153). Wahrscheinlich hatten die Mitarbeiter des Berliner Museums gerade genügend Zeit, die Sammlung Schulze zu inventarisieren, bevor die nächsten Kisten mit Nordwestküsten-Objekten eintrafen, die Adrian Jacobsen inzwischen losgeschickt hatte.

Der Verlauf von Jacobsens Reise läßt sich anhand seines Reiseberichts, den er mit Hilfe des Berliner Journalisten Adrian Woldt verfaßte, genau nachvollziehen (Jacobsen 1884). Von Vancouver Island aus fuhr er mit einem kleinen Dampfer nach Norden und erreichte am 13. September 1881 das Heiltsuk-Dorf Bella Bella. Dort erregte ein sogenannter Häuptlingsstuhl seine Aufmerksamkeit, der jedoch nicht verkäuflich war. Daher bestellte Jacobsen einen solchen Stuhl »bei dem renomirtesten indianischen Holzschnitzer von Bella Bella« (Abb 154). Dieser Stuhl wurde ihm später, zusammen mit einem bei dem gleichen Schnitzer in Auftrag gegebenen Kanu (Abb. 21), nach San Francisco geliefert (Jacobsen 1884: 14). Wie neuere Forschungen ergaben, handelt es sich bei dem Heiltsuk-Künstler um Captain Carpenter, von dem ähnliche Objekte in kanadischen Museen zu finden sind (McLennan, im Druck). Obwohl dieser Aufenthalt in Bella Bella nur knapp eine Stunde gedauert hat, gelang es Jacobsen während dieser Zeit auch noch, eine Maske, einen Häuptlingsstab und eine reich beschnitzte Kiste zu erwerben (Abb. 155). Zu dieser hastigen Sammelweise sei angemerkt, daß dabei eine gute Dokumentation der Stücke nicht möglich war. Bei vielen fehlt daher eine Herkunftsangabe, oder, was noch schlimmer ist, die Angabe ist falsch. Kasten (1990: 192) vermutet sogar, daß Jacobsen fehlende Informationen manchmal durch eigene »Eingebungen« ersetzt habe. Außerdem war er häufig gezwungen, bei lokalen Händlern zu kaufen, beispielsweise in Fort Essington, da die dort lebenden Tsimshian »schon meist zum Christenthum übergetreten sind und demzufolge ihre originellen und interessanten ethnologischen Gegenstände nicht

Abb. 154
Häuptlingssitz. Bella Bella (Heiltsuk). Höhe: 85cm, Breite: 137 cm, Tiefe: 96 cm. Slg. Jacobsen 1881. Inv.-Nr. IV A 2475, 2476, 2477. Solche Sitze, die im Haus direkt am Feuer standen, waren hochrangigen Familienmitgliedern vorbehalten. Jacobsen sah einen solchen in dem Dorf Bella Bella, der jedoch nicht verkäuflich war, und beauftragte den besten Schnitzer im Dorf, einen Nachbau davon für das Berliner Museum herzustellen. Wie Stilvergleiche ergaben, handelt es sich bei dem Schnitzer wahrscheinlich um Captain Carpenter. Ein sehr ähnlicher Sitz von ihm, der als Vorbild gedient haben könnte, befindet sich im *Royal British Columbia Museum* in Victoria.

Abb. 155
Deckelkiste, angeblich Haida. Höhe:51cm, Breite: 79 cm, Tiefe: 48,5 cm. Slg. Jacobsen 1881. Inv.-Nr. IV A 516.
Obwohl diese mit Motiven des Bibers bemalte Kiste im Inventarbuch als »Haida« eingetragen ist, bleibt unklar, ob Jacobsen sie tatsächlich bei den Haida erworben hat. Stilistisch ist sie den Bella Bella zuzuordnen, und es ist sogar zu vermuten, daß sie ebenfalls von Captain Carpenter stammt. In seinem Reisebericht erwähnt Jacobsen, daß er bei dem Aufenthalt in Bella Bella am 13. September 1881 auch »eine mit hübschen Schnitzereien versehene Vorrathskiste« erworben habe (Jacobsen 1884: 15).

Abb. 156
Geflochtener Hut. Haida. Höhe: 25 cm. Slg. Jacobsen 1881. Inv.-Nr. IV A 800.
Dieser geflochtene und bemalte Hut ist mit vier sogenannten »Potlatch-Ringen« versehen, an denen Hermelinfelle befestigt sind. Ein solcher Hut repräsentiert den hohen Status seines Trägers, der durch die Hermelinfelle noch unterstrichen wird. Ob die Zahl der Ringe tatsächlich die Zahl der gegebenen Potlach-Feste anzeigt, ist sehr umstritten. Eher sind sie als Symbole für die Höhe des Rangs zu verstehen, den der Träger des Hutes innehat.

mehr gebrauchen« (Jacobsen 1884: 18). Dies bedeutet, daß es damals bereits nicht mehr möglich war, eine Sammlung gezielt und planvoll anzulegen, man hingegen das nehmen mußte, was noch vorhanden war. Hinzu kam die Konkurrenz verschiedener Museen und Sammler untereinander, wodurch bestimmte Gebiete bereits »leergesammelt« waren. In seinem Buch »Captured Heritage« prangert Cole (1985) diese Art des Sammelns zurecht an, doch darf man nicht vergessen, daß dadurch wiederum ein Markt geschaffen wurde, der es den Indianern dieser Region erlaubte, am Geschäft mit dem Tourismus und den Museen teilzuhaben. Vieles, was Jacobsen kaufte, stammte nicht aus »guter alter Zeit«, wie er meinte, sondern war die »Airport Art« des späten 19. Jahrhunderts. Das bedeutet nicht, daß diese Dinge für uns heute wertlos sind, sie müssen nur entsprechend klassifiziert und einer neuen Bewertung unterzogen werden.

Am 25. September 1881 setzte Jacobsen vom Festland auf die Queen Charlotte Islands über, dem Wohngebiet der Haida. Er blieb dort bis zum 7. Oktober, hatte also genügend Gelegenheit zum Einkaufen. In seinem Reisebericht beklagt er sich über die hohen Preise, die die Haida für ihre Schnitzwerke forderten. Trotzdem erwarb er dort über 200 Objekte, darunter zahlreiche wunderbare Masken und andere Zeremonialgeräte. Dazu bemerkte er, daß die Haida viele ihrer Masken und Holzrasseln von den Tsimshian kaufen würden. Er bewunderte vor allem die großen Hauswappenpfähle und stellte fest, daß die älteren schöner und kunstfertiger hergestellt seien als die neueren (Jacobsen 1884: 25–29).

In dem Haida-Dorf Masset machte er die Bekanntschaft des Händlers Alexander MacKenzie, der ihm bei der Suche nach einem Wappenpfahl behilflich war. Ein Häuptling namens Stilta oder »Captain Jimm« war schließlich bereit, ihm einen gut erhaltenen Pfahl zu verkaufen. Jacobsen begründet dies damit, daß Stilta bereits zum Christentum übergetreten war und sich an den Umgang mit Weißen gewöhnt hatte. MacKenzie sorgte im Auftrag Jacobsens dafür, daß der über acht Meter hohe und an der Basis einen Meter breite Pfahl auf den nächsten Dampfer, der in Masset anlegte, verladen wurde und sicher nach Berlin gelangte. Später lieferte er Jacobsen noch zusätzliche Informationen: Der Pfahl war sechs Jahre zuvor (1876) von dem Häuptling Stilta, der dem Adlerklan angehörte, anläßlich der Einweihung eines neuen Hauses errichtet worden. Nach seinem Tode übernahm sein Bruder (Captain Jimm) dessen Amt als Häuptling und auch seinen Namen. Als Schnitzer des Pfahls nennt MacKenzie den Häuptling »Edensaw« aus Masset (Jacobsen 1884: 37–44).

Nach MacDonald (1983: 146) gehörte der Pfahl zum Adler-Haus, weshalb auf seiner Spitze eine Adlerfigur sitzt (Abb. 12). Die zentrale Figur ist die »Schamanen-Schwiegermutter« aus der Geschichte vom faulen Schwiegersohn. Auf dem Kopf trägt sie eine Art Krone, in den Händen hält sie zwei Rasseln mit Schnäbeln des Papageientauchers (Abb. 160). Als Schnitzer nennt Wright (1998: 57, Anm. 9) den Haida-Künstler Albert Edward Edenshaw.

Am 7. Oktober 1881 verließ Jacobsen die Queen Charlotte Islands und fuhr mit dem Schiff wieder südwärts nach Vancouver Island. In Fort Rupert traf er auf Robert Hunt, den lokalen Verwalter des Handelspostens der Hudson's Bay Company, mit dem er sich anfreundete, und dessen Sohn George ihm als Dolmetscher diente. Mit seiner Hilfe erkundete er die Ostküste der Insel und sammelte hauptsächlich Kwakiutl-Material. Besonders faszinierte ihn der »Kannibalismus« des Hamatsa-Bundes, dessen Rituale er ausführlich schildert (Jacobsen 1884: 47–50). Es gelang ihm, die wichtigsten bei der Hamatsa-Zeremonie gebrauchten

Abb. 157
Wolfsmaske. Haida. Höhe: 33 cm. Slg. Jacobsen 1881. Inv.-Nr. IV A 987.
Leider hat Jacobsen über die Funktion dieser Maske nichts notiert. Das Ungewöhnliche an diesem Wolfskopf mit beweglichem Unterkiefer sind die Gesichter in den beiden Ohren. Augen und Mund bestehen aus Lederstücken, die sich mit Hilfe von Schnüren auf- und zuklappen lassen. Dies ist ein schönes Beispiel dafür, daß dem Erfindungsreichtum solcher Details an der Nordwestküste keine Grenzen gesetzt waren.

Abb. 158
Schwertwal-Hut. Haida. Höhe: 50 cm. Slg. Jacobsen 1881. Inv.-Nr- IV A 1028.
Dieser mächtige hölzerne Kopfaufsatz stellt das Wappentier einer Häuptlingsfamilie dar, in diesem Fall einen Schwertwal. Man erkennt ihn an dem kräftigen Gebiß und der langen Rückenflosse. Die »Potlatch-Ringe« kennzeichnen den Rang des Häuptlings. Solche Hüte verkörperten einst das gesamte Prestige einer adligen Familie und wurden nur zu besonderen Anlässen getragen, z.B. einem Potlatch-Fest. Als Sinnbild von Geschichte und Tradition der Familie wurden sie meist von Generation zu Generation weitervererbt.

Objekte zu erwerben. Dazu gehören auch zwei große Masken, die mit hölzernen Totenköpfen behangen sind und die Monstervögel »Krummschnabel« und »Rabe« verkörpern (Abb. 161 u. 162). Jacobsens Kwakiutl-Sammlung umfaßt etwa 400 Objekte, darunter weitere Masken, Rasseln und andere rituelle Gegenstände. Eine vorzügliche Beschreibung eines Teils dieser Sammlung, in der die Objekte in ihren rituellen Kontext gestellt werden, bietet der Katalog von Erich Kasten (1990).

Den 1. bis 10. November 1881 verbrachte Jacobsen in der Stadt Victoria, um seine inzwischen stattliche Sammlung zu verpacken und nach Berlin zu schicken. Danach begab er sich an die Westküste von Vancouver Island, wo er in dieser Jahreszeit mit Stürmen und Nebel zu kämpfen hatte. Zunächst mit dem Dampfboot, später auch mit dem Kanu, suchte er verschiedene Gruppen der Nuu-chahnulth (Nootka) auf. Mit Stolz berichtet er, daß es ihm in den Dörfern Seeschaht und Opettisaht gelungen sei, einige Zedernbast-Umhänge und einige alte Waffen zu erwerben. Dazu gehörte auch eine aus Walknochen gearbeitete »sehr alte Kriegskeule« (Abb. 165). Bei seiner Ankunft am Nootka-Sound hatte er nicht so viel Glück, und so schreibt er enttäuscht: »Die gesammelte Ausbeute war indessen nicht bedeutend, namentlich fehlten die so werthvollen Gegenstände aus Stein und Knochen, woraus ich schließe, dass die Nootka-Indianer schon früher von Händlern besucht worden sind« (Jacobsen 1884: 74, 88).

Weihnachten 1881 verbrachte er in dem Dorf Hesquiaht. In der Winterzeit fanden überall Tänze statt, von denen Jacobsen verschiedene miterlebte. In Ehattesaht sah er einen Tanz des Donnervogels (den er als »Feuervogel« bezeichnet), der ihn sehr beeindruckte: »Der Kopf, der Schwanz und die beiden Flügel dieses Vogels bestanden aus Holz, der Körper, in welchem ein Indianer steckte, war mit Zeug [Stoff] bedeckt und das Ganze gewährte bei der matten Beleuchtung, die im Hause herrschte, einen täuschenden Anblick«. Nach diesem Tanz gelang ihm

Abb. 159
Kleine Holzkiste, wahrscheinlich Haida. Länge: 26 cm, Breite: 19,5 cm, Höhe: 13,5 cm. Slg. Jacobsen 1881. Inv.-Nr. IV A 6606.
Diese kleine Kiste mit der Darstellung eines Bibers hat Jacobsen bei seiner Fahrt in die Arktis am Copper River erworben, dem nördlichsten Punkt der Nordwestküstenkultur. Er erkannte jedoch, daß sie nicht aus dieser Gegend stammen kann und fügte hinzu: »Haida-Arbeit«, was sicherlich zutreffend ist. Die Kiste ist ein Meisterstück der Holzverarbeitung, denn ihre Seitenwände bestehen aus einem durchgehenden Brett, das an drei Kanten eingekerbt und über Wasserdampf gebogen wurde. Lediglich die vierte Kante hat man mit Pflanzenfasern zusammengefügt.

160

Abb. 160
Wappenpfahl (Ausschnitt). Haida-Dorf Masset. Höhe des gesamten Pfahls: 862 cm, Breite an der Basis: 104 cm. Slg. Jacobsen 1881. Inv.-Nr. IV A 2299.
Dieser Pfahl wird dem Meisterschnitzer Albert Edward Edenshaw aus Masset zugeschrieben. Er war einer der schönsten und qualitätvollsten, die 1881 dort noch standen. Der Ausschnitt zeigt das zentrale Motiv der »Schamanen-Schwiegermutter« mit einer »Krone« auf dem Kopf und zwei ringförmigen Rasseln in den Händen. Von der ursprünglichen Bemalung sind noch Reste vorhanden. Auf alten Fotos ist zu erkennen, daß der Pfahl einst mit kräftigen Farben bemalt war, doch nach seiner Rückkehr aus Leipzig waren sie stark verblaßt oder zum Teil völlig verwittert. Dies kann nur bedeuten, daß der Pfahl nach dem Abtransport durch die Russen in Leningrad längere Zeit ungeschützt der Witterung ausgesetzt war.

Abb. 161
Maske des Rabenvogelmonsters. Kwakiutl. Länge: 120 cm. Slg. Jacobsen 1881. Inv.-Nr. IV A 892.
Diese Maske tritt bei den Ritualen des Hamatsa-Bundes der Kwakiutl auf, die wegen des dort vorgetäuschten Kannibalismus auch als »Kannibalentänze« bezeichnet werden. Der Rabe ist eines von drei Vogelmonstern, die dem »Menschenfresser am nördlichen Ende der Welt« zugeordnet sind. Mit seinem langen Schnabel pickt er seinen Opfern die Augen aus und verschlingt sie. Die von Jacobsen in dem Dorf Newitti auf Hope Island gesammelte Maske gehört zu den ältesten dieses Typs, die noch existieren. Heutige Masken haben sich in Form und Farbgebung deutlich verändert.

Abb. 162
Maske des Krummschnabels. Kwakiutl. Länge: 75 cm. Slg. Jacobsen 1881. Inv.-Nr. IV A 893.
Der Krummschnabel ist ein weiteres Vogelmonster, das dem mythischen Menschenfresser zugeordnet ist und beim Hamatsa-Tanz auftritt. Namengebend ist ein bogenförmiges Schnabelteil, das von den Augen bis zur Schnabelspitze verläuft und bei dieser alten Maske noch recht flach gehalten ist. Bei Masken des 20. Jahrhunderts hat sich dieser Krummschnabel zu einem sehr viel größeren kreisförmigen Schnabelaufsatz entwickelt, der mit traditionellen Design-Elementen ausgefüllt ist. Auch diese von Jacobsen in dem Dorf Newitti auf Hope Island gesammelte Maske gehört zu den ältesten ihres Typs, die noch existieren.

a

b

Abb. 163 (a+b)
Sonnen-Doppelmaske. Kwakiutl. Höhe: 52 cm. Slg. Jacobsen 1881. Inventar-Nr. IV A 885a+b.
Bei dieser Darstellung der Sonne, erkennbar an ihrem breiten Strahlenkranz, handelt es sich um eine besondere Art der Verwandlungsmaske. Zunächst erscheint die Sonne mit dem zur Maske gehörigen Aufsatz, der ein männliches Gesicht mit fast geschlossenen Augen zeigt. Auf der Stirn befinden sich bogenförmige Symbole von Wolken. Dieser Zustand repräsentiert die bewölkte Sonne. Entfernt der Tänzer den Aufsatz, so tritt uns die hell strahlende Sonne entgegen, die durch das Gesicht eines Habichts mit weit geöffneten Augen verkörpert wird. Beide Teile dieser Maske sind zugleich Symbole für die Wiedervereinigung der Berliner Nordamerika-Sammlung, denn der Aufsatz zur Darstellung der bewölkten Sonne zählte zu den Kriegsverlusten und kehrte erst 1991/92 aus Leipzig zurück.

164 a

164 b

165

der Ankauf »verschiedener werthvoller Masken und Gegenstände«, doch zu seinem Bedauern war das Kostüm des »Feuervogels« nicht zu verkaufen (Jacobsen 1884: 108–109). Am 12. Januar 1882 verließ Jacobsen die Westküste der Insel Vancouver und kehrte nach San Francisco zurück. Seine »Ausbeute« an Objekten aus dieser Region betrug etwa 530 Stück.

Der Auftrag Carl Hagenbecks, eine Gruppe von »langköpfigen Indianern« mit deformiertem Schädel für eine Völkerschau anzuwerben, führte ihn nochmals zu den Kwakiutl nach Fort Rupert. Das Vorhaben mißlang, doch dafür konnte er dort noch einige besonders schöne Masken erwerben, darunter eine Verwandlungsmaske, die beim Tanz aufgeklappt werden konnte, so daß ein darunterliegendes zweites Gesicht sichtbar wurde (Abb 164 a+b).

Am 16. April 1882 kehrte Jacobsen nach Victoria zurück, wo er eine Nachricht aus Berlin vorfand, mit dem Auftrag, sich an Bord eines Walfangschiffes in die Beringsee nach Alaska zu begeben. Die Zeit bis zum Auslaufen eines geeigneten Schiffes nutzte er, bei den in der Nähe von Victoria lebenden Coast Salish zu sammeln (Abb. 167). Am 13. Juni 1882 reiste er nach Alaska, wo er 15 Monate mit dem Erwerb von Eskimo-Material verbrachte. Ende September 1883 war er wieder in San Francisco und fand eine Nachricht aus Berlin vor, die ihn diesmal zum Sammeln nach Arizona beorderte (siehe das Kapitel über den Südwesten). Am 23. November 1883 kehrte Jacobsen endgültig nach Berlin zurück.

Die Sammlung Jacobsens von der Nordwestküste umfaßt insgesamt etwa 2100 in die Inventarbücher eingetragene Nummern, was einer Stückzahl von über 3000 entspricht. Die ersten Monate des Jahres 1884 brachte Jacobsen damit zu, die von ihm nach Berlin geschickten Kisten auszupacken und die Objekte zu registrieren (Woldt in Jacobsen 1884: V). An einigen wenigen Objekten sind heute

166

Abb. 164 (a+b)
Verwandlungsmaske. Kwakiutl. Höhe: 53 cm, Breite (ausgeklappt): 66 cm. Slg. Jacobsen 1881. Inv.-Nr. IV A 1243 u. 1270.
Rivalität zwischen Häuptlingen war ein wichtiger Anlaß für Potlatch-Feste. Diese bei einem Potlatch in Fort Rupert getragene Maske illustriert dies in zwei Phasen: Die geschlossene Maske zeigt den Ahnen eines Kwakiutl-Klans, wie er sich über seinen Rivalen ärgert, den er bezwingen will. Geöffnet zeigt die Maske den Ahnen in guter Laune, wie er mit ausgebreiteten Armen Güter an seine Gäste verteilt. Die Maske ist zugleich ein Beweis für die hochentwickelte Schnitzkunst der Kwakiutl, die solche Meisterleistungen hervorbrachte.

Abb. 165
Knochenkeule. Nootka. Länge: 57 cm. Slg. Jacobsen 1881. Inv.-Nr. IV A 1574.
Aus Walknochen gefertigte Keulen mit dem stilisierten Kopf eines Donnervogels am oberen Ende sind typisch für die Nootka. Dieses Stück wird von Jacobsen folgendermaßen beschrieben: »Alte Knochenkeule, war in vielen Kämpfen; ursprünglich den Juclulahts [Ucluelet, Barkley Sound] gehörig; der Chef derselben ward mit ihr selbst getötet«. Mit dem Erwerb dieser Keule und weiterer Waffen aus Knochen erfüllte Jacobsen zumindest teilweise den Wunsch Bastians nach von Europäern unbeeinflußten Objekten.

Abb. 166
Adlermaske, Nootka. Höhe: 39 cm, Breite (vollständig ausgebreitet): 80 cm. Slg. Jacobsen 1881. Inv.-Nr. IV A 1277.
Diese ungewöhnliche Maske besteht aus einem menschlichen Gesicht, das von einer Adlerfigur umrahmt wird. Die hölzernen Flügel des Adlers sind durch Stoffteile mit der Maske verbunden und lassen sich mit Holzstäben ausbreiten. Jacobsen hat diese Maske bei seinem Besuch im Barkley Sound erworben, aber keinerlei Informationen dazu festgehalten. Die entgegen sonstiger Nootka-Masken sehr schmale Nase und die wellenförmigen Linien am Kinn erinnern an die Masken der Narrentänzer (Nulamal) der Kwakiutl.

Abb. 167
Decke aus Bergziegenwolle. Coast Salish. 131 x 137 cm. Slg. Jacobsen 1881. Inv.-Nr. IV A 2446.
Nach den Angaben Jacobsens besteht die Decke aus Bergziegen- und Hundewolle und kommt aus »Chemenes Village«, dem heutigen Chemainus nördlich von Duncan auf Vancouver Island. Decken dieser Art, in der Regel aus reiner Bergziegenwolle gefertigt, haben eine lange Tradition an der südlichen Nordwestküste und sind eine unabhängige Entwicklung dieser Region. Das Tragen solcher in der Technik der Zwirnbindung (*twining*) hergestellten Decken war (ähnlich wie bei den Chilkat-Decken) der Klasse der Häuptlinge und Adligen vorbehalten.

noch Anhänger aus Karton vorhanden, auf die Jacobsen vor Ort die wichtigsten Daten notiert hatte. Dies war die Grundlage für die zum Teil wesentlich ausführlicheren Texte auf den von ihm geschriebenen Karteikarten. Diese Texte hat er entweder aus dem Gedächtnis oder aufgrund seiner Tagebuchaufzeichnungen verfaßt. Wie man sich denken kann, ist ihm dabei so mancher Fehler unterlaufen.

Diese Sammlung ist, trotz aller dokumentarischer Mängel und der fehlenden Systematik, erstaunlich ausgewogen. Wenn man von der Sammlung als Ganzes ausgeht, so sind vom Angelhaken bis zum Bären-Tanzkostüm, von der Kindertrage bis zum Wappenpfahl alle wichtigen kulturellen Bereiche vertreten. Bastians vom evolutionistischen Gedankengut ausgehender Wunsch, möglichst »alte«, von der europäischen Zivilisation noch unberührte Stücke zu erwerben, konnte nur in ganz geringem Umfang erfüllt werden. Aber Jacobsen hatte ein Gespür dafür, daß selbst die »neuen« Sachen einer im raschen Wandel begriffenen Kultur angehören und hatte daher keine Bedenken, auch solche Stücke zu erwerben, die für einen Touristen- und Sammlermarkt bestimmt waren. Zu den größten Schätzen der Berliner Jacobsen-Sammlung zählen die Masken und anderen Zeremonialobjekte, die uns die kulturelle Vielfalt und die Kreativität der Menschen an der Nordwestküste vor Augen führen. Mit ihrem Erwerb für das Berliner Museum, der mit mancherlei Strapazen und gefährlichen Situationen verbunden war, hat sich Jacobsen ein bleibendes Denkmal in der Forschungsgeschichte der Nordwestküste gesetzt.

Etwa zur gleichen Zeit wie Jacobsen hielten sich die Brüder Aurel und Arthur Krause im Gebiet der Tlingit auf (Krause 1885). Von ihren Sammlungen gelangte ein Teil in das Völkerkundemuseum Hamburg, das 1883 wiederum 20 Stücke davon (die wahrscheinlich als »Dubletten« galten) an Berlin weitergab. Das meiste davon waren Hornlöffel, Knochengeräte und geflochtene Körbchen und Teller.

Eine weitere Sammlung von der Nordwestküste traf 1887 in Berlin ein. Sie stammte von Franz Boas, der sich ab September 1886 für drei Monate bei den »Newettee« (Tlatlasikwala), einer Kwakiutl-Gruppe auf Hope Island im Norden der Insel Vancouver, aufgehalten hatte. Mit dem Verkaufserlös aus seiner Sammlung wollte er einen Teil seiner Reisekosten finanzieren.

Boas gilt heute als einer der wichtigsten Wegbereiter der modernen Anthropologie. Seine Absage an evolutionistische Theorien und seine Befürwortung der Erkenntnisgewinnung aus Feldforschung und ethnologischen Sammlungen beeinflußte eine ganze Generation von Anthropologen in Amerika. Als Professor an der Columbia University in New York war er ein bedeutender Wissenschaftsorganisator und begründete die Anthropologie als umfassende Wissenschaft vom Menschen, zu der neben der Ethnologie und Archäologie auch die Sprachwissenschaft und die physische Anthropologie gehören (siehe Dürr et al. 1992).

Boas war 1882 nach Berlin gekommen und habilitierte sich dort 1886 im Fach Geographie. Sein Interesse für Anthropologie und Ethnologie brachte ihn mit Bastian und Virchow zusammen, und 1885/86 übernahm er eine zeitlich befristete Stelle als Assistent am Berliner Museum für Völkerkunde, wo er die Sammlung Jacobsen wissenschaftlich bearbeiten sollte. Angesichts des dort herrschenden Chaos empfand er dies jedoch als eine wenig erfreuliche Aufgabe (Kasten 1992a: 10–15). Er wollte verstehen, welche Ideen sich hinter den grotesken Masken verbargen, doch Jacobsens Art der Dokumentation fand er in dieser Hinsicht völlig unzulänglich. Bei seiner anschließenden Feldforschung auf Hope Island wurde ihm bewußt, daß es nicht genügt, nur den Namen der Stammesgruppe oder des Dorfes zu notieren, da vieles Wissen über bestimmte zeremonielle Objekte nur den Familien bekannt war, von denen der Gegenstand kam (Kasten 1992b: 81). In einem Brief an seinen Berliner Freund und Kollegen Felix von Luschan schrieb Boas 1886 von Vancouver Island aus: »Der Himmel verzeihe, was frühere Sammler gesündigt haben. Die Masken, zu denen man hier nicht gleich die Geschichten sammelt, werden grösstentheils immer unverstanden bleiben« (zitiert nach Kasten 1992b: 82).

Die Sammlung Boas besteht aus 64 Objekten verschiedener Kwakiutl-Gruppen (hauptsächlich von Hope Island und Fort Rupert) und 15 Objekten der Bella Coola. In Fort Rupert hatte er eine ganze Reihe von Masken und andere Objekte zum Tanz der *Nutlamatl* (Narren) gesammelt. Dazu gehört auch eine formal äußerst interessante Halbmaske in den Farben rot, grün und schwarz, zu der Boas allerdings keine Beschreibung ihrer Bedeutung mitgeliefert hat (Abb. 168). Auch in seinem Buch über die Geheimbünde der Kwakiutl (Boas 1897) erwähnt er diese Maske nicht, so daß ihre Bedeutung für immer unverstanden bleiben wird.

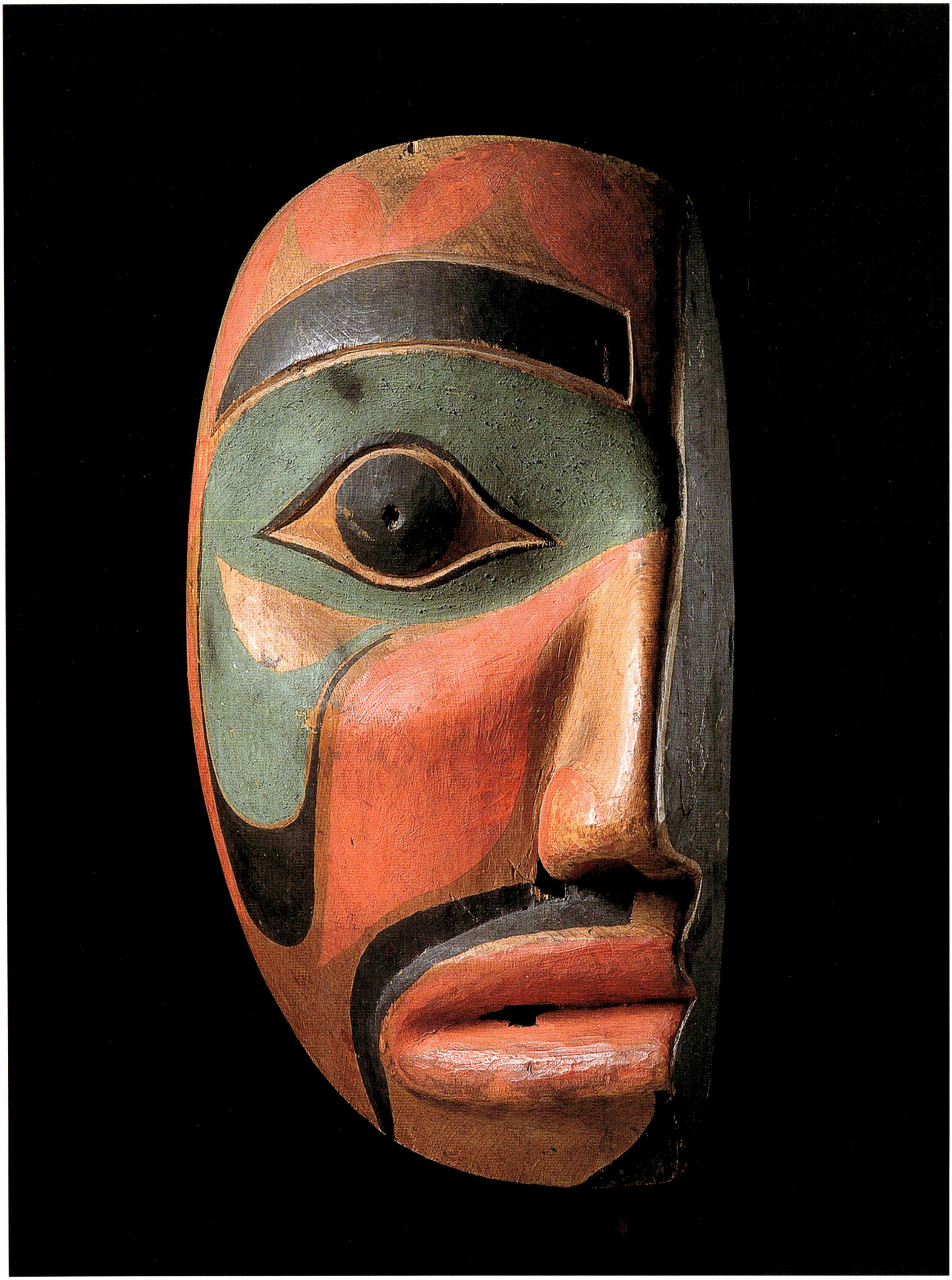

Abb. 168
Halbmaske. Kwakiutl. Höhe: 34,5 cm. Slg. Boas 1887. Inv.-Nr. IV A 6880.
Diese Maske besteht lediglich aus einem halben Gesicht, dessen Profil schwarz hervorgehoben ist. Franz Boas nennt sie eine »Nutlematl«, die beim Noutlemtanz (Tanz der Narren) der Kwakiutl von Fort Rupert verwendet wurde. Das Stück selbst stamme jedoch von den Tlatlasikwala (Newitti auf Hope Island). Leider hat Boas keine weitere Dokumentation dieser Maske vorgenommen. Sie entspricht nicht dem Typ, den wir sonst als »Nulamal« kennen. Das einzige »narrenhafte« Merkmal an ihr ist ihre Halbierung. Daher wird diese Maske, in den Worten von Franz Boas, »immer unverstanden bleiben«.

Abb. 169
Waldgeister-Masken. Nootka. Höhe der beiden Masken (ohne Bast und Federn): links 30cm, rechts 28 cm. Slg. von den Steinen 1897. Inv.-Nr. IV A 7143a, b.
Diese beiden Masken hat Karl von den Steinen bei Fillip Jacobsen in Clayoquot erworben. Sie kommen von den Opetchesaht an der Westküste von Vancouver Island und verkörpern den »Waldgeist mit der hallenden Stimme«.

Im Jahre 1895 schenkte Boas dem Berliner Museum 12 Wachszylinder mit phonographischen Aufnahmen von Kwakiutl-Gesängen, die er bestimmten Masken der Sammlung Jacobsen und einigen seiner eigenen Sammlung zugeordnet hat. Weitere Sammlungen von ihm stammen aus dem Gebiet der Arktis. Er blieb Berlin und besonders den Kollegen der Amerika-Abteilung auch nach seiner endgültigen Übersiedlung in die USA freundschaftlich verbunden und bemühte sich immer wieder, Nordamerika-Sammlungen an das Museum für Völkerkunde zu vermitteln.

Im Jahre 1895 wurde von dem Händler Umlauff in Hamburg ein zweiter großer Wappenpfahl gekauft, der von den Tsimshian kam. Ebenso wie der Haida-Pfahl der Sammlung Jacobsen stand er bis zum Beginn des Zweiten Weltkrieges im Lichthof des alten Museumsgebäudes. Der Pfahl selbst überstand zwar den Transport nach Leningrad und später nach Leipzig ohne größere Schäden, doch gingen dabei Rückenfinne und Flossen der zentralen Walfigur verloren.

Der schon mehrfach erwähnte Berliner Amerikanist Karl von den Steinen war ein vielseitiger Gelehrter. Er unternahm nicht nur mehrere Forschungsreisen in das Amazonas-Gebiet, sondern interessierte sich auch für Ozeanien. Im Mai 1897 startete er zu einer Forschungsreise auf die Marquesas-Inseln. Dabei legte er in San Francisco einen Zwischenstop ein und nutzte die Gelegenheit, die Westküste von Vancouver Island zu besuchen. In dem Ort Clayoquot lebte Adrian Jacobsens Bruder Fillip, der dort mit indianischen Objekten handelte. Von den Steinen fuhr mit ihm zusammen zu den Dörfern der Hesquiaht und Ahousaht und machte in einem Brief dazu folgende Bemerkung: »Die Veränderungen, die seit Adrian Jacobsen hier stattgefunden haben, sind außerordentlich, nur wenige alte Häuser sind noch vorhanden, dann meist leer, im Verfall oder, wie in Clayoquot, mit vielen Fenstern versehen, ein echtes Haus ... sah ich nur in Ahousaht« (Brief an die Direktion des Museums vom 27. Juli 1897, Akte Hilfscomité). Dieses Bedauern gegenüber allen Neuerungen in den Dörfern der Indianer ist typisch für den damaligen Zeitgeist. Von Fillip Jacobsen kaufte Karl von den Steinen schließlich 70 Objekte, die aus verschiedenen Dörfern dieser Region stammten. Neben Kriegsspeeren, Knochenkeulen und einigen Kleidungsstücken befanden sich darunter überwiegend zeremonielle Objekte: Tanzrasseln, Tanzmasken und Zedernbast-Kopfschmuck (Abb. 169).

In Victoria besuchte von den Steinen verschiedene Händler, die auf den Verkauf von Nordwestküsten-Objekten spezialisiert waren. Im Laden von Frederick Landsberg (siehe Fane et al. 1991: 238) stieß er schließlich auf ein Paar große Bärenfiguren der Haida, die einst in dem Ort Masset als Hauspfosten gedient hatten (Abb. 170). Landsberg hatte sie auf einer Auktion erworben und bereits bei der Weltausstellung in Chicago 1893 ohne Erfolg zum Kauf angeboten, weshalb von den Steinen sie zu einem günstigen Preis bekommen konnte. Er kaufte bei Landsberg außerdem noch eine große doppelköpfige Schwertwal-Figur, ebenfalls von den Haida aus Masset, und eine Grabfigur der Coast Salish aus Yale am Frazer River (Brief vom 27. Juli 1897, Akte Hilfscomité).

Jacobsens Bruder Fillip kam im Jahre 1906 ein zweites Mal mit dem Berliner Museum ins Geschäft. Die kleine Sammlung von Bella Coola-Objekten enthielt verschiedene Rasseln und Masken, zeremonielle Kleidung und Haushaltsgeräte. Weitere Stücke von den Haida und Tlingit kamen 1914 mit der Sammlung Wilcomb nach Berlin, darunter ein Rumpfpanzer aus Holzlatten (Haas 1992: 135), doch dann wurden die Erwerbungen von der Nordwestküste immer weniger. Aus Privatsammlungen kamen einige »Totempfähle« und eine Schale aus Argil-

Abb. 170
Die beiden Grizzlybären-Hauspfosten der Haida an ihrem ursprünglichen Standort in Masset. Foto von Richard Maynard, 1884. Übersee-Museum Bremen.
Die beiden Hauspfosten, die Karl von den Steinen 1898 bei dem Händler Frederick Landsberg in Victoria erwarb, gehörten zum Grizzlybären-Haus des Häuptlings Xa'na in Masset. Das Foto zeigt sie als Teil einer Zurschaustellung von Gütern, wie sie beim Begräbnis eines Häuptlings üblich war. Unter der Chilkat-Decke befindet sich wahrscheinlich der Sarg von Xa'na. Das kann nur bedeuten, daß das Haus nach dem Tode des Häuptlings aufgegeben wurde und seine Nachfahren die beweglichen Teile davon an Händler verkauften.

lit hinzu, eine alte Nootka-Keule aus Walknochen, ein Hornlöffel, eine Rassel, und die Bärenkrallen-Krone eines Tsimshian-Schamanen. Aus der Sammlung des Rechtswissenschaftlers und Ethnologen Leonhard Adam stammt eine sehr schöne Fettschale in der Form eines Seehundes (Abb. 172). Ein Wappenpfahl von 187 cm Höhe, der wahrscheinlich als Reiseandenken nach Deutschland gelangt war, konnte 1955 aus Privatbesitz erworben werden. In den sechziger Jahren kaufte das Museum von den Stolper Galleries in New York ein ledernes Schamanengewand (ohne Herkunftsangabe), ein Paar Tlingit-Hauspfosten mit Seelöwen-Darstellung und eine Chilkat-Decke der Tlingit, die zuvor alle im Besitz des *Museum of the American Indian* in New York waren.

Anläßlich einer Ausstellung zum Thema »Maskentänze der Kwakiutl« erwarb der Berliner Ethnologe Erich Kasten 1989 eine kleine Sammlung von 18 Objekten der Kwakiutl aus dem Dorf Kingcome Inlet. Dazu gehörten acht Masken und Kopfaufsätze, ein Zeremonialstab, Tanzbekleidung, eine Rassel, eine Trommel, vier Siebdrucke und ein sieben Meter langes Kanu. Das besondere daran ist, daß

Abb. 171
Hornschale, wahrscheinlich Haida. Länge: 19 cm. Slg. Rex & Co. 1902. Inv.-Nr. IV A 7646.
Schalen aus den Hörnern der männlichen Bergschafe waren eine Spezialität der Haida. Durch Bearbeitung mit Dampf oder heißem Wasser ließ sich das Horn in die gewünschte Form bringen. Diese Schale zeigt an beiden Enden die Figur eines Wolfes. Sie gehört zum Ankauf von einem Händler, der elf Stücke von der Nordwestküste ohne eine Herkunftsangabe angeboten hat.

Abb. 172
Fettschale in Gestalt eines Seehundes, wahrscheinlich Haida. Länge: 43 cm. Slg. Adam 1927.
Diese mit Muschelscheiben und Opercula eingelegte Schale tauchte 1922 in einem Berliner Antiquariat auf. Leonhard Adam, ein Kenner der Kunst der Nordwestküste, identifizierte sie als Haida-Objekt und erwarb sie zunächst für seine Privatsammlung. Später übergab er sie im Tausch dem Berliner Museum.

a

b

c

d

hier erstmals bei einer Sammlung der Nordwestküste die Namen aller Hersteller aufgezeichnet wurden, und im Katalog (Kasten 1990) ihre Kurzbiographien abgedruckt sind. Außerdem ist die Funktion eines jeden Stücks vorbildlich dokumentiert. Allein der Transport des in Vancouver hergestellten Kanus (Abb. 173) nach Berlin bedurfte einer besonderen Logistik.

Ein Jahr später wurde diese Sammlung moderner Schnitzkunst der Kwakiutl durch den Ankauf zweier Masken des Künstlers Calvin Hunt aus der Sammlung von Katrina Hartje ergänzt (Kasten 1990: 120, 134). Eine davon, das langschnäblige Vogelmonster Huxwhukw, vervollständigte damit die Gruppe von Vogelmonster-Masken der Sammlung Jacobsen. Damit besitzt das Museum eine kleine Sammlung moderner Schnitzwerke, die bezeugen, daß die künstlerischen Traditionen an der Nordwestküste weiterleben. Wünschenswert wäre allerdings, daß auch aus anderen Regionen der Nordwestküste weitere Objekte hinzukommen, um die Vielfalt des künstlerischen Ausdrucksvermögens zu dokumentieren.

Bewertung der Nordwestküsten-Sammlung

Die wenigen Stücke des späten 18. und frühen 19. Jahrhunderts kann man sicherlich als die »Juwelen« der Berliner Nordwestküsten-Sammlung betrachten. Vor allem die drei Masken der Sammlungen Cook und Deppe stellen eine Besonder-

Abb. 173 (a–d)
Herstellung des Berliner Kwakiutl-Kanus durch den Künstler Simon Dick aus Kingcome Inlet. Es entstand 1989/90 im Auftrag des Museums für Völkerkunde auf dem Gelände des *Vancouver Museum* in Vancouver, Kanada. Verwendet wurde ein Stamm der Gelbzeder (Chamaecyparis nootkatensis), deren Holz sich besonders gut zum Bootsbau eignet.
Das Vancouver Museum dokumentierte die Herstellung durch eine Serie von Fotos:

a) Das Abladen des Baumstammes wird von Simon Dick überwacht. Im Hintergrund die Skyline von Vancouver.

b) Zeremonielle Weihe des Stammes. Links Simon Dick.

c) Simon Dick bei der Bearbeitung des Bootes mit dem Dechsel.

d) Das sieben Meter lange Kanu nach der Fertigstellung. Als Motiv für die Bemalung wählte der Künstler die doppelköpfige Schlange *Sisiutl*, eines seiner Familienwappen.

heit dar, da aus dieser Zeit nur wenige Masken erhalten sind. Die von Paul Schulze gesammelten Tlingit-Stücke fügen sich zeitlich zwischen den Sammlungen Deppe und Jacobsen ein, da ein Teil von ihnen mit großer Wahrscheinlichkeit aus der Mitte des 19. Jahrhunderts stammt.

Die von Adrian Jacobsen zusammengetragenen Objekte bilden die bei weitem umfangreichste Einzelsammlung im Bereich der Nordwestküste. Franz Boas hat zwar ihre schlechte Dokumentation bemängelt, doch im Vergleich zu anderen Sammlern kann man seine Angaben zumindest als einigermaßen zuverlässig einstufen. Das »Problem« dieser Sammlung liegt vor allem in ihrem Umfang und ihrer Unübersichtlichkeit, so daß sich bisher noch niemand an eine systematische Bearbeitung gewagt hat. Die Publikation einer regionalen Teilsammlung durch Erich Kasten im Jahre 1990 ist der bisher gelungenste Ansatz dieser Art und für die Zukunft sicherlich richtungsweisend. Leider war damals nicht abzusehen, daß bereits ein Jahr später ein großer Teil der verloren geglaubten Jacobsen-Sammlung nach Berlin zurückkehren würde, darunter auch alle bedeutenden Kwakiutl-Masken.

Im Vergleich zu den großen Nordwestküsten-Sammlungen in den USA und Kanada erscheint die Sammlung Jacobsen bestenfalls als mittelmäßig, in Europa ist sie jedoch eine der besten und umfangreichsten. Sie enthält vor allem einige Besonderheiten wie den Haida-Wappenpfahl, den Häuptlingssitz oder bestimmte Masken, von denen es keine oder nur ganz wenige Vergleichsstücke gibt, so daß Jacobsen-Objekte von amerikanischen Kollegen immer wieder zur Ergänzung von Ausstellungen oder Publikationen herangezogen werden. Da Jacobsens Reisebericht seit 1977 auch in einer (leider gekürzten) englischen Übersetzung vorliegt, ist damit auch der Bekanntheitsgrad seiner Sammlung gestiegen.

Die von Franz Boas und Karl von den Steinen hinzugefügten Objekte sind sicher wichtige Ergänzungen, können das erdrückende Übergewicht des Jacobsen-Materials jedoch nicht mindern. Von einigen Einzelstücken abgesehen, heben sich diese Sammlungen nur wenig von dem bereits vorhandenen Material ab. Erst die kleine Sammlung Kasten hat der Jacobsen-Sammlung eine neue Dynamik verliehen, indem man nun alte Kwakiutl-Stücke mit solchen des gleichen Typs vergleichen kann, die hundert Jahre später entstanden sind. Auch die beiden Masken der Sammlung Hartje ergänzen die Jacobsen-Bestände auf ideale Weise. Für die Zukunft bleibt daher zu hoffen, daß ähnliche Ansätze auch für andere Regionen der Nordwestküste verfolgt werden können.

Subarktis

Abb. 174
Ein Chippewa-Jäger der östlichen Subarktis beim Aufbruch zur Hirschjagd auf Schneeschuhen. Foto aus dem Studio von Charles A. Zimmerman, St. Paul, Minnesota, um 1870. Als stereographisches Foto erworben von Adolf Bastian um 1890.
Der mit einem Gewehr bewaffnete Indianer trägt ein aus einer Handelsdecke gefertigtes »Capote« als Winterbekleidung und eine zusätzliche Decke um die Hüften. Die wichtigsten Ausrüstungsgegenstände für die winterliche Jagd sind die Schneeschuhe, die es ihm ermöglichen, auch im tiefen Schnee seine Jagdbeute zu verfolgen.

Das Gebiet der Subarktis umfaßt, mit Ausnahme der Küstenregionen, fast das gesamte heutige Kanada und den überwiegenden Teil Alaskas. Im Norden besteht die Landschaft aus Tundra, der Süden wird geprägt von großen zusammenhängenden Waldgebieten mit unzähligen Flüssen und Seen, die die Menschen als Wasserstraßen nutzen. Die langen Winter sind schneereich und extrem kalt, die kurzen Sommer mit ihren Insektenplagen warm und feucht. Dieses rauhe und ungastliche Land wird seit Tausenden von Jahren von kleinen Gruppen nomadischer Jäger und Fischer bewohnt.

Diese Gruppen gliedern sich in zwei große Sprachfamilien: Die Athapasken im westlichen Teil, die Algonkin im Osten. Das Leben der Menschen war abhängig vom vorhandenen Tierbestand und seinen Wanderbewegungen. Daher war Mobilität die Voraussetzung für das Überleben, vor allem im Winter. Die Erfindung des Schneeschuhs ermöglichte es, selbst noch bei hohem Schnee auf Jagd zu gehen, denn gegenüber größeren Tieren, die tief im Schnee versinken, ist der Jäger auf seinen Schneeschuhen im Vorteil.

Tiere lieferten außer Nahrung auch das Rohmaterial für Kleidung, Behausung und Werkzeuge. Anderes Material lieferte der Wald, vor allem Baumrinde zur Herstellung von Kanus oder Gefäßen und zur Bedeckung der Hütten. Unter diesen kargen Lebensbedingungen ist es erstaunlich, welche Vielfalt an dekorativen Techniken die Subarktis hervorgebracht hat. Dazu gehören Arbeiten aus gefärbten Stachelschweinborsten oder Elchhaar, aus Glasperlen oder Seidenbändern sowie kunstvoll bemalte Lederkleidung.

Die Behausung bestand entweder aus einem konischen Stangengerüst, das mit Fellen oder Rinde bedeckt war, oder einer kuppelförmigen Hütte (*Wigwam*) mit Bedeckung aus Rinde oder Matten. Zur Bekleidung gehörten lange Mäntel aus Leder, die reich bemalt oder mit Quillwork verziert waren. Manche Gruppen besaßen Hosen, bei denen die Mokkasins fest mit den Beinkleidern verbunden waren.

Da die Bewohner der Subarktis überwiegend in kleinen unabhängigen Jagdverbänden lebten, besaßen sie weder feste Siedlungen noch übergeordnete politische Strukturen. Der Führer einer Gruppe, die aus mehreren Großfamilien bestehen konnte, war meist der erfolgreichste Jäger.

Die religiösen Vorstellungen waren geprägt vom Glauben an Tiergeister. Die Schamanen besaßen besonders mächtige Schutzgeister, die sie zum Heilen von Krankheiten einsetzen konnten. Bei den Algonkin war der Glaube an eine allumfassende Macht verbreitet, die »Manitu« genannt wurde. Durch Rituale und Opfergaben mußte das Wohlwollen dieser Macht erlangt werden.

Die Geschichte der Subarktis ist seit dem Eintreffen der ersten Europäer vom Pelzhandel geprägt. Franzosen und Engländer gründeten am Sankt-Lorenz-Strom und rund um die Hudson's Bay Handelsniederlassungen, von denen aus die *Voyageurs* oder Trapper auf den Wasserstraßen tief ins Landesinnere vordrangen, um die begehrten Pelztiere zu fangen. Aus der Verbindung von französischen Trappern mit indianischen Frauen ging in verschiedenen Gebieten eine Mischbevölkerung hervor, die sich als »Métis« bezeichnet. Im Laufe der Zeit hat sie neben Indianern und Weißen eine eigene ethnische Identität entwickelt, die vor allem im Nordwesten Kanadas stark ausgeprägt ist. Aber auch viele Indianer wurden Fallensteller, um an die begehrten europäischen Handelswaren heranzukommen.

Nicht nur die europäischen Kolonialmächte stritten sich untereinander um die Vorherrschaft im Pelzhandelsgeschäft, sondern auch die indianischen Zwischenhändler, die ihre lokalen Monopole zu verteidigen suchten. Die 1670 gegründete britische Hudson's Bay Company konnte ihren Einfluß immer weiter ausdehnen und kontrollierte ab 1821 den Pelzhandel in der gesamten Subarktis. Im Gefolge der Pelzhändler kamen die Missionare, die sehr viele Indianer tauften, doch die Folge davon war meist eine Vermischung von christlichen und traditionellen Glaubensformen.

Die einschneidendsten Veränderungen brachte Ende des 19. Jahrhunderts die Ausbeutung von Bodenschätzen in der Subarktis. Die von der kanadischen Regierung erlassenen Gesetze schlossen die Ureinwohner des Landes vom Grundbesitz aus und beschnitten ihre Jagdrechte. Daher ist die Frage nach Besitz und Kontrolle von Land und Bodenschätzen noch immer der häufigste Konfliktstoff zwischen Indianern und Kanadiern. Die meisten Bewohner der Subarktis leben heute in kleinen festen Siedlungen, die mit den Annehmlichkeiten der modernen Technik ausgestattet sind. Ihr Einkommen beziehen sie teilweise durch Lohnarbeit, daneben spielen Jagd und Fischfang aber noch eine bedeutende ökonomische Rolle. Ihre Identität als Indianer kommt in ihren überlieferten Wertvorstellungen zum Ausdruck, die auch heute noch das Wohl der Gemeinschaft über den westlichen Individualismus stellen. Ein weiteres wichtiges ethnisches Merkmal der Menschen in der Subarktis ist ihr Festhalten an traditionellen Formen und Stilen in Kunst und Kunsthandwerk, mit denen sie sich von anderen Regionen abgrenzen.

Abb. 175
Tasche mit Quill-Verzierung, ohne Herkunftsangabe. Höhe (mit Fransen): 28 cm. »Alter Bestand«. Inv.-Nr. IV B 71.
Diese Tasche vom Cree-Typ besitzt innen zwei Fächer und ist außen mit zwei gewebten Quillwork-Streifen besetzt. Die übrige Quill-Verzierung ist direkt auf dem Leder aufgebracht. Ein Trageband fehlt. Da die Tasche weder mit einem Datum, noch mit einem Sammlernamen versehen ist, muß sie sich bereits vor 1820 in der Kunstkammer befunden haben, denn erst danach begann man damit, Namen und Daten festzuhalten.

Die frühesten Sammlungen

Die ältesten Stücke aus der Subarktis kommen aus dem östlichen Teil. Ebenso wie bei den frühen Sammlungen aus dem Waldland läßt sich in vielen Fällen keine Zuordnung zu einem Sammlernamen treffen, so daß man mit Walter Krickeberg (1954) auch hier von »altem Bestand« sprechen muß. Dazu gehören ein Mokkasin mit gewebtem Quillwork-Besatz, ein vollständig aus gewebtem Quillwork bestehender Gürtel und eine Messerscheide, die in der gleichen Technik verziert ist (Krickeberg 1954, Taf. 21b, 24c, 30c). Auch die kleinen Taschen (Abb. 175), die mit jeweils zwei Zierstücken aus gewebtem Quillwork versehen sind, tragen keinen Sammlernamen und kein Datum (Krickeberg 1954, Taf. 28a–c). Stilistisch sind sie den Cree zuzuordnen. Das bedeutendste Objekt aus dem »alten Bestand« ist ein lederner Mantel, der sowohl bemalt als auch mit Quillstreifen verziert ist (Abb. 176). Auf den Schultern befinden sich Zierstücke aus gewebtem Quillwork, während die vorne offene Seite an beiden Kanten mit einem langen Streifen von appliziertem Quillwork versehen ist. Besonders charakteristisch ist der »T«-förmig aufgemalte Zierstreifen auf dem Rücken (Krickeberg 1954: 84–86, Taf. 17a). In der ehemaligen Sammlung Speyer (heute in Ottawa) befindet sich ein ganz ähnlicher Mantel, den Benndorf und Speyer (1968, Kat.-Nr. 27) als »Lake Winnipeg Cree«, Brasser (1976: 98) als »Northern Ontario« bezeichnen und in die Zeit um 1780 datieren. Ein weiterer Mantel dieser Art aus der Sammlung Speyer wurde 1968 für Berlin erworben.

Aus der Zeit um 1800 stammt auch ein bemalter Schneeschuh (ursprünglich ein Paar, der zweite ist nicht mehr vorhanden), der im Inventarbuch als »Cooks Nachlaß« bezeichnet wurde (Abb. 177). Damit kann nur die 1819 in London aus dem Museum von William Bullock erworbene Sammlung James Cook gemeint sein, die außer Objekten vom Nootka Sound noch anderes Material enthielt, das

Abb. 176
Ledermantel mit Quill-Verzierung und Bemalung, ohne Herkunftsangabe. Höhe: 142 cm. »Alter Bestand«. Inv.-Nr. IV B 103.
Die Abbildung zeigt die Rückseite des Mantels mit der für die Cree charakteristischen »T«-förmigen Bemalung. Im Gegensatz zu anderen Stücken dieser Art ist die Bemalung weniger bunt und besteht lediglich aus den Farben Rot, Schwarz und einem gelblichen Weiß. Nur am unteren Rand ist ein Muster in grüner Farbe eingefügt. Die mit Fransen behangenen Schulterstücke sind aus gewebtem Quillwork, an der Vorderseite befinden sich zwei lange Quill-Streifen. Der Mantel muß sich vor 1820 in der Kunstkammer befunden haben, da weder Sammler noch Datum des Erwerbs bekannt sind. Die wenigen noch existierenden Mäntel dieses Stils werden auf die Zeit um 1780 geschätzt. Die relativ schlichte Bemalung läßt auf eine davor entstandene frühere Form dieser Mäntel schließen.

Abb. 177
Bemalter Schneeschuh, ohne Herkunftsangabe. Länge: 141 cm. Angeblich »Cooks Nachlaß«. Inv.-Nr. IV B 145b.
Nach dem Eintrag auf der Karteikarte befand sich dieser Schneeschuh im Magazin in Dahlem, während der andere bis zum Zweiten Weltkrieg im Museum ausgestellt war und seitdem verschwunden ist. Der bemalte Rahmen besitzt an der vorderen Querstrebe Symbole, die an ein Kartenspiel erinnern. Selbst das Geflecht aus Rohleder ist bemalt. Am Rand befinden sich kleine Büschel aus farbigen Tuchstreifen, der mittlere Teil des Rahmens ist mit rotem Wollstoff unterlegt. Die Unterseite weist keine Spuren von Abnutzung auf, woraus man schließen kann, daß die Schneeschuhe nie in Gebrauch waren. Die Art der Bemalung deutet auf eine Arbeit der kanadischen Métis hin, die rein dekorativen Zwecken diente. Da die Schneeschuhe zusammen mit der Sammlung Cook erworben wurden, müssen sie um 1800 oder früher entstanden sein.

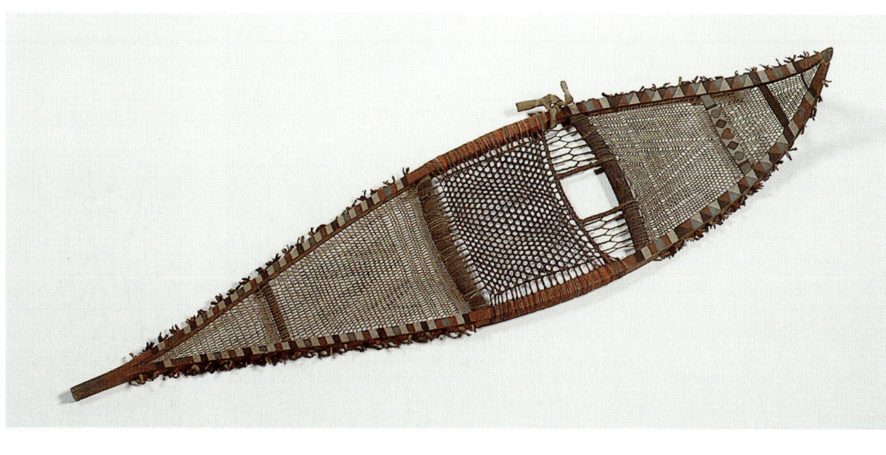

jedoch nicht von Cooks Reisen stammen kann. Die ungewöhnliche Bemalung an der vorderen Querstrebe des Schneeschuhs erinnert an die vier Farbsymbole eines Kartenspiels, was auf eine Arbeit der kanadischen Métis hindeutet. Die 1824 erworbene Sammlung von Johann Reinhold Forster enthielt ebenfalls Stücke aus der Subarktis, zwei Bänder aus gewebtem Quillwork, die Krickeberg (1954: 85, Taf. 29a, b) als Leggingstreifen interpretiert.

Auch andere Sammlungen, die bereits in den Kapiteln »Waldland« bzw. »Prärien und Plains« besprochen wurden, enthielten einzelne Stücke aus der Subarktis. Von Kapitän Hadlock (1824) stammt ein Paar lederne Leggings, das im Stil der Naskapi bemalt ist (Abb. 178). Die Sammlung Engelmann (1840) enthielt zwei Zierstücke aus gewebtem Quillwork im Cree-Stil, die als »Sioux« bezeichnet waren (Krickeberg 1954, Taf. 29c). Friedrich Köhler trug 1846 mit einem Paar Handschuhe zur Subarktis-Sammlung bei (Krickeberg 1954, Taf. 19c).

Von zwei kleinen Schalen aus Birkenrinde stammt eine aus dem »alten Bestand«, die andere wurde 1835 von einem Herrn von Nagler erworben, von dem außer dem Namen nichts bekannt ist. Der Kaufmann Frederick Röver aus Saint Louis brachte 1854 zwei »Indianeranzüge« nach Berlin mit, von denen einer vom oberen Missouri kam (siehe Kapitel »Prärien und Plains«). Der andere war ein Ledermantel im Schnitt eines europäischen Fracks, eine typische Arbeit der kanadi-

178

179a

179b

Abb. 178
Bemalte Leggings, ohne Herkunftsangabe. Länge: 67 cm. Slg. Hadlock 1824. Inv.-Nr. IV B 78.
Die in roter, brauner und schwarzer Farbe bemalten Leggings sind im Inventarbuch als »Oberleder von einem Paar Stiefeln« eingetragen. Die Bemalung entspricht dem Stil der von den Montagnais-Naskapi bekannten Mänteln aus Karibu-Leder, so daß die von Hadlock nach Berlin mitgebrachten Leggings wahrscheinlich von gleicher Herkunft sind. Ein ähnliches Paar aus der ehemaligen Sammlung Speyer wird von Brasser (1976: 70) als »Naskapi, before 1770« bezeichnet.

Abb. 179 a+b
Ledermantel mit Quillwork-Verzierung. Angeblich »Oberer Mississippi«. Länge: 102 cm. Slg. Röver 1854. Inv.-Nr. IV B 191.
Dieser in europäischem Schnitt gefertigte zweireihige Mantel besitzt extrem sorgfältig gearbeitete Blumenmuster in Quillwork-Technik. Vor allem die separat eingesetzte Rückenpartie ist als Meisterwerk der Quill-Verarbeitung zu betrachten. Solche Mäntel, die europäischen Schnitt und indianische Verzierungstechniken miteinander verbinden, wurden in der Mitte des 19. Jahrhundets von kanadischen Métis hergestellt.

180

Abb. 180
Ledergewand mit Quillwork-Verzierung. Angeblich »Amurland«. Länge: 115 cm. Slg. von Schönig 1857. Inv.-Nr. IV A 9086.
Dieses lange Gewand aus Leder mit Besatz aus gewebtem Quillwork war typisch für die Männerkleidung der Kutchin Alaskas in der Mitte des 19. Jahrhunderts. Auf Abbildungen aus dieser Zeit tragen die Männer stets Hemden, deren unterer Saum sowohl vorne als auch hinten spitz zuläuft. Die Kleider der Frauen hingegen waren an der Vorderseite gerade geschnitten (Duncan 1989: 42–47). Das Gewand ist wahrscheinlich über den russischen Pelzhandel nach Europa gekommen und daher zunächst als chinesische Arbeit angesehen worden. Erst um 1930 wurde es der Amerika-Abteilung übergeben.

schen Métis. Nicht nur Ärmel, Taschenklappen und Kragen, sondern die gesamte Rückenpartie sind mit floralen Quillwork-Mustern verziert (Abb. 179). Dazu gehört ein Paar Leggings, das ebenfalls reich mit Quillwork besetzt ist.

Die bis dahin in Berlin eingegangenen Sammlungen von der Subarktis stammen alle aus dem östlichen Teil und reflektieren damit die fortschreitende Besiedlung von Ost nach West. Der westliche Teil der Subarktis hingegen blieb wesentlich länger ein von Europäern unerschlossenes Gebiet, so daß von dort nur wenige Objekte kamen. Lediglich die südliche Küstenregion Alaskas war davon ausgenommen, wodurch Sammlungen von dort am ehesten über den Pelzhandel der

Russen nach Europa gelangten. Wie ein »Frauenunterkleid« mit dazugehöriger Hose aus der westlichen Subarktis in die Hände des Kommerzienrates von Schönig gelangte, läßt sich heute nicht mehr nachvollziehen. Es handelt sich um ein Lederkleid im Stil der Kutchin, dessen Herkunft mit »Amurland« (am Fluß Amur in China) angegeben war, so daß es 1857 zunächst in der Asien-Sammlung der Kunstkammer inventarisiert wurde (Abb. 180). Erst um 1930 erkannte man es als Kleidungsstück der Indianer Alaskas und übernahm es in die Amerika-Abteilung. Die Hose ist besonders charakteristisch für diese Gegend, da die Mokkasins direkt an den Hosenbeinen befestigt sind (Abb. 181).

Mit dieser kleinen, durch zufällige Erwerbungen zustandegekommenen Sammlung aus der Subarktis mußte sich die ethnologische Abteilung der Kunstkammer zunächst begnügen. Spektakuläre Objekte, die eine eigenständige Präsentation verlangt hätten, gab es darunter nicht. Die Stücke wurden daher als Teil der Sammlungen aus dem östlichen Nordamerika angesehen. Erst durch die Sammeltätigkeit von Adrian Jacobsen in Alaska erhielt das Material aus der Subarktis einen sprunghaften Zuwachs und damit einen eigenständigen Charakter.

Abb. 181
Hose mit angesetzten Mokkasins. Angeblich »Amurland«. Länge: 130 cm. Slg. von Schönig 1857. Inv.-Nr. IV A 9087.
Diese Hose im Stil der Kutchin (von der das Foto nur die Beine zeigt) gehört zu dem oben beschriebenen Ledergewand. An der vorderen Naht befinden sich an beiden Beinen lange Streifen aus gewebtem Quillwork. Die Mokkasins sind direkt an die Hosenbeine angenäht und mit einem Quill-Streifen gesäumt. Auf den Abbildungen aus der Mitte des 19. Jahrhunderts tragen nur Männer solche reich verzierten Hosen.

Die Sammlungen nach 1880

Nach seinem Aufenthalt an der Nordwestküste startete Jacobsen am 13. Juni 1882 zu seiner Reise nach Alaska. Er fuhr bis Fort St. Michael am Norton Sound, der Hauptstation der *Alaska Commercial Company*, das für ihn zum Ausgangspunkt verschiedener Reisen ins Landesinnere wurde.

Nachdem er sich im Fort mit Handelswaren eingedeckt hatte, startete er am 4. August 1882 auf einem Dampfboot seine Fahrt den Yukon River aufwärts. Dabei durchquerte er zunächst das Gebiet der Kwikpakmiut, einer Gruppe der Yup'ik-Eskimo, und gelangte am 12. August zu den ersten Dörfern der Ingalik. Dies sind die am weitesten im Westen lebenden indianischen Bewohner der Subarktis. Bei dieser Fahrt hatte Jacobsen folgende Sammeltaktik angewandt: Bei der Hinfahrt verbreitete er in den Dörfern die Aufforderung, ethnologische Gegenstände bereit zu halten, die er dann auf der Rückfahrt kaufen wolle. Allerdings stellte er bald darauf resigniert fest, daß die Bewohner dieser Gegend nur noch wenige ursprüngliche Gegenstände besaßen, denn das meiste, was sie benutzten, sei Handelsware (Jacobsen 1884: 192–195). Seine Sammlung von den Ingalik beträgt trotzdem etwa 300 Objekte, wobei er wiederum, gemäß dem Auftrag Bastians, darauf achtete, möglichst viele Objekte aus Materialien wie Knochen, Horn oder Stein zu bekommen. Zu dieser Sammlung gehören daher fünf alte Steinäxte, zahlreiche Knochenmesser, Vogelpfeile mit Knochenspitzen, Holzbögen, Holzlöffel, Eßschüsseln aus Holz, Fischnetze und anderes Fanggerät, Taschen aus Vogelhaut, Regenmäntel aus Lachshaut, Körbe, Strümpfe aus Grasgeflecht, Gefäße und Kindertragen aus Baumrinde, Töpfe und Tranlampen aus Ton, Schmuck aus Glasperlen und Muscheln, sowie 13 Tanzmasken, die Tiergeister verkörpern. Mit Ausnahme der Masken besteht die Sammlung überwiegend aus Objekten für Jagd und Fischfang und für den täglichen Gebrauch (Abb. 183).

Die zweite Sammlung aus der Subarktis, die Jacobsen auf seiner Alaska-Reise anlegte, kommt von den Tanaina, einer Indianergruppe des südlichen Alaska am Cook Inlet, der Gegend der heutigen Stadt Anchorage. Jacobsen war im April 1883 vom Yukon aus mit dem Hundeschlitten über Land nach Süden gefahren, dann mit dem Boot die Küste entlang bis zum Cook Inlet. Am 12. Juni 1883 traf er in der Handelsstation der *Alaska Commercial Company* in »Tagunak« ein, dem

Abb. 182
Umhängetasche. Tanaina. Länge mit Trageband: 73 cm. Slg. Jacobsen 1883. Inv.-Nr. IV A 6104.
Jacobsen kaufte diese mit Glasperlen und Dentalium verzierte Tasche an dem von ihm als »Tagunak« oder »Thayonak« bezeichneten Handelsposten Tyonek am Cook Inlet. Solche Taschen werden allgemein als »Firebags« bezeichnet und dienten ursprünglich zum Aufbewahren der Munition. Später übernahmen sie eine rein dekorative Funktion und wurden als Teil der zeremoniellen Kleidung getragen (Duncan 1989: 168).

Abb. 183
Bestickte Tasche. Ingalik. Höhe: 40 cm. Slg. Jacobsen 1882. Inv.-Nr. IV A 5607.
Nach Angabe von Jacobsen kommt diese »Jagdtasche« von den Ingalik am Tanana River, einem Nebenfluß des Yukon. Solche mit floralem Perlenmuster bestickten Taschen besitzen allerdings kein Trageband und sind deshalb als Jagdtaschen ungeeignet. Duncan (1989: 122) spricht daher von »Schlittentaschen« (Sled Bags), in denen auf Reisen Kleidungsstücke und andere Utensilien aufbewahrt wurden.

183

182

heutigen Tyonek. Dort erwarb er etwa 60 Objekte von den Tanaina. Außer Pfeilen mit Knochenschaft und Eisenspitze, Fischfanggerät, Körben und Ledertaschen (Abb. 182) konnte er dort auch mehrere Kleidungsstücke bekommen, darunter zwei Lederhemden, eines mit Quillbesatz, das andere mit Verzierungen aus Glasperlen und Dentalium. Dazu gehörte jeweils eine Hose mit angesetzten Mokkasins. Auf der gegenüberliegenden Seite von Cook Inlet, in Fort Kenai, kaufte Jacobsen 23 weitere Tanaina-Objekte, bevor er die Reise zur Kodiak-Insel fortsetzte (Jacobsen 1884: 363–365). Diese Erwerbungen Jacobsens aus der westlichen Subarktis füllen eine wichtige Lücke in der Berliner Nordamerika-Sammlung, da sie (von Einzelstücken abgesehen) die einzigen sind, die die Kulturen dieser Region dokumentieren.

Über den Vizekonsul Jakutsk Priklowski kam zwar 1884 ein weiteres Ledergewand aus der westlichen Subarktis nach Berlin, das zunächst in der Asien-Abteilung inventarisiert wurde, da es angeblich von den »Kargaulen« an der Mündung der Lena in Sibirien stammte. Erst um 1930 wurde es der Amerika-Abteilung übergeben. Aus der Sammlung Speyer kam 1963 noch eine ornamentierte Keule aus Karibu-Geweih hinzu, die als »Ingalik« bezeichnet wurde, möglicherweise aber eine Arbeit der Ahtna im südlichen Alaska ist (Helm 1981: 652). Die Keule gehörte ursprünglich zur Sammlung der *London Missionary Society* und soll vor 1830 gesammelt worden sein.

Die Objekte aus der östlichen Subarktis konnten um die Jahrhundertwende durch einige Mokkasins mit der Herkunftsangabe »Kanadische Indianer« ergänzt werden. Ein besonderes Stück kam 1912 mit einem Ankauf von dem Hamburger Händler Umlauff nach Berlin. Es handelte sich um eine Lederkappe

Abb. 184
Lederkappe, angeblich »Prärieindianer«. Höhe (ohne Federn): 28 cm. Slg. Umlauff 1912. Inv.-Nr. IV B 8607.
Diese Mütze war Teil eines größeren Ankaufs von Objekten der »Prärieindianer«, die der Hamburger Ethnographica-Händler Umlauff anbot. Eine weitere Dokumentation dazu gibt es nicht. Die Mütze ist mit Reihen von Kreisen in rotbrauner Farbe bemalt und mit zwei Schmuckbändern und drei Federn verziert. Die Bänder aus gewebtem Quillwork weisen auf beiden Seiten unterschiedliche Muster auf. Sowohl die aufgemalten Kreise als auch die Technik des Quillwork kennzeichnen diese Mütze als eine Arbeit der östlichen Cree aus dem frühen 19. Jahrhundert.

mit zwei unterschiedlichen Zierstreifen aus gewebtem Quillwork und drei Schmuckfedern, deren Herkunft mit »Prärieindianer« angegeben war (Abb. 184). Ruth Phillips (1998: 242-243) hat sie als Kopfbedeckung der östlichen Cree identifiziert und datiert sie in das frühe 19. Jahrhundert.

Im gleichen Jahr 1912 schickte Christian Leden als Ergebnis seiner Kanada-Sammelreise (siehe Kapitel »Prärien und Plains«) etwa 100 Objekte der westlichen Cree nach Berlin. Sie stammen von zwei Gruppen, die er als »Onion Lake« und »Hobema« bezeichnet. Es handelt sich um die heutigen Orte Onion Lake in Saskatchewan und Hobbema in Alberta. Neben Alltagsgegenständen wie Gefäßen aus Birkenrinde (Abb. 185), Ledertaschen, Messer, Fellschaber, einer Bürste aus dem Schwanz eines Stachelschweins und verschiedenen Mokkasins befinden sich auch ein Zeltmodell, Schmuck und zeremonielle Gegenstände darunter. Armbänder, Ohr-, Haar- und Halsschmuck wurden bei besonderen Gelegenheiten und für den Tanz getragen. Zu den zeremoniellen Objekten

Abb. 185
Behälter aus Birkenrinde. Cree am Onion Lake (Saskatchewan). Höhe: 20 cm, Breite: 25 cm. Slg. Leden 1912. Inv.-Nr. IV B 8624. Dieser Behälter ist aus einem zugeschnittenen Stück Birkenrinde gefertigt und mit Pflanzenfasern zusammengenäht. Als Verzierung dient ein gezackter Randstreifen aus dünnerer Rinde. Der obere Rand ist mit Zweigen verstärkt und mit Pflanzenfasern umwickelt. Nach Angabe von Christian Leden diente der Behälter zum Sammeln von Beeren, weshalb er mit einem Trageriemen aus Leder ausgestattet ist.

zählen zwei »Friedenspfeifen«, zwei Trommeln (angeblich für Schamanen) sowie mehrere Rasseln und drei Knochenpfeifen für den Sonnentanz. Ein besonderer Schwerpunkt der Sammlung liegt im Bereich der Medizin und des Heilens. Drei größere Beutel ohne Inhalt werden als »Medizinbeutel« bezeichnet. Eine mit Quillwork verzierte kleine Ledertasche war für »Liebesmedizin und aromatische Substanzen« vorgesehen, eine mit Glasperlen bestickte Tasche enthielt »Medizin für Herzkrankheiten«. Weitere Pflanzenproben dienten als Mittel gegen Erkältungen, Diarrhö, Bluthusten, Asthma, Kopfweh, Gicht oder Lungenentzündung. Daneben gibt es Mittel zum Blutstillen und Desinfizieren. An medizinischen Geräten sammelte Leden einen Schröpfkopf aus einem Horn und eine Klistierspritze aus dem Flügelknochen eines Vogels.

Aus dem Nationalmuseum in Kopenhagen kam 1938 durch Tausch eine kleine Sammlung mit 22 Naskapi-Stücken nach Berlin. Davon sind sechs als »Moravian Mission« und zehn als »Sammlung G. F. Speck« bezeichnet. Bei den in Amerika als »Moravians« bekannten Missionaren handelt es sich um die Herrnhuter Brüdergemeinde mit Sitz in Herrnhut bei Dresden. Der Ethnologe Frank G. Speck arbeitete zwischen 1908 und 1938 mit Montagnais und Naskapi am Lake Saint John. Die Sammlung besteht überwiegend aus kleinen Haushaltsgeräten, mehreren Taschen, einem Paar Mokkasins, perlenbestickten Haarbändern und anderem Schmuck, sicherlich alles »Dubletten«, die in Kopenhagen entbehrlich waren.

Weitere Montagnais-Naskapi-Objekte gelangten über den Sammler und Händler Arthur Speyer Jr. nach Berlin. Zunächst 1961 ein bemalter Ledermantel, zu dem keine dokumentierte Sammlungsgeschichte existiert. Burnham (1992: 165) datiert ihn in die Zeit zwischen 1820 und 1830. Das Museum kaufte 1967 einen zweiten Mantel, der nach Angabe von Speyer aus einer französischen Missionsstation in der Gegend von St. Augustine in Quebec kommt und angeblich 1838 gesammelt wurde (Burnham 1992: 197). Das dritte, 1971 erworbene Stück ist ein bemaltes Lederhemd aus der ehemaligen Sammlung Umlauff und daher ohne weitere Dokumentation (Benndorf und Speyer 1968, Kat. Nr. 42). Diese drei Kleidungsstücke aus der Zeit zwischen 1800 und 1830 sind ethnologische Raritäten ersten Ranges und eine wichtige Bereicherung der Sammlung aus der östlichen Subarktis.

Ein weiterer Ledermantel aus der Sammlung Speyer, 1968 erworben, entspricht im Stil dem am Anfang dieses Kapitels erwähnten Mantel aus dem »alten Bestand« der Kunstkammer. Am unteren Rand befindet sich ein breiter bemalter Streifen und auf dem Rücken eine »T«-förmige Bemalung. Nach Angaben von Arthur Speyer Jr. ist der Mantel eine Arbeit der Barren Ground Cree aus der Zeit um 1800 und wurde (sicherlich noch von seinem Vater) aus dem Museum in Edinburgh (Schottland) »herausgetauscht«. Ebenfalls aus der Sammlung Speyer kamen 1969 ein Paar mit Feder-Quill verzierte Kniebänder, die als »Slave, vor 1840« bezeichnet sind (Benndorf und Speyer 1968, Kat.-Nr. 15), und eine Haube aus rotem Wollstoff, die mit floralen Mustern verziert ist (Abb. 186). Diese Haube wurde von Benndorf und Speyer (1968, Kat.-Nr. 26) als »Swampy Cree, um 1860« klassifiziert. Leider gibt es keinen Hinweis darauf, auf welchem Weg sie in die Sammlung Speyer gelangt ist.

Nachdem Arthur Speyer Jr. den größten Teil seiner Sammlung, die überwiegend Material aus der Subarktis und dem östlichen Waldland enthielt, 1974 an das damalige *National Museum of Man* in Ottawa (heute *Canadian Museum of Civilization* in Hull-Ottawa) verkauft hatte, versiegte diese Quelle für das

Abb. 186
Haube aus rotem Wollstoff. Angeblich Swampy Cree, um 1860. Höhe (mit Fransen): 63 cm. Slg. Speyer 1969. Inv.-Nr. IV B 12827.
Kopfbedeckungen dieser Art waren in der östlichen Subarktis weit verbreitet und wurden vor allem im Winter getragen. Diese besteht aus rotem Wollstoff und besitzt innen ein Futter aus gestreiftem Baumwolltuch. Die mit Glasperlen aufgestickten Rankenmuster sind jeweils durch Streifen aus schwarzem Wollstoff voneinander abgesetzt. Die Alters- und Herkunftsbestimmung stammt von dem Verkäufer, Arthur Speyer Jr., gesammelt hat die Haube wahrscheinlich sein Vater Arthur Speyer Sr., der leider keine Angaben zu ihrer Sammlungsgeschichte hinterlassen hat.

Berliner Museum. In Kanada hingegen feierte man dieses Ereignis mit einer Sonderausstellung und war stolz darauf, daß es gelungen war, diese Sammlung als Teil des kanadischen Kulturerbes zurückzuführen (Brasser 1976: 7).

Bewertung der Sammlung aus der Subarktis

Die Subarktis ist ein Gebiet, das in den ethnologischen Sammlungen der europäischen Museen nur eine marginale Rolle spielt. Bis zum Ende des 19. Jahrhunderts gelangten lediglich Einzelstücke oder sehr kleine Sammlungen nach Europa. Die um 1880 einsetzende ethnologische Erforschung dieser Region wurde fast ausschließlich von Amerikanern und Kanadiern betrieben, so daß die dabei entstandenen Sammlungen in den Museen dieser Länder lagern. Hinzu kommt, daß die materielle Kultur der Subarktis in Berlin nicht als eigenständiges Sammelgebiet gesehen wurde, sondern lediglich als Teil des östlichen Waldlandes.

Die frühen Kunstkammer-Stücke aus der östlichen Subarktis bilden eine rein zufällig entstandene Auswahl, besitzen wegen ihrer Seltenheit und ihres hohen Alters jedoch einen bedeutenden kulturhistorischen Wert. Durch die späteren Erwerbungen aus dem Besitz von Arthur Speyer war es möglich, diesen Teil beträchtlich aufzuwerten, so daß der Schwerpunkt der Sammlung jetzt auf den größeren dekorativen Kleidungsstücken liegt. Die kleine Sammlung Leden mit Haushaltsgeräten und zeremoniellen Objekten und die Stücke aus Kopenhagen bilden dazu eine gute Ergänzung.

Die ältesten Objekte aus dem Gebiet der westlichen Subarktis, nämlich die Kleidungsstücke der Sammlungen von Schönig und Priklowski, blieben lange Zeit unerkannt in der Asien-Abteilung. Wahrscheinlich konnte man sie erst durch den Vergleich mit den von Jacobsen in Zentral-Alaska erworbenen Stücken richtig zuordnen. Jacobsens Material von den Ingalik und Tanaina ist zwar im Vergleich zur Gesamtgröße seiner Alaska-Sammlung recht gering, doch muß man ihm dankbar sein, daß er diesen Teil Alaskas überhaupt bereist hat. Es wäre für ihn sicher einfacher gewesen, an der Küste zu bleiben und ausschließlich Eskimo-Objekte zu erwerben. In seiner bewährten Art ist es ihm gelungen, einen recht guten Querschnitt vom damals verfügbaren materiellen Kulturinventar dieser beiden Gruppen am westlichen Rand der Subarktis zusammenzustellen.

Der überwiegende Teil der Sammlungen aus der Subarktis entstammt dem 19. Jahrhundert. Lediglich die von Christian Leden und Frank G. Speck erworbenen Stücke sind dem frühen 20. Jahrhundert zuzuordnen. Zur Gegenwart klafft damit eine Lücke von fast hundert Jahren, die in Zukunft nicht mehr zu schließen sein wird. Zumindest im 21. Jahrhundert sollte man versuchen zu dokumentieren, daß es auch in der Subarktis indianische Gruppen gibt, die ihre ethnische Identität bis in die heutige Zeit bewahren konnten und dies in ihrer Kunst und materiellen Kultur zum Ausdruck bringen.

Abb. 187
Eskimo-Jäger mit Jagdausrüstung und hölzerner Schneebrille. Vermutlich frühes 20. Jahrhundert. Fotograf unbekannt.

Die Völker, die sich die Küsten und Inseln am eisigen Nordrand von Nordamerika und Teile der angrenzenden Tundra zur Heimat gewählt haben, werden landläufig als Eskimo bezeichnet. Unter biologischen und kulturhistorischen Gesichtspunkten nehmen sie unter den Ureinwohnern Nordamerikas eine Sonderstellung ein, aber in der Ethnologie ist es üblich, sie gemeinsam mit den indianischen Völkern zu betrachten. Der Begriff Eskimo geht vermutlich auf ein Wort der Montagnais-Indianer im Osten Kanadas zurück: *Ayaskimew,* »Schneeschuh-Flechter«. Sie selbst bezeichnen sich – je nach Region und Sprachgruppe – als Inuit, Inupiaq, Yup'ik, Alutiiq (Aleuten), oder Kalaallit. Trotz des riesigen Verbreitungsgebietes zwischen der Ostspitze Sibiriens und Grönland ist das arktische Kulturmuster recht einheitlich. Die heutigen Eskimo-Gruppen sind Nachfolger der prähistorischen Thule-Kultur, die sich vor etwa 1000 Jahren von Nord-Alaska aus bis nach Grönland verbreitete und dabei ältere Kulturtraditionen verdrängte oder überlagerte. Dabei entwickelten die Eskimo eine Form der Anpassung an die extremen klimatischen und geographischen Bedingungen der Arktis, die zu den großen Kulturleistungen der Menschheit gehört.

Die Jagd steht im Mittelpunkt des Lebens und Denkens der arktischen Völker. In der traditionellen Religion, die im 20. Jahrhundert weitgehend vom Bekenntnis zum Christentum ersetzt oder überlagert worden ist, beschworen Schamanen, Tanzfeste und spezielle Jagd- und Fruchtbarkeitszeremonien das Jagdglück und die jährliche Rückkehr der Herden. Göttliche Wesen wie Sedna, die Herrin der Tiergeister, mußten immer wieder besänftigt werden, damit sie die Tiere zum Nutzen der Menschen freigaben. Für gemeinschaftliche Zeremonien und Tänze besaßen die meisten Dörfer ein spezielles Tanzhaus, das im Alltag den Männern als »Clubhaus« und Arbeitsraum diente. Bei der geringen Personenzahl der mobilen Familienverbände waren soziale Unterschiede nicht sehr ausgeprägt.

Abb. 188
Liederfest der Kupfer-Eskimo, Dolphin and Union Strait, Zentralarktis. Fünfte Thule-Expedition. Foto: Leo Hansen 1924.
Tanz ist eine zentrale ästhetische Kategorie der Eskimo. Tanzfeste fanden früher in einem eigenen Versammlungshaus statt, heute wird dazu die Gemeindeturnhalle benutzt. Die Sänger auf dem Foto tragen Jacken aus Karibu-Fell, mit Streifen von weißem Bauchfell als Verzierung. Der Vortänzer trägt zusätzlich eine wertvolle Mütze aus eingefärbtem Karibu-Fell, gekrönt von einem Seetaucherschnabel.

Abb. 189
Inneres eines Hauses auf der Insel St. Lawrence (südlich der Beringstraße). Lithographie nach Louis Choris, 1817 (»Voyage pittoresque autour du monde«, 1820).
Die beiden Männer tragen Überkleidung, die aus Darmhaut oder hellen Vogelbälgen bestehen könnte. An den Hausbalken hängt Rohmaterial für Kleidung: Felle, gereinigte Därme und Vogelbälge. Neben der typischen Rahmentrommel mit Stiel zeigt die Darstellung einen europäischen Eisenkessel. Metallgeräte zählten für die Eskimo von Anfang an zu den begehrtesten Waren der Europäer.

Eine gewisse Sonderstellung besaßen die machtvollen Schamanen sowie Männer, die sich bei der gefährlichen Waljagd auf offenem Meer Ansehen und Respekt erworben hatten.

In den nördlichen Tundren der Zentralarktis und Teilen Alaskas spielen bis heute die Jagd auf Karibus und der Fischfang eine wichtige Rolle. Typisches Merkmal der Eskimo-Kultur am Eismeer ist jedoch die Jagd auf Robben, Walrosse und Wale. Die dafür entwickelten Geräte und Methoden fanden die Bewunderung der Europäer und wurden vielfach nachgeahmt. Das elegante, völlig wasserdichte Kajak aus einem Gerüst von Treibholz, das mit Häuten von Meeressäugern bespannt wurde, diente vor allem der Robbenjagd. Wale wurden mit dem Umiak, einem offenen Großboot, verfolgt. Ansonsten wurde das Umiak auf Reisen entlang der Küste von den Frauen benutzt. Wichtigstes Jagdgerät war die zweiteilige Harpune, verbunden mit Fangleine und Schwimmkörper. Holzspeere, an denen jeweils mehrere Elfenbeinspitzen mit geschnitzten Widerhaken befestigt wurden, gewährleisteten eine hohe Trefferquote bei der Begegnung mit Fisch- und Vogelschwärmen. Robben lieferten nicht nur Nahrung, Häute und anderes Rohmaterial, sondern auch ein brennbares Öl, das in der Polarnacht Licht und Wärme spendete. Das Öl wurde in flache Tranlampen aus Stein gegossen und mit einem Docht aus Moos abgebrannt.

Zu den weltbekannten Erfindungen der Eskimo gehört auch ihre »Isolierkleidung« aus Fellen oder Därmen, die optimalen Kälte- und Nässeschutz bietet (Anorak und Parka). Die als »Iglu« bekannte kuppelförmige Schneehütte war entgegen dem verbreiteten Klischee keinesfalls die typische Behausung aller Eskimo, sondern diente in den meisten Regionen als Reiseunterkunft, die schnell errichtet war. In Grönland und Alaska baute man feste Häuser aus Stein, Treibholz oder Walknochen, die mit Torf oder Grassoden abgedeckt wurden. Das Wort *Iglu* oder *Igdlo* heißt ganz allgemein »Haus«.

Ein überraschender Kontrast zum rauhen Daseinskampf der Eskimo ist ihre feine, technisch perfekte Schnitzkunst in Walroßelfenbein, Knochen und Holz. Aus Treibholz geschnitzte, bizarr oder extravagant anmutende Tanz- und Schamanenmasken, von denen das Berliner Museum eine große Sammlung besitzt, waren eine Spezialität der Alaska-Eskimo. Eine relativ neue Form des arktischen Kunstschaffens sind Schnitzereien aus Speckstein, einem leicht zu bearbeitenden Material.

Die Geschichte der Beziehungen zwischen Eskimo und Europäern reicht 1000 Jahre zurück, als Normannen den Südwesten Grönlands besiedelten. Später kamen Walfänger, Expeditionen auf der Suche nach der »Nordwestpassage« zum Pazifik, Missionare und Pelzhändler. Aber erst im 20. Jahrhundert wandelte sich die Eskimo-Kultur entscheidend. Der Kalte Krieg nach 1945 führte zur Errichtung amerikanischer Militärbasen in der westlichen Arktis. Immer mehr Eskimo ließen sich bei den Stationen nieder, wo es Flugplätze, Krankenhäuser, Schulen, Supermärkte und Arbeitsplätze gab. Die moderne Infrastruktur brachte Annehmlichkeiten, aber auch wirtschaftliche Abhängigkeit und soziale Probleme wie Alkoholmißbrauch.

Das Gewehr verdrängte die Harpune als wichtigste Jagdwaffe, an die Stelle der Kajaks und Hundeschlittengespanne traten Motorboote und -schlitten. Dennoch bewährt sich die Eskimo-Technologie bis heute. Die Überlegenheit traditioneller Materialien gegenüber Fabrikware zeigt sich unter anderem bei wetterfester Kleidung und Schuhwerk.

Die Eskimo mußten feststellen, daß neue Einnahmequellen, z.B. aus Rechten an der Erdölförderung, nicht nur Vorteile bringen, sondern auch Schattenseiten haben, wie die Zerstörung von Jagdgründen und wachsende Abhängigkeit von der Weltwirtschaft. Auch deshalb bilden Jagd und Fischfang weiterhin den Kern der Eskimo-Identität, obwohl die meisten ihren Lebensunterhalt nur noch partiell damit bestreiten. Moderne Eskimo-Politik wird vom Kampf um Land- und Jagdrechte und dem Streben nach Autonomie bestimmt. Am 1. April 1999 entstand durch Teilung der kanadischen Nordwest-Territorien Nunavut (»Unser Land«), ein selbstverwaltetes Territorium von der sechsfachen Größe Deutschlands. Die Inuit bilden die große Mehrheit unter den nur 28 000 Einwohnern. Für sie stellt Nunavut die Chance dar, die Zukunft nach den eigenen Bedürfnissen und Traditionen zu gestalten.

Die Sammlungen aus der Arktis

Die Eskimo-Sammlungen im Berliner Museum für Völkerkunde, von den mitgebrachten Einzelstücken und Gelegenheitssammlungen von Seeleuten und Expeditionsteilnehmern bis zu der mehrere Tausend Objekte umfassenden Sammlung Jacobsen aus Alaska, würden nach Anzahl und Umfang einen gesonderten Katalog und die Expertise eines Eskimo-Spezialisten verdienen. Die Tatsache, daß sich unter den Kustoden der Nordamerika-Abteilung bisher kein Fachmann für die arktische Region befunden hat, erklärt auch, warum die meisten Sammlungen noch nie systematisch bearbeitet wurden. Immerhin ist das von Adrian Jacobsen gesammelte Yup'ik und Inupiaq-Material in jüngster Zeit zum Gegenstand von

Spezialforschungen geworden (siehe weiter unten). Der folgende grobe Abriß der Sammlungsgeschichte, gegliedert nach den Regionen Grönland, Kanadische Arktis und Westliche Arktis (vgl. Damas 1984), erhebt keinen Anspruch auf Vollständigkeit. Er soll vor allem deutlich machen, wie sich das europäische Interesse an der Erforschung der Arktis zwischen dem frühen 19. Jahrhundert und der Zeit zwischen den beiden Weltkriegen in der Berliner Sammlungsgeschichte widerspiegelt.

Grönland

Die frühesten Erwerbungen aus Grönland und anderen Teilen der Arktis für die Kunstkammer stammen von dem schon mehrfach erwähnten amerikanischen Schausteller Captain Samuel Hadlock (1792–1829). Als er mit seiner Wanderausstellung, zu deren Attraktionen eine dreiköpfige Eskimo-Familie aus Baffinland gehörte, 1824 in Berlin Station machte, trennte er sich von einem Teil seiner ethnographischen Sammlung. Dem Verkauf von insgesamt etwa 20 Stücken, darunter aus Grönland mehrere Harpunen und eine Männerjacke aus Seehundfell (Inv.-Nr. IV A 1), lagen möglicherweise romantische Absichten zu Grunde. Hadlock hatte sich in die Charlottenburger Bürgerstochter Dorothea Russ verliebt, deren Vater allerdings nur einen vermögenden Mann als Schwiegersohn akzeptieren wollte (Wright 1987: 220f.). Mehr ist über den Erwerb der Stücke und ihre frühere Geschichte nicht bekannt. Bei zahlreichen Objekten, die aus der Kunstkammer stammen und später in den IV A-Katalog des Museums für Völkerkunde übertragen wurden, ist allerdings nicht einmal der Sammler bekannt. Wir wissen auch nicht, wie das älteste der drei Berliner Kajaks von Grönland nach Berlin gekommen ist. Interessant ist allerdings, daß es ursprünglich dem Prinzen Carl von Preußen gehörte, der es der Kunstkammer 1831 im Tausch für einen seltenen »indischen Degen« überließ (Erwerbungsakte Amerika Vol. 1, 68/31). Erfreulich gut dokumentiert ist eine kleine Sammlung von Pelzkleidung und Miniatur-Schlitten, -Booten und -Häusern, die der Konsul Kall aus Friedrichshaven dem Königlichen Museum 1839 schenkte. Das Prunkstück unter den Modellen, die allesamt von Eskimo hergestellt wurden, ist der etwa 90x85 cm große Nachbau eines grönländischen Winterhauses mit Wänden aus Torf, Fenstern aus Darmhäuten und einer liebevoll-detailliert gestalteten Inneneinrichtung (Erwerbungsakte Amerika Vol. 1, 77/39). Die im Jahr 1852 angekaufte »Sommersche Sammlung in Copenhagen« bildet mit ihren mindestens 50 Objekten, darunter Jagd- und Haushaltsgeräte, Werkzeuge und Gefäße, die erste größere und differenzierte Sammlung aus Grönland. Um den Bestand an Eskimo-Material zu vergrößern, wurde bereits zu Zeiten der Kunstkammer damit begonnen, »Dubletten« aus anderen Museen anzukaufen. Die Sammlung Thomsen von 1858 enthielt ein gutes Dutzend Ethnographica, vor allem aus Westgrönland, die vom Nationalmuseum Kopenhagen abgegeben wurden. Zu den Kleidungsstücken gehört die schön gearbeitete und verzierte Miniatur eines Frauenanzugs mit Felljacke, kurzer Hose und Stiefeln.

Die Sammlungen, die nach Gründung des Museums für Völkerkunde und bis zum Beginn des 20. Jahrhunderts nach Berlin kamen, sind eine Art Spiegel der damaligen Erforschung Grönlands und der Polarregion. Aus der ostgrönländischen Sammlung der zweiten deutschen Nordpolarexpedition von 1874 wurde dem Museum eine größere Anzahl von Waffen, Werkzeugen und anderen Geräten aus Knochen, Elfenbein, Holz und Stein abgegeben. Dem Bedürfnis der mitteleuropäischen Öffentlichkeit nach Informationen über die neuentdeckten Regionen im hohen Norden und seine Bewohner wurde bald auch mit der Präsen-

Abb. 190
Bewohner der Aleuten-Inseln. Lithographie nach Louis Choris, 1817 (»Voyage pittoresque autour du monde«, 1820).
Die Aleuten-Inseln am Südrand des Bering-Meeres wurden schon im 18. Jahrhundert von den Russen kolonisiert und christlich-orthodox missioniert. Der abgebildete Mann trägt klassische Jagdkleidung: einen Anorak aus zusammengenähten Darmhäuten und einen bemalten und verzierten Augenschirm. Die Frau ist europäisch gekleidet und trägt ein Kruzifix.

Abb. 191
Jagdhut. Aleuten. Länge: 46 cm. Slg. *Princess Louise* 1834. Inv.-Nr. IV B 25.
Auf der Rückseite dieses schön bemalten Hutes aus gebogenem Holz sind Elfenbeinschnitzereien und Seelöwenbarten befestigt. Solche Hüte wurden als Zierde getragen, schützten den Kajak-Fahrer aber auch vor dem grellen Sonnenlicht. Die Jagdsymbolik kommt in dem kleinen Greifvogel aus Elfenbein zum Ausdruck, der von der Spitze des Hutes Ausschau nach Beute hält.

Abb. 192
Mantel aus der Darmhaut von Meeressäugern. Aleuten oder Pazifik-Eskimo. Länge: 140 cm.
Slg. Hadlock 1824. Inv.-Nr. IV B 197.
Der europäische Schnitt dieses Mantels mit separatem Cape und die Verzierung der Nähte mit bunten Wollfäden könnte bedeuten, daß er für einen Russen angefertigt wurde. Die wasserdichten »Regenmäntel« der Aleuten aus Darmhaut wurden mit Gras und Sehnen genäht, die bei Nässe aufquollen und dadurch verhinderten, daß Wasser durch die Nähte eindringen konnte.

Abb. 193
Jagdhut. Yup'ik-Eskimo. Länge: 37 cm. Slg. Jacobsen 1883. Inv.-Nr. IV A 4191.
Dieser Augenschirm eines Kajak-Fahrers wurde von Jacobsen im Mündungsgebiet des Kuskokwim im Südwesten Alaskas erworben. Der Federbusch und die Elfenbeinschnitzereien mit ihrer Tier- und Jagdsymbolik unterstützen das Jagdglück und verweisen auf das große Prestige, das der Besitzer dieses Hutes als Jäger besaß.

tation von lebenden Eskimo in Völkerschauen Rechnung getragen (siehe Thode-Aurora 1989). Im Auftrag der Firma Carl Hagenbeck reiste der junge Adrian Jacobsen 1877 über Kopenhagen nach Jacobshavn an der grönländischen Westküste, um dort eine Eskimo-Truppe für Hagenbecks Völkerschau anzuwerben (Thode-Aurora 1989: 68ff.). Während des Aufenthalts legte er auch eine größere ethnographische Sammlung an, die Carl Hagenbeck ein Jahr später dem Berliner Museum übergab.

In der Zeit vor und nach der Jahrhundertwende erwarb das Museum zahlreiche Einzelstücke und kleine Sammlungen, die von (deutschen) Forschungsreisenden, Kapitänen oder Missionaren aus Grönland mitgebracht worden waren. Als typisches Beispiel seien »ein Darmhemd und ein paar Stiefel aus Seehundsleder« erwähnt, die ein Kapitän Hegemann 1869 in Ostgrönland erstanden hatte und im Jahre 1900 dem Museum schenkte. Von dem deutschen Forscher Erich von Drygalski, der 1893 an einer Expedition im Auftrag der Gesellschaft für Erdkunde teilgenommen hatte, stammen zwei Sammlungen mit Grabfunden vom Umanak-Fjord in Westgrönland. Ein Band von 39 Holzschnitten grönländischer Künstler (»Kaladlit Assilialiait«) von 1860, den der Leipziger Buchhändler Karl Hiersemann dem Museum 1901 verkaufte, gehört leider zu den Kriegsverlusten (vgl. Kleivan 1984: Abb. 4).

Größere Sammlungen, die von ausländischen Expeditionen stammten, kamen durch Tausch mit anderen Museen nach Berlin. So erwarb das Museum für Völkerkunde 1894 vom Nationalmuseum Kopenhagen eine Auswahl von etwa 50 Objekten aus dem Osten Grönlands, die während der zweiten dänischen Polarexpedition gesammelt worden waren. Dafür gab Berlin 95 »Dubletten mexikanischer Altertümer« ab (Erwerbungsakte Amerika Vol. 15, 1007/94). Zwei Jahre später reisten afrikanische Objekte von Berlin nach New York zum *American Museum of Natural History*. Als Gegenleistung schickte Franz Boas, der dort als Kurator tätig war, eine vielfältige Sammlung von 145 Eskimo-Objekten in seine alte Heimat. Das Material war von dem amerikanischen Polarforscher Robert Peary am Smith Sound (Nordwestgrönland) gesammelt worden. Ab 1891 startete Peary vom Smith Sound aus seine Polarexpeditionen, die dank des Wissens und Könnens seiner Eskimo-Begleiter zu großen Erfolgen wurden (Collins 1984: 9).

Die Erweiterung der grönländischen Sammlungen im frühen 20. Jahrhundert beruht auf Kontakten des Museums für Völkerkunde zu dänischen und norwegischen Forschern und Reisenden. Eine besondere Rolle spielte dabei der norwegische Musikethnologe Christian Leden (1882–1957). Er gehörte zu einer Forschungsexpedition, die im Sommer 1909 mit dem Motorschiff »Godthaab« die westgrönländische Küste hinauf zu den Polar-Eskimo von Kap York reiste (Steensby 1910: 267).[1] Leden erforschte die Musik der Eskimo und legte nebenbei ethnographische Sammlungen an. In Berlin, wo er zeitweilig wohnte, hatte er schon Anfang 1909 Kontakt zu Eduard Seler aufgenommen und angeboten, in Grönland zu sammeln. Ende des Jahres erwarb das Museum etwa 50 Objekte, darunter zahlreiche Knochenschnitzereien. Von zwei angebotenen Kajaks wählte Preuss das von den »weniger beeinflußten« Kap York-Eskimo aus (Erwerbungsakte Amerika Vol. 32, 1915/09). Zwischen 1910 und 1912, und dann noch einmal zwischen 1926 und 1928, erwarb das Museum von Leden insgesamt über 200 Objekte aus verschiedenen Regionen Grönlands (Abb. 195).

Im Jahre 1910 fungierte Leden auch als Vermittler beim Ankauf zweier kleiner Sammlungen von Knochenschnitzereien bzw. Pelzkleidung von den heute legendären Grönland-Forschern Knud Rasmussen und Peter Freuchen. Ein weiteres von Leden eingefädeltes Geschäft scheiterte: Die umfassende und offenbar hochwertige Eskimo-Sammlung (550 Stück) des Dänen Johan Petersen, der 15 Jahre lang den Handelsposten von Angmagsalik geleitet hatte, ging nach einigen Verzögerungen nicht wie geplant nach Berlin, sondern zu einem sogar geringeren Preis ans Nationalmuseum in Kopenhagen (siehe Thalbitzer 1914). Der enttäuschte Theodor Preuss vermutete in einer Aktennotiz, das Geschäft mit Berlin sei »aus Mißgunst gegen Preußen« hintertrieben worden (Erwerbungsakte Amerika Vol. 34, 2030/10).[2]

Zwei weitere Erwerbungen aus der ersten Hälfte des 20. Jahrhunderts seien hier noch erwähnt: Der Londoner Händler W. O. Oldman verkaufte dem Museum 1913 eine Sammlung von etwa 250 Objekten aus West- und Nordgrönland, darunter zahlreiche alte Knochenschnitzereien und Grabfunde. Sie stammten aus dem Nachlaß des englischen Forschers Edward Whymper (1840–1911), der für

Abb. 194
Männerjacke aus Karibufell. Zentralarktis. Um 1900. Länge: 140 cm. Slg. Comer 1906. Inv.-Nr. IV A 8016.
Der Parka gehört zu den Sammlungen, die der amerikanische Walfangkapitän George Comer Anfang des 20. Jahrhunderts im Auftrag des *American Museum of Natural History* in der kanadischen Arktis erwarb. Die Herkunft dieses Stückes ist nicht näher bestimmt; höchstwahrscheinlich stammt es von einer Gruppe der Karibu-Eskimo auf der Nordwestseite der Hudson Bay.

1 Die erste Sammlung Ledens für das Berliner Museum aus dem Jahr 1909 läuft noch unter dem Namen Christian Refsaas. Auch Steensby nennt ihn so. Alle späteren Briefe sind mit »Christian Leden« gezeichnet, wobei der Grund für die Namensänderung aus den Erwerbungsakten nicht hervorgeht.

2 Konkurrenz und Kooperation zwischen den großen Nationalmuseen schlossen einander keineswegs aus: Im Tausch für vier angeforderte Gipsabgüsse altamerikanischer Steinplastiken aus der Berliner Sammlung schickte das Nationalmuseum Kopenhagen 1934 eine Auswahl von über 100 Archäologica, die 1931 am Scoresby Sound ausgegraben worden waren (Erwerbungsakte Amerika Vol. 44, 1436/31).

Abb. 195
Männerstiefel (»Kamikken«). Ostgrönland-Eskimo. Höhe: 58 cm. Slg. Leden 1910. Inv.-Nr. IV A 8198b.
Dieser Schmuckstiefel ist eine Variante der als *kamiks* bezeichneten Schaftstiefel grönländischer Eskimo. Im Inneren befindet sich ein Pelzstrumpf. Das Mittelstück aus braunem Fell ist durch helle Borten abgesetzt, das Muster aus aufgenähten hellen Lederstreifen verleiht dem Stiefel eine elegante Note. Der zweite Stiefel dieses Paares zählt leider zu den Kriegsverlusten. Er befand sich in der alten Dauerausstellung des Museums für Völkerkunde, während das hier abgebildete Gegenstück im Depot aufbewahrt wurde.

seine Erstbesteigungen des Matterhorns und des Chimborasso berühmt wurde. Zu den eher unbekannten Entdeckern dieser Erde gehört der deutsche Meteorologe Paul Burkert, der 1931 an der Grönlandexpedition Dr. Wegner teilnahm. Seine Sammlung, die 1938 angekauft wurde, ergänzt den eher schmalen Bestand aus Westgrönland um ein Kajak mit komplettem Zubehör, Stiefel, Puppen, Elfenbeinschnitzereien und ein paar schöne Haus- und Bootsmodelle. Die jüngsten Erwerbungen aus Grönland kamen in den 1950er und 1980er Jahren als Geschenke oder Verkäufe von Privatsammlern nach Dahlem: mehrere Schlitten- und Kajakmodelle und eine ältere, schön gearbeitete Decke aus Vogelbälgen.

Kanadische Arktis

Die frühesten Erwerbungen aus diesem Teil der Arktis stammen wiederum von Samuel Hadlock (1824): Ein kleines Paar Schuhe mit der Herkunftsangabe »Baffin-Bai«, ein schön gearbeiteter Tabaksbeutel (»Hudson-Bai«) und eine Frauenjacke mit Kapuze aus Seehundfell. Zu den alten Stücken ohne Sammlerangabe gehört das »Kleid einer Missionarsfrau von den Eskimos«, ebenfalls von der Hudson Bay. Es besteht gänzlich aus Seehundfell, ist aber von europäischem Zuschnitt. Aus dem gleichen Material ist ein vierteiliger Männeranzug mit Stiefeln aus Labrador gearbeitet, der mit der Sammlung des Prinzen Maximilian zu Wied 1844 an die Kunstkammer kam. Mit einem Preis von 7 Talern war er interessanterweise das teuerste Stück der heute berühmten Sammlung (siehe Bolz 1995: 197). Die Weste mit Metallknöpfen und die lange schlanke Hose mit einem Innenfutter aus Stoff deuten darauf hin, daß der Anzug für einen (hochgewachsenen) Europäer angefertigt wurde. Die dazugehörigen Stiefel, die zu den Kriegsverlusten zählten, sind 1991 zurückgekehrt, während ein von Maximilian stammendes Kajak-Modell weiterhin vermißt bleibt.

Um Relikte der Hagenbeckschen Völkerschauen handelt es sich bei mehreren Jagdwaffen und einem Regenmantel aus Seehunddarm, die 1880 von Labrador-Eskimo angefertigt wurden, als sie mit Hagenbeck in Berlin gastierten (Slg. Wilke). Die frühesten systematischen Sammlungen aus der kanadischen Arktis sind mit dem Namen Franz Boas verbunden, der seine erste Feldforschung von 1883 bis 1884 bei den Baffinland-Eskimo durchführte (siehe Knötsch 1992). Als er 1885 nach Berlin zurückkehrte, um sich zu habilitieren, brachte er etwa 100 ethnographische Objekte vom Cumberland Sound und anderen Orten auf Baffinland mit. Den größten Teil davon schenkte er 1885 und 1887 dem Museum für Völkerkunde, wo er vorübergehend als Assistent arbeitete (siehe Kapitel »Nordwestküste«). Die Sammlung enthält vor allem Jagdgerät und Werkzeug aus Knochen, Holz und Stein, aber zum Beispiel auch verschiedene Arten von Kinderspielzeug, für das er sich bei seiner Feldforschung speziell interessiert hatte (Boas 1886, Knötsch 1992: 80f.).

Auch nach seiner endgültigen Übersiedlung in die USA bemühte sich Boas, dem Berliner Museum weitere Eskimo-Sammlungen zukommen zu lassen. Durch einen von ihm vermittelten Tausch mit der *Smithsonian Institution* in Washington kamen 1888 ein paar Objekte nach Berlin, die der Naturforscher L. M. Turner an der Ungava Bay gesammelt hatte. In seinem Begleitbrief hebt Boas einen Schaber aus einem bearbeiteten Röhrenknochen hervor: »Die Form kommt nirgends sonst im Eskimo-Gebiet vor, und ich hatte besonders um denselben gebeten« (Brief an Bastian vom 14. April 1888, Erwerbungsakte Dr. Boas, 332/88). Im Jahr 1906 wurde Boas noch einmal für Berlin tätig. Er vermittelte den Ankauf einer Sammlung von über 300 Eskimo-Objekten aus dem Bestand des *American*

Museum of Natural History in New York. Dabei handelte es sich um einen kleinen Teil des Materials, das der Walfänger Captain George Comer im Auftrag von Boas bei den Netsilik, Iglulik und anderen Gruppen der Zentralarktis gesammelt hatte (Collins 1984: 11).

Theodor Preuss bemühte sich mehrfach, die Sammlungen aus der kanadischen Arktis durch Ankäufe zu verbessern. Im Jahre 1911 wandte er sich an die Herrnhuter Mission, die gerade eine Reihe von Ethnographica ans Leipziger Museum verkauft hatte. Das bescheidene Ergebnis seiner Anfrage war ein knappes Dutzend steinerne Pfeilspitzen und zwei Modelle von den Labrador-Eskimo. Im gleichen Jahr setzte Preuss seine Hoffnung auf den bereits erwähnten Christian Leden. Er hielt ihn für den geeigneten Mann, um eine Expedition in das ethnologisch noch nicht erforschte Gebiet der Kupfer-Eskimo am Coronation Golf durchzuführen und dort exklusiv fürs Berliner Museum zu sammeln. Zur Finanzierung des Unternehmens gründete Preuss ein Komittee, das sich aus namhaften Berliner Professoren, Geschäftsleuten und Bankiers rekrutierte. In seinem Aufruf zum Beitritt schreibt Preuss am 17. Juni 1911 über das Zielgebiet:

Abb. 196
Polar-Eskimo von Cape York, Nordgrönland. Teil eines stereographischen Fotos der Firma Underwood & Underwood 1902.
Die Frau in der Bildmitte trägt in der Kapuze ihrer Sommerjacke ein kleines Kind, das hinter ihrem Rücken hervorlugt.

»Auch wissen wir genau, daß dort Eskimos leben, die noch von keinem Reisenden besucht worden sind. Solche neuen Menschen gibt es heute auf der Welt kaum noch zu entdecken, und gerade diese sind um so interessanter, als in jenen Gegenden die Wiege der weitverbreiteten und merkwürdigen Eskimokultur anzunehmen ist.«[3]

Die Aktion war ein voller Erfolg. Mit Spendengeldern und weiteren Zuschüssen üppig ausgestattet, reiste Leden im Spätsommer 1911 zu einer Vorexpedition nach Kanada. Im Oktober telegraphierte er aus Edmonton nach Berlin, daß er im Wert von 4000 Mark Ethnographica von den Cree gesammelt habe (siehe Kapitel »Subarktis«). Am 30. Oktober ließ er Preuss wissen, die Händler der *Hudson's Bay Company* hätten ihm abgeraten, mit dem wenigen verbliebenen Geld zu den Eskimo zu reisen, zumal der Winter nahte. Stattdessen schlug er vor, die Expedition im nächsten Sommer durchzuführen, wofür er schon einmal 20 000 Dollar veranschlagte!

Tatsächlich verbrachte Leden dann den Sommer 1912 in Grönland, wo er in wesentlich bescheidenerem Rahmen Sammlungen anlegte. Von verschiedenen Gönnern mit Geld ausgestattet, stach er im Sommer 1913 erneut in See, um in der Zentralarktis musikethnologische Forschungen zu betreiben und fürs Berliner Museum zu sammeln. Diesmal hatte er sich die Karibu-Eskimo im Nordwesten der Hudson Bay als Ziel ausgesucht. Ende des Jahres empfing Preuss einen langen Brief aus dem Handelsposten Churchill im Südwesten der Hudson Bay. In ergreifenden Worten berichtet Leden von erlittenem Schiffbruch, Erfrierungen, feindseligen Pelzhändlern und seiner Ausplünderung durch »Parlamiut-Eskimo«. Immerhin bietet er an, im nächsten Jahr einen erneuten Versuch zu machen, sofern das Museum ausreichend Geld für Ausrüstung und Proviant zur Verfügung stelle.

Während Ledens Schiffbruch in einem Artikel der Vossischen Zeitung vom 8. Mai 1914 offen angezweifelt wurde, war die Bemühung der Berliner Ethnologen, eine einzigartige Eskimo-Sammlung aus erster Hand zu erwerben, definitiv ein Schlag ins Wasser. Leden, dem Preuss und Seler auch weiterhin verbunden blieben, publizierte seine Abenteuer bei den Karibu-Eskimo 1927 in dem Buch »Über Kiwatins Eisfelder«. Im gleichen Jahr erwarb das Berliner Museum vom Nationalmuseum Kopenhagen schließlich 90 Objekte der Kupfer-Eskimo, im

3 Die umfangreichen Dokumente und Briefe zur Planung und Durchführung der Forschungsreise sind in der Akte »Die Reise des C. Leden nach dem nördlichen Kanada« (Pars I B 85) versammelt.

Abb. 197 a+b
Frauenjacke aus Rentierfell. Labrador-Eskimo. Länge: 140 cm. Slg. König 1928. Inv.-Nr. IV A 9093. (Vorder- und Rückseite)
Über diesen Parka mit nach innen gedrehter Haarseite schreibt der Sammler: »Kappe, Ärmelöffnung und Vorderschoß (sind) mit dunklem Hundefell eingesäumt. Beide Schöße sind außerdem mit einem 7 cm breiten Streifen dunkleren Seehundfells besetzt, an dessen Außenrand beim langen Hinterschoß außerdem ein 2 cm breiter Streifen weißen Seehundfells entlang läuft. Mit letzterem scheint ursprünglich auch der kurze Vorderschoß ausgestattet gewesen zu sein. Unmittelbar unter die Kapuze ist vorn ein 27 cm langes Stück rotes Flanellband aufgenäht.«

Tausch gegen Nootka- und Kwakiutl-Stücke, die größtenteils aus der Sammlung Jacobsen stammten. Das vielseitige Material stammt von den Umingmaktuurmiut, einer Untergruppe der Kupfer-Eskimo auf der Halbinsel Kent.

Eine sehr gut dokumentierte größere Sammlung von den Baffinland-Eskimo kam 1912 als Geschenk der Rudolf-Virchow-Stiftung ans Museum. Die über 120 Objekte, darunter eine ganze Reihe von Kinderspielen und Puppen mit Zubehör, waren im Winter 1909 von dem Forschungsreisenden Bernhard Hantzsch am Cumberland Sound gesammelt worden. Kurze Zeit später war Hantzsch den Strapazen einer Reise ins Innere der Insel erlegen. Die letzte umfangreiche Erwerbung aus der kanadischen Arktis ist das Ergebnis einer Expedition, die der Kölner Forscher Herbert König 1927–1928 in Labrador durchführte. Seine vielfältige und gut dokumentierte Sammlung von fast 280 Objekten ist besonders reich an Fellkleidung (Abb. 197 a+b), Modellen aller Art und Specksteinlampen. Speckstein, ein weiches, leicht zu bearbeitendes Mineral, wurde ab etwa 1950 zum bevorzugten Material für die Skulpturenschnitzerei kanadischer

Eskimo. Die fünf typischen Schnitzarbeiten, die das Museum für Völkerkunde 1959 erwarb, stammen von fünf verschiedenen Künstlern aus Cape Dorset und von der östlichen Hudson Bay (Sammlung Heinemann). Die bisher jüngsten Erwerbungen aus der Arktis sind zwei 1999 angekaufte Steinplastiken von George Arluk. Die Darstellung eines Schamanen und der Herrin der Meerestiere, Sedna, repräsentiert ein zentrales Motiv der Eskimo-Philosophie und dokumentiert die Weiterentwicklung der Steinschnitzerei zu abstrakteren Formen.

Westliche Arktis

Die früheste datierte Erwerbung aus der westlichen Arktis ist das Modell eines Drei-Mann-Kajaks mit der Herkunftsangabe Unalaska und der Jahreszahl 1820. Es zählt leider zu den Kriegsverlusten. Als Sammler ist der Generaldirektor der

Abb. 198
Bemalte Eßschale aus Holz. Yup'ik-Eskimo. Länge: 37 cm. Slg. Jacobsen 1883. Inv.-Nr. IV A 5130.
Auf der Innenseite der Schale vom oberen Kuskokwim ist eine merkwürdige Jagdszene dargestellt, die Jacobsen zu einer langen Beschreibung auf der Karteikarte veranlaßte. Auffällig ist die Darstellung des Rentiers, das als Objekt der Jäger den Mittelpunkt des Gemäldes bildet. Der Kopf trägt die Züge eines pfeiferauchenden Mannes. Im Leib scheinen zwei Tiere und ein Vogelpfeil zu stecken. Die Gestalt, die man in der Ferne rechts hinter dem Gewehrschützen sieht, interpretiert Jacobsen als Ungeheuer in Adlergestalt, das in einem Kajak sitzt. »Dieser Geist scheint das Gewehr des Jägers zu bezaubern, denn vom Kajak wirft das Ungeheuer statt einer Harpune einen Teufel, der sich auf das Gewehr setzt, die Harpunenleine nebst Luftsack hinter sich ziehend« (...) (Text der Karteikarte vom Autor grammatikalisch berichtigt). Jacobsen mutmaßte, daß es sich um die bildliche Darstellung einer Erzählung mit phantastischen Elementen handeln könnte.

Abb. 199
Fettschale in Gestalt eines Vogels. Prince William Sound, Yup'ik-Eskimo. Länge: 36 cm. Slg. Jacobsen 1883. Inv.-Nr. IV A 6206.
Man kann diese vollendet geschnitzte und mit blauen und weißen Handelsperlen dekorierte Fettschale als Skulptur oder als Gebrauchsgegenstand wahrnehmen. Für ihre Hersteller und Benutzer hatte diese Unterscheidung vermutlich keine Bedeutung. Die Mischung aus Ästhetik und Funktionalität, die für viele Objekte nordamerikanischer Indianer und Eskimo typisch ist, wirft die Frage auf, wie relevant der abendländisch geprägte Kunstbegriff für die Beurteilung solcher Arbeiten überhaupt ist.

Abb. 200
Dämonenmaske. Yup'ik-Eskimo. Höhe: 36 cm. Slg. Jacobsen 1883. Inv.-Nr. IV A 4402. Jacobsen beschrieb die Maske als Darstellung eines Dämonen, der in den Bergen lebt und den Jägern nachstellt. Die Flecken um den Mund stellen Blutspritzer dar. Bei dem hölzernen Gehänge am rechten Mundwinkel handelt es sich um den speziellen Lippenpflock dieses Ungeheuers.

Königlichen Sammlungen, Ignaz von Olfers, angegeben (siehe Seite 28). Ein Stück von Samuel Hadlock gehört, wie nicht anders zu erwarten, auch für diesen Teil der Arktis zu den frühesten Erwerbungen (Abb. 192). Das preußische Handelsschiff *Princess Louise* brachte von seiner ersten und dritten Weltumseglung eine Anzahl von Objekten mit, die von den Aleuten und der Insel Kodiak stammen. Vermutlich wurden sie nicht an Ort und Stelle erworben, sondern auf einer südlicheren Station der Reise (siehe Kapitel »Nordwestküste«). Elf Objektnummern zur Sammlung der *Princess Louise* sind mit dem Datum 1829 versehen. Darunter befinden sich neben ein paar Harpunen und anderen Fischfang- und Jagdgeräten mehrere Stücke, die »aus den Eingeweiden des Seelöwen« gefertigt sind. Aus Darmhaut genähte Mäntel, Hosen und Mützen waren bei frühen Reisenden und Kolonialbeamten im Nordpazifik als wasserdichte Kleidung, aber auch als Souvenir besonders begehrt und sind in den alten Sammlungen entsprechend reichlich vertreten. Außer zwei Regenmänteln brachte die *Princess Louise* eine am Rand mit leuchtend grünen Federn verzierte Tasche aus Darmhautstreifen mit. Ebenfalls aus Darmhaut besteht eine flache Mütze, deren Nähte mit Wollfäden verziert sind und die von einer fein bestickten Lederrosette gekrönt wird. Eine Mütze des gleichen Typs findet sich bei den drei Stücken aus Seehunddarm, die mit der Sammlung von Roenne 1839 an die Kunstkammer kamen.

Von ihrer dritten Fahrt brachte die *Princess Louise* 1834 mehr als 20 Ethnographica mit, die im alten Katalog allesamt mit »Nordwestküste« bezeichnet werden, zum größten Teil aber von den Aleuten und aus West-Alaska stammen. Diese Kollektion enthält einige besonders schöne Stücke: einen mit Lederstreifen und Zierstichen dekorierten Köcher samt Pfeilen, eine ebenfalls reich

Abb. 201
Schwanenmaske. Yup'ik-Eskimo. Höhe: 84 cm. Slg. Jacobsen 1883. Inv.-Nr. IV A 5147.
Nach Angaben von Jacobsen wurde diese Schamanenmaske von der Mündung des Kuskokwim beim letzten Fest des Winters benutzt. Das Gesicht stellt den Hilfsgeist des Schamanen dar, der die Schwäne, Gänse, Enten und anderen Vögel im Frühling zur Küste bringen soll, um den Eskimo als Nahrung zu dienen. Die Maske befand sich nach ihrer Rückkehr aus Leipzig in erbärmlichem Zustand und mußte aufwendig restauriert werden (siehe Abb. 32). Gegenüber dem ursprünglichen Zustand fehlt die Krause aus Karibu-Fell.

verzierte Tasche aus rot gefärbtem Leder (angeblich Walroßkehle), ein großes Bootsmodell im Stil eines Umiak, sowie einen bemalten und dekorierten Jagdhut aus Holz (Abb. 191). Unter den »namenlosen« Objekten aus der Zeit der Kunstkammer befinden sich einige, die nach Gründung des Völkerkundemuseums zunächst unter der Herkunftsbezeichnung »Amurland« in der Abteilung Ostasien aufbewahrt wurden. Tatsächlich stammen sie höchstwahrscheinlich von den Aleuten. Das gleiche gilt für ein paar Jagdwaffen mit der Angabe »Beringstraße«, die 1889 aus der Sammlung des alten Berliner Zeughauses ans Museum kamen.

Eine absolute Sonderstellung im Bereich der Sammlungen aus der Arktis nimmt das Material ein, das Adrian Jacobsen während seiner großen Forschungsreise im

Abb. 202
»Bootsmaske« eines Schamanen. Yup'ik-Eskimo. Höhe: 91 cm. Slg. Jacobsen 1883. Inv.-Nr. IV A 5145.
Dies ist eine der größten und auffälligsten Yup'ik-Masken der Berliner Sammlung. Jacobsen beschrieb sie als Tanzmaske eines mächtigen Schamanen, dessen Macht und Wohlstand durch die ausgestreckten Arme symbolisiert wird. Das Gesicht in der Mitte zeigt den Hilfsgeist *(tuunraq)* des Schamanen. Der stilsierte Bug und Heck eines schmalen Bootes bezieht sich auf den Namen der Maske: »Pogtettnoak – derjenige, welcher mit großem Boot reist«.

LYELL ISLAND
SUPPORT RALLY
FRI. DEC 6TH
ROBSON SQUARE
1.00 PM
SOLIDARITY
WITH THE
HAIDA
NATION

Auftrag des Museums für Völkerkunde zusammentrug (siehe Kapitel »Nordwestküste«). Von den über 6700 Objekten, die er insgesamt erwarb, stammen schätzungsweise 4000 von den Alaska-Eskimo. Sie lassen sich zu etwa gleichen Teilen den Sprachgruppen der Yup'ik und Inupiaq zuordnen. Die Stationen und Erlebnisse seines Alaska-Aufenthaltes zwischen Juli 1882 und Juli 1883 sind in Jacobsens publiziertem Reisebericht ausführlich beschrieben (Jacobsen 1884: 143–396).[4] Als Ausgangspunkt seiner Expeditionen ins Landesinnere und entlang der Küste diente ihm der Handelsposten St. Michael am Norton Sound. Zunächst bereiste er im Sommer und Herbst 1882 den Yukon 900 Meilen landeinwärts, dann wandte er sich nach Norden und gelangte bis zum Kotzebue Sound. Im folgenden Frühjahr beschloß er, im Süden Alaskas zu sammeln (Jacobsen 1884: 319). Anfang April durchquerte er mit dem Schlitten die Tundra zum Mündungsgebiet des Kuskokwim, überwand anschließend das Gebirge nach Süden und erreichte Ende April den Handelsposten Togiak am Nordende der Bristol Bay. Von dort aus fuhr er mit dem Schiff entlang der Küste nach Osten, überquerte die Landenge zum Cook Inlet und segelte dann weiter zur Insel Kodiak und in den Prince William Sound.

Abb. 203
Halbmaske. Yup'ik-Eskimo. Höhe: 28 cm. Slg. Jacobsen 1883. Inv.-Nr. 4390.
Die Maske, deren Schnitzer mit der Reduktion auf wenige Linien und Flächen ein Maximum an Ausdruckskraft erreichte, veranlaßte Jacobsen zu interessanten Bemerkungen über das Yup'ik-Konzept zum Verhältnis von Leben und Tod: »Diese Art Halbmasken pflegen bei den Totenerinnerungsfesten (im Dezember) gebraucht zu werden. Der Tänzer scheint von den Zuschauern nicht erkannt zu werden. Die vielen anwesenden Verwandten des Toten, der jetzt in dieser Gestalt erscheint, weinen bitterlich, während die Maske berichtet, wie es ihm in der anderen Welt ergeht, wie oft er an seine Verwandten denkt und wie viele Rentiere und Fische er den noch lebenden Verwandten im Laufe des Jahres gesandt hat. Die jungen Leute, insbesondere die Weiber, scheinen wahrhaft den Geist des Verstorbenen vor sich zu haben (...)« (Text der Karteikarte vom Autor grammatikalisch berichtigt).

In seinem Reisebericht und in Briefen an Adolf Bastian, die sich bei den Erwerbungsakten finden, schildert Jacobsen anschaulich die oftmals widrigen und abenteuerlichen Bedingungen, unter denen er das rauhe Land bereiste, um Erwerbungen für das Museum für Völkerkunde zu machen. Jacobsen hatte gehofft, insbesondere in der Region nördlich von St. Michael als Sammler Pionierarbeit leisten zu können. Enttäuschung bereitete ihm nicht nur das Verhalten der Eskimo, die ihm hohe Preise abverlangten, sondern mehr noch die Erkenntnis, daß ein Konkurrent bereits vor ihm dagewesen war. Über seine Erfahrungen am Unterlauf des Selawik, wo er sich Anfang Februar 1883 aufhielt, schreibt er:

»Die Einwohner waren zudringlich und forderten hohe Preise, auch brachten sie durchaus nicht so viele ethnographische Gegenstände zum Vorschein, als ich nach den früheren Berichten erwarten durfte. Wie ich hörte, lag dies daran, dass ein grosser Theil derartiger Sachen früher durch Eskimohändler aufgekauft und nach Fort St. Michael gebracht worden ist, woselbst es Mr. Nielson für Smithsonian-Institution erworben hat. Ich kaufte gegen Abend noch einige kleine Nephritmesser, Lippenpflöcke und andere Gegenstände« (Jacobsen 1884: 307).

Bei dem genannten »Mr. Nielson« handelt es sich um den Naturforscher Edward W. Nelson, der zwischen 1877 und 1881 Angestellter der US-Armee in St. Michael war und nebenbei auf ausgedehnten Schlittenreisen durch die westlichen Küstengebiete für die *Smithsonian Institution* sammelte (Nelson 1899). Trotz der Tatsache, daß Nelson vielerorts vor ihm dagewesen war, konnte Jacobsen schließlich Sammlungen von beträchtlichem Wert und Umfang anlegen, worunter das Material vom Yukon besonders hervorzuheben ist. Beim Erwerb von Objekten und vor allem bei dem Bemühen, an Begräbnisstätten nach Grabbeigaben, Skeletten und Mumien zu graben, war Jacobsen nicht zimperlich, wurde aber durch die Wachsamkeit der örtlichen Bevölkerung in seinem Eifer häufig gebremst. Öfter erwähnt er, daß man ihm besonders wertvolle Dinge nicht verkaufen wollte. Seine Schlitzohrigkeit kommt in einer Passage zum Ausdruck, in der er die Mitnahme eines Grabmonuments rechtfertigt, auf dem eine Jagdszene mit einem Bären dargestellt ist:

»Da sich dieses Grabmonument in dem schönen neu erbauten Königlichen Museum für Völkerkunde zu Berlin sicherlich einer viel grösseren Zahl von Bewun-

4 Eine knappe Zusammenfassung und Bewertung der Sammelreise findet sich bei Fienup- Riordan (1996: 217–225).

Abb. 204
Drei Markierbretter für das Cribbage-Spiel (»Cribbage boards«). Nunivak-Eskimo. Länge des untersten Stücks: 55 cm. Slg. Schütze 1916. Inv-Nr. IV A 8832 (unten), IV A 8828 (Mitte), IV A 8831 (oben).
Solche Schnitzereien aus Walroßstoßzähnen sind eine Spezialität der Yup'ik-Eskimo auf der Insel Nunivak im Südwesten Alaskas. »Cribbage boards« wurden ab Ende des 19. Jahrhunderts speziell für Seeleute, Reisende und Missionare hergestellt. Das Foto zeigt die mit Tierdarstellungen reich geschnitzten Unterseiten der Markierbretter. Auf der Oberseite jedes Brettes befindet sich ein Feld mit kleinen Löchern, die zur Markierung des Spielstandes bei dem Kartenspiel Cribbage dienen.

derern zu erfreuen haben dürfte, als an dem menschenleeren, fast nie besuchten Ufer jenes kleinen Seitenkanals des Yukon-River, so glaubte ich, es seiner natürlichen Bestimmung ›gesehen zu werden‹ nicht entreissen zu sollen und nahm es deshalb mit« (Jacobsen 1884: 211f.).

Nachdem Jacobsen im Herbst 1883 nach Deutschland zurückgekehrt war, verbrachte er den folgenden Winter in Berlin. Am Museum für Völkerkunde katalogisierte er seine Sammlung, die fast alle wichtigen Bereiche der materiellen Kultur der Eskimo von Westalaska dokumentiert. Die Karteikarten zu vielen Objekten enthalten ausführliche Beschreibungen in Jacobsens merkwürdigem Deutsch, mit genauer Herkunftsangabe und einheimischen Bezeichnungen. Obwohl sich viele der ethnographischen Daten auf das Wissen seines Reisebegleiters Petka und anderer einheimischer Informanten stützen (Jacobsen 1884: 155f.), bedürfen sie generell einer kritischen Überprüfung. Im Vergleich zur dürftigen Dokumentation vieler anderer Sammlungen der Vergangenheit stellen sie allerdings ein phantastisches Ausgangsmaterial dar.

Auf diesem Hintergrund ist es erstaunlich, daß Jacobsens Eskimo-Sammlung am Museum für Völkerkunde lange Zeit ein Schattendasein führte. Immerhin gehörten die Tanzmasken wegen ihres ästhetischen Reizes zu den auffälligsten Objekten in der alten Dauerausstellung (siehe Abb. 24) und wurden auch wissenschaftlich betrachtet (Disselhoff 1935 und 1936, Hipszer 1971). Kleinere Teile des Jacobsen-Materials wurden in der Vergangenheit von einzelnen Gastforschern für Spezialuntersuchungen zur materiellen Kultur betrachtet (siehe z.B. Rousselot 1983: passim). Das große Potential der Sammlung erkannte und nutzte allerdings erst die amerikanische Ethnologin Ann Fienup-Riordan. Bei einem Aufenthalt in Berlin 1994 wurde sie zunächst auf die Tanzmasken aufmerksam, von denen viele gerade erst aus Leipzig zurückgekehrt waren. 22 ausgewählte Stücke reisten 1996 nach Anchorage und bereicherten dort eine von Fienup-

Abb. 209
Fritz Scholder, Luiseno: »Indian Portrait with Tomahawk«, 1975. Lithographie in vier Farben, 77 x 57 cm. Slg. Nuzinger 1993. Inv.-Nr. IV B 13129.
Scholder hat hier einen »typischen« indianischen Krieger mit einer Steinkeule und einer großen Federhaube portraitiert. Die verzerrte Art der Darstellung und ihre Reduzierung auf elementare Formen entlarvt den Indianer jedoch als gesichtsloses Klischeebild, das den Phantasien des weißen Amerika entstammt.

Abb. 210
Kevin Red Star, Crow: »Walks Along«, 1983. Acryl auf Leinwand, 75 x 60 cm. Slg. Hartje 1989. Inv.-Nr. IV B 13116.
Als Schüler von Fritz Scholder bringt Red Star zwar eine gewisse Verfremdung in seine Portraits, doch seine Themen sind eher traditionell und schildern Alltag und Feste auf der Reservation der Crow.

oder gar politische Themen aufgegriffen werden. Diese Normen siedelten die indianische Malerei als »ethnische Kunst« im Bereich der *Folk Art* an und verwehrten ihr damit die Anerkennung als *Fine Art*.

Dies änderte sich erst mit der Gründung des *Institute of American Indian Arts* in Santa Fe im Jahre 1962 und dem Luiseno-Künstler Fritz Scholder, der dort 1964 seine Lehrtätigkeit aufnahm. Scholder war beeinflußt vom europäischen Expressionismus eines Francis Bacon und Elementen der amerikanischen Pop Art, woraus er einen neuen, unverwechselbaren Stil schuf. Am bekanntesten wurde er durch seine »häßlichen Indianer«, verzerrte Bilder von Indianern auf der

Abb. 204
Drei Markierbretter für das Cribbage-Spiel (»Cribbage boards«). Nunivak-Eskimo. Länge des untersten Stücks: 55 cm. Slg. Schütze 1916. Inv-Nr. IV A 8832 (unten), IV A 8828 (Mitte), IV A 8831 (oben).
Solche Schnitzereien aus Walroßstoßzähnen sind eine Spezialität der Yup'ik-Eskimo auf der Insel Nunivak im Südwesten Alaskas. »Cribbage boards« wurden ab Ende des 19. Jahrhunderts speziell für Seeleute, Reisende und Missionare hergestellt. Das Foto zeigt die mit Tierdarstellungen reich geschnitzten Unterseiten der Markierbretter. Auf der Oberseite jedes Brettes befindet sich ein Feld mit kleinen Löchern, die zur Markierung des Spielstandes bei dem Kartenspiel Cribbage dienen.

derern zu erfreuen haben dürfte, als an dem menschenleeren, fast nie besuchten Ufer jenes kleinen Seitenkanals des Yukon-River, so glaubte ich, es seiner natürlichen Bestimmung ›gesehen zu werden‹ nicht entreissen zu sollen und nahm es deshalb mit« (Jacobsen 1884: 211f.).

Nachdem Jacobsen im Herbst 1883 nach Deutschland zurückgekehrt war, verbrachte er den folgenden Winter in Berlin. Am Museum für Völkerkunde katalogisierte er seine Sammlung, die fast alle wichtigen Bereiche der materiellen Kultur der Eskimo von Westalaska dokumentiert. Die Karteikarten zu vielen Objekten enthalten ausführliche Beschreibungen in Jacobsens merkwürdigem Deutsch, mit genauer Herkunftsangabe und einheimischen Bezeichnungen. Obwohl sich viele der ethnographischen Daten auf das Wissen seines Reisebegleiters Petka und anderer einheimischer Informanten stützen (Jacobsen 1884: 155f.), bedürfen sie generell einer kritischen Überprüfung. Im Vergleich zur dürftigen Dokumentation vieler anderer Sammlungen der Vergangenheit stellen sie allerdings ein phantastisches Ausgangsmaterial dar.

Auf diesem Hintergrund ist es erstaunlich, daß Jacobsens Eskimo-Sammlung am Museum für Völkerkunde lange Zeit ein Schattendasein führte. Immerhin gehörten die Tanzmasken wegen ihres ästhetischen Reizes zu den auffälligsten Objekten in der alten Dauerausstellung (siehe Abb. 24) und wurden auch wissenschaftlich betrachtet (Disselhoff 1935 und 1936, Hipszer 1971). Kleinere Teile des Jacobsen-Materials wurden in der Vergangenheit von einzelnen Gastforschern für Spezialuntersuchungen zur materiellen Kultur betrachtet (siehe z.B. Rousselot 1983: passim). Das große Potential der Sammlung erkannte und nutzte allerdings erst die amerikanische Ethnologin Ann Fienup-Riordan. Bei einem Aufenthalt in Berlin 1994 wurde sie zunächst auf die Tanzmasken aufmerksam, von denen viele gerade erst aus Leipzig zurückgekehrt waren. 22 ausgewählte Stücke reisten 1996 nach Anchorage und bereicherten dort eine von Fienup-

Abb. 205
Die Delegation von Yup'ik-Ältesten bei der Arbeit mit den Objekten der Sammlung Jacobsen, Museum für Völkerkunde, September 1997. Von links nach rechts: Wassilie Berlin, Paul John, Catherine Moore, Annie Blue, Andy Paukan und Marie Meade.

Riordan organisierte Ausstellung von Yup'ik-Masken (Fienup-Riordan 1996). Im September 1997 brachte sie schließlich im Rahmen eines großangelegten Forschungsprojektes eine Gruppe von Yup'ik-Ältesten nach Berlin (siehe Fienup-Riordan 1998). In intensiven Arbeitssitzungen begutachteten die alten Männer und Frauen drei Wochen lang fast jedes der etwa 2000 Yup'ik-Stücke, während ihre Kommentare in der Yup'ik-Sprache auf Tonband und Video dokumentiert wurden. Der intensive direkte Umgang mit den Dingen setzte in den Vertretern einer Generation von Yup'ik, die als letzte dieses Wissen noch besitzt, einen Reichtum an Geschichten frei, die andernfalls unwiederbringlich verloren gehen würden. Die Ergebnisse dieses in der Geschichte des Berliner Museums bisher einzigartigen Projektes werden voraussichtlich im Jahr 2000 von Ann Fienup-Riordan und ihrer Yup'ik-Assistentin Marie Meade in einer umfassenden bilingualen Publikation vorgelegt werden.[5]

Nach dem Erwerb der Sammlung Jacobsen im Jahr 1883 betrachtete man die Kulturen der Eskimo im Westen Alaskas wohl als ausreichend dokumentiert. Bis zum Beginn des 20. Jahrhunderts kamen nur noch kleine Sammlungen und Einzelstücke nach Berlin, die sich mit der Bedeutung des Jacobsen-Materials nicht vergleichen lassen. Allerdings dokumentieren die feinen Elfenbein- und Knochenschnitzereien die Weiterentwicklung der Eskimo-Schnitztradition zur *tourist art*. Bemerkenswert sind einige mit Ritzzeichnungen versehene schöne »Tabakspfeifen« von der Herrnhuter Mission (1911) und die »Cribbage Boards«, die von der Insel Nunivak vor der Westküste Alaskas stammen (Abb. 204).

Das Potential der Sammlungen aus der Arktis

Die Erfahrungen mit dem Yup'ik-Projekt sollten weitreichende Konsequenzen für den künftigen Umgang mit den Sammlungen und die Kooperation zwischen Museum und *Natives* haben. Für uns Museumsethnologen war die Hingabe, mit der sich die alten Yup'ik-Männer und Frauen den Hunderten von Objekten ihrer Großmütter und Großväter widmeten, eine wichtige Lernerfahrung. Noch das (in unseren Augen) unscheinbarste Stück konnte eine Fülle von Bezügen zum

5 Etwa zeitgleich mit dem Yup'ik-Projekt erarbeitete die Berliner Ethnologin Karin Berning eine Dokumentation des Inupiaq-Materials der Sammlung Jacobsen. Die geplante Publikation dieses Sammlungsteils steht noch aus.

Abb. 206
Der 81-jährige Wassilie Berlin demonstriert den Gebrauch eines Bogens in der Studiensammlung des Museums für Völkerkunde. Berlin, September 1997.

gelebten Yup'ik-Leben wachrufen. Die Betrachtung der Objekte ging nicht nur mit ausführlichen Beschreibungen und Diskussionen über Herkunft, Herstellung und Gebrauch einher. Oft führte sie zur Erzählung langer Geschichten aus der Vergangenheit oder zu spontanen Gesangs- und Tanzdarbietungen. Der Gebrauch von Jagdwaffen und Fischfanggeräten oder zum Beispiel die Herstellung von Schnupftabak wurden nicht nur diskutiert, sondern regelrecht aufgeführt und »getanzt«. Ann Fienup-Riordan beschreibt, was aus der Betrachtung eines Tanzfächers aus Adlerfedern entstand:

»Wassilie ging um den Tisch herum, stellte Catherine hin und bat sie, das *taitnaur* »Fragelied« zu singen. Dann ging er schnell aus dem Raum, und als er zurückkam, trug er seine Jacke als Geschenk, zeigte seine Muskeln und tanzte zum Rhythmus. Überhaupt hatte ich jeden Tag das überwältigende Gefühl, an einem Tanzfest teilzunehmen« (Fienup-Riordan 1998: 53, Übersetzung des Verfassers).

Die für alle Seiten – Museum, Wissenschaftler und Yup'ik – ausgesprochen positiven Erfahrungen mit dem Projekt deuten die Richtung an, in der zumindest Teile der Nordamerika-Sammlungen in Zukunft fruchtbar gemacht werden könnten. Natürlich war das Engagement der Yup'ik-Ältesten ein Glücksfall und kam zur rechten Zeit, »in zwölfter Stunde«, wie es Adolf Bastian formuliert hätte. Viel von dem alten Wissen verschwindet mit den Ältesten, und für manche solcher Projekte dürfte es inzwischen bereits zu spät sein (vgl. Fienup-Riordan 1998: 57). Jenseits der aufgeregten Debatte um Rückgabe von Objekten kann die von Fienup-Riordan (1996: 23ff.) als »visuelle Rückführung« definierte Form der Zusammenarbeit zwischen Museum und *Natives* beiden Seiten gleichzeitig dienen: Das Museum erhält eine umfassende Dokumentation seiner historischen Bestände, die vom Wissen der einheimischen Experten informiert ist; diese wiederum erschließen das im Museum aufbewahrte Material für ihre eigenen Leute und leisten damit einen Beitrag zum Erhalt und zur Erneuerung ihrer Kultur im Interesse zukünftiger Generationen. Paul John, ein angesehenes Yup'ik-Oberhaupt, brachte seine Erfahrungen am Abschiedstag in einer längeren Rede zum Ausdruck. Unter anderem sagte er:

»Meine Vision sieht so aus: Viele von uns scheinen seit Jahren in Dunkelheit zu leben. Und jetzt sind von diesem unbekannten, weit entfernten Ort auf der anderen Seite des Ozeans (= Berlin) Geschichten und Informationen über unsere Wurzeln aufgetaucht. Jetzt, wo das Wissen heraus ist, hoffe ich, daß unsere gemeinsame Arbeit aufgeschrieben und unseren Leuten präsentiert wird. Ich hoffe, daß die Bilder unserer Arbeit allen zugänglich gemacht werden. Und wenn es möglich ist, hoffe ich, daß die Objekte in den Dörfern oder an einem Museum in Bethel ausgestellt werden können. (...)

Wenn unsere Leute sie dann sehen und anfangen, die Kultur unserer Vorfahren zu verstehen, dann beginnen sie vielleicht, an ihre Identität zu glauben und Stolz daraus zu gewinnen. Ich stelle mir vor, daß unsere Leute mehr Vertrauen in ihre Identität gewinnen, wenn sie die Objekte sehen oder Bilder davon oder wenn sie in Büchern darüber lesen. Meine Hoffnung ist, daß unsere Arbeit unsere Leute ihrer eigenen Kultur näher bringen wird» (zitiert nach Fienup-Riordan 1998: 56, deutsche Übersetzung vom Verfasser).

Moderne indianische Malerei

Abb. 207
Fritz Scholder, Luiseno: »Patriotic Indian«, ca. 1970. Lithographie in zwei Farben, 57 x 39 cm. Slg. Nuzinger 1992. Inv.- Nr. IV B 13128.
Scholders Abkehr vom »traditionalistischen« Stil indianischer Maler stieß zunächst bei Sammlern und Galeristen auf Widerstand. Heute hingegen gehören seine frühen Arbeiten zu den »Klassikern« der modernen indianischen Kunst.

Die moderne Malerei der Indianer Nordamerikas hat ihre Wurzeln in verschiedenen traditionellen Kunstformen. Dazu gehören im Südwesten Felsbilder, die Bemalung von Keramik, Wandmalereien in den Kivas oder die Herstellung von Sandbildern. Auf den Prärien und Plains wurden Tipis bemalt, Bisonroben, Schilde, Parfleches und andere Lederbehälter. Als im Jahre 1875 etwa 70 indianische Gefangene aus dem Indianerterritorium in Oklahoma in Fort Marion, Florida, interniert wurden, begannen sie damit, ihre traditionelle Lebensweise mit Malstiften auf Papier festzuhalten. Diese Zeichnungen werden heute als der Beginn der modernen indianischen Malerei angesehen. Mit der Einrichtung von Malkursen für Indianer in Oklahoma um 1918 begannen die ersten Versuche, eine eigenständige Kunstform zu entwickeln, die als »Kiowa-Stil« bekannt wurde. Die Motive waren vorwiegend Tänzer in zeremoniellen Kostümen, bei denen das Element der Bewegung vorherrschte.

Parallel dazu begannen Ende des 19. Jahrhunderts Hopi damit, im Auftrag von Ethnologen Kachina-Figuren auf Papier zu malen. Andere Pueblo-Indianer, die meisten aus dem Dorf San Ildefonso, schlossen sich zu einer Malschule zusammen. Inhalt ihrer Bilder waren das traditionelle Leben, Tänze und Zeremonien, die sie in kräftigen Farben und einem »flachen«, zweidimensionalen Stil zu Papier brachten. Dieser eher statische Stil war lange Zeit richtungweisend für die »traditionalistische« Malerei und etablierte sich in dem 1932 gegründeten »Studio« der *Santa Fe Indian School*. Bis heute hat er sich nur wenig verändert und wird noch immer von vielen Künstlern des Südwestens gepflegt. Es ist eine gefällige Art der Malerei voller ethnographischer Details, weshalb sie besonders gerne von Touristen gekauft wird (Bolz und Peyer 1987: 178–192).

Die von einem immer kommerzieller werdenden Markt festgelegten Regeln für indianische Malerei lauteten, daß sie keine räumliche Tiefe und wenig Schattierungen aufweisen dürfe, außerdem müßten die Motive aus der indianischen Vergangenheit kommen. Es waren nur idealisierte Darstellungen aus einer heilen, »traditionellen« Indianerwelt gefragt, auf keinen Fall sollten umstrittene

Abb. 208
J. D. Roybal, Pueblo San Ildefonso: »Corn Dance«, undatiert (um 1970). Tempera auf Papier, 40 x 57 cm. Slg. Hartmann 1975. Inv.-Nr. IV B 12904.
Roybals Darstellung des Maistanzes vor einer Kiva entspricht ganz dem traditionellen Stil der Pueblo-Malerei. Die Feierlichkeit der Zeremonie wird von Roybal humorvoll gebrochen, indem er die Tänzer in betont förmlicher Pose darstellt, während die Koshare (rituelle Clowns) auf dem Dach der großen Kiva einen unbeteiligten, fast gelangweilten Eindruck machen.

Abb. 209
Fritz Scholder, Luiseno: »Indian Portrait with Tomahawk«, 1975. Lithographie in vier Farben, 77 x 57 cm. Slg. Nuzinger 1993. Inv.-Nr. IV B 13129.
Scholder hat hier einen »typischen« indianischen Krieger mit einer Steinkeule und einer großen Federhaube portraitiert. Die verzerrte Art der Darstellung und ihre Reduzierung auf elementare Formen entlarvt den Indianer jedoch als gesichtsloses Klischeebild, das den Phantasien des weißen Amerika entstammt.

Abb. 210
Kevin Red Star, Crow: »Walks Along«, 1983. Acryl auf Leinwand, 75 x 60 cm. Slg. Hartje 1989. Inv.-Nr. IV B 13116.
Als Schüler von Fritz Scholder bringt Red Star zwar eine gewisse Verfremdung in seine Portraits, doch seine Themen sind eher traditionell und schildern Alltag und Feste auf der Reservation der Crow.

oder gar politische Themen aufgegriffen werden. Diese Normen siedelten die indianische Malerei als »ethnische Kunst« im Bereich der *Folk Art* an und verwehrten ihr damit die Anerkennung als *Fine Art*.

Dies änderte sich erst mit der Gründung des *Institute of American Indian Arts* in Santa Fe im Jahre 1962 und dem Luiseno-Künstler Fritz Scholder, der dort 1964 seine Lehrtätigkeit aufnahm. Scholder war beeinflußt vom europäischen Expressionismus eines Francis Bacon und Elementen der amerikanischen Pop Art, woraus er einen neuen, unverwechselbaren Stil schuf. Am bekanntesten wurde er durch seine »häßlichen Indianer«, verzerrte Bilder von Indianern auf der

Abb. 211
Frank LaPena, Wintu: »Red Cap«, 1989. Acryl auf Leinwand, 122 x 91 cm. Slg. Nuzinger 1994. Inv.-Nr. IV B 13131.
LaPena, der sich als Kunstprofessor auch der traditionellen Kultur der Wintu in Nordkalifornien verpflichtet fühlt, hat hier einen Big Head- oder Bole-Maru-Tänzer dargestellt, der einen weiblichen Geist verkörpert. Die starken Farbkontraste und die großflächige Malweise sind auf eine emotionale Wirkung ausgelegt, die eine detaillierte, ethnologisch korrekte Darstellung dieser Szene niemals erreichen könnte.

Reservation oder im städtischen Milieu, die sich auffallend von den nostalgischen Darstellungen der »Traditionalisten« unterscheiden. Daneben griff er mit Vorliebe klischeehafte Darstellungen von Indianern auf, um sie durch seine Art der Verfremdung zu entlarven (Abb. 209).

Scholder beeinflußte eine ganze Generation von jungen Künstlern, die aus dem *Institute of American Indian Arts* hervorgingen. Dazu gehört auch Kevin Red Star, ein Crow aus Montana, der sich in seinen Gemälden mit Themen aus dem Reservationsleben der Crow beschäftigt (Abb. 210). Trotz ihrer unkonventionellen Formen besaßen diese Werke weiterhin deutlich erkennbare indianische

Abb. 212
Harry Fonseca, Maidu: »Coyote – Cigarstore Indian«, 1985. Acryl auf Leinwand, 121 x 81 cm. Slg. Hartje 1989. Inv.-Nr. IV B 13118.
Die listige Gestalt des Kojoten, der immer wieder selbst überlistet wird, entstammt der Mythologie der kalifornischen Indianer. Seine Wandelbarkeit fordert dazu heraus, ihn in stets wechselnden Verkleidungen darzustellen. Hier hat Fonseca einen Zigarrenladen-Indianer aus ihm gemacht, der mit großer Federhaube das gängige Klischeebild karikiert.

Inhalte und wurden daher von Kritikern und Galeristen akzeptiert (Bolz und Peyer 1987: 199–205).

Unabhängig davon entstanden gleichzeitig an anderen Orten Werke indianischer Künstler, die keiner bestimmten Schule zuzuordnen sind. Die meisten von ihnen hatten an Kunstakademien studiert, wo ihre ethnische Herkunft keine Rolle spielte und sie sich auf einem internationalen Niveau mit Kunst auseinandersetzten. Trotzdem war für viele Künstler ihr indianisches Erbe ständige Quelle der Inspiration, und so flossen in ihre Arbeiten immer wieder Themen ein, die ihre ethnische Herkunft bezeugen. Dies kann allerdings auf unterschiedliche Weise erfolgen: Der Wintu Frank LaPena aus Kalifornien, der sich den Traditionen seines Volkes stark verbunden fühlt, wählt Themen aus der rituellen und spirituellen Welt der Wintu (Abb. 211). Harry Fonseca, ein Maidu, hat dagegen den Coyoten zu seinem Markenzeichen gemacht. Als Kulturbringer ist Coyote eng mit den heiligen Ursprungsgeschichten kalifornischer Indianer verbunden; als Trickster-Figur der Erzähltradition ist er gleichzeitig ein Spaßmacher und Überlebenskünstler. Bei Fonseca erscheint Coyote in immer neuen Verkleidungen, um der amerikanischen Gesellschaft den Spiegel vorzuhalten und den indianischen Überlebenswillen zu demonstrieren (Abb. 212).

George Longfish, ein Seneca-Tuscarora (Irokese) aus dem Staat New York, fühlt sich in seinen Gemälden weniger der Kultur der Irokesen verpflichtet, als vielmehr einem panindianischen Stil. Dazu bemerkt er: »Meine Gemälde kombinieren symbolische Elemente der traditionellen indianischen Kunst mit modernen Symbolen. Meine Bilder streben nach einer Verbindung zwischen der dominanten weißen Kultur und meiner indianischen Kultur« (zitiert nach Hartje 1984: 114). Diese Auffassung kommt deutlich in seinem Bild »Ralph Lauren's Polo War Shirt« zum Ausdruck, in dem er ein traditionelles Kriegshemd der Plainsindianer mit einem Designer-Shirt der modernen amerikanischen Konsumgesellschaft in Verbindung bringt (Abb. 213).

Neben diesen individualistischen oder panindianischen Stilformen, die sich keiner spezifischen indianischen Kultur verpflichtet fühlen, entstanden in verschiedenen Regionen Nordamerikas lokale Stile, die stärker an überlieferten traditionellen Formen orientiert sind. Dies betrifft vor allem das nordöstliche Waldland, den Südwesten und die Nordwestküste.

Abb. 213
George Longfish, Seneca-Tuscarora: »Ralph Lauren's Polo War Shirt«, 1988/89. Acryl auf Karton mit zwei aufgenähten Knöpfen, 38 x 102 cm. Slg. Nuzinger 1994. Inv.-Nr. IV B 13130.
Das Gemälde ist Teil einer ganzen Serie von »War Shirts«, die Ende der 1980er Jahre entstand. Longfish verwendet hier ein traditionelles Element der Plainskultur, das er mit einem Symbol der Kommerz-Kultur des weißen Amerika verbindet. Die Darstellung solcher Beziehungen zwischen unterschiedlichen Kulturen ist ein wichtiger Teil des Werkes von Longfish.

Der Nordosten: »Legend-Painting«

In den 60er Jahren entwickelte sich im kanadischen Gebiet der Großen Seen ein Malstil, der als »Waldland-Schule« oder »Legend-Painting« bekannt ist. Sein Begründer ist der Ojibwa Norval Morrisseau aus der Sand Point Reservation in Ontario, der sich von Ritzzeichnungen auf Birkenrinde des Midewiwin-Bundes inspirieren ließ. Er malte legendenhafte Figuren auf Birkenrinde oder Papier und stieß dabei auf den erbitterten Widerstand der Stammesältesten, da diese Legenden etwas Heiliges waren. Nach seiner Entdeckung durch einen Kunsthändler begann Morrisseaus Karriere als professioneller Künstler, dessen in kräftigen Acrylfarben auf Leinwand gebannte Legenden der Algonkin für drei Generationen von Waldland-Malern richtungsweisend wurden. Die mythischen Figuren, die Tiergeister, gute und böse Mächte oder schamanische Rituale verkörpern, sind im allgemeinen ohne Hintergrund im »Röntgenstil« ausgeführt, so daß die stark abstrahierten inneren Organe sichtbar sind. Damit wird der spirituelle Charakter der Figuren betont, anatomische Details sind weniger wichtig (Abb. 214).

Morrisseaus Schüler entwickelten seinen Stil weiter, ließen neue formale Elemente oder Themen wie das moderne Leben auf den Reservationen mit einfließen, so daß sich der Kreis derer, die sich diesem Stil verpflichtet fühlen, immer mehr erweiterte. Die Kunstform des Legend-Painting hat sich im Osten Kanadas bis heute so fest etabliert, daß sie zu einer neuen Tradition der dort beheimateten Indianer geworden ist (McLuhan und Hill 1984).

Abb. 214
Norval Morrisseau, Ojibwa: »Hunting«, 1980. Acryl auf Leinwand, 51 x 61 cm. Slg. Antonitsch 1999. Inv.-Nr. IV B 13155.
Morrisseau konzentriert sich hier in einer sehr schlichten Darstellungsweise auf die elementaren Kräfte des Bären, der sich auf der Jagd befindet: Krallen, Zähne und ein massiger Körper. Das Bild ist rechts unten in Cree-Silbenschrift mit dem indianischen Namen des Künstlers signiert, der übersetzt lautet: »Copper Thunderbird«.

Der Südwesten: Die Künstlergruppe »Artist Hopid«

Zu den ältesten Dokumenten der großen Maltradition des indianischen Südwestens gehören die zahlreichen Felsbilder und die farbigen Wandmalereien in den von Archäologen ausgegrabenen Kivas prähistorischer Pueblos. Der abendländisch geprägte Kunstbegriff läßt uns gerne übersehen, daß es sich auch bei der Dekoration von Keramik mit geometrischen und figürlichen Motiven um Malerei handelt. Dem Prinzip der *ars longa, vita brevis* widersprechen die aus farbigen Pigmenten geschaffenen kosmologischen Sandbilder der Navajo, die bei den Krankenheilungszeremonien eine zentrale Rolle spielen. Hier haben wir es mit Kunstwerken zu tun, die noch am gleichen Tag, an dem sie geschaffen wurden, wieder zerstört werden müssen.

Abb. 215
Neil David Sr., Hopi: »Hé'e'e, Warrior Maiden Kachina«, 1973. Kreide auf Karton, 48 x 35 cm. Slg. Malotki 1984. Inv.-Nr. IV B 13105.
Das Portrait der Hé'e'e demonstriert den spielerisch-gekonnten Umgang der Artist Hopid mit dem Kanon der europäischen Moderne. Gleichzeitig kann man es als Kommentar auf die ethnologische Trennung von Mythos und Geschichte lesen. Hé'e'e, die in ihrer Kachina-Form bei Zeremonien erscheint, ist eine Persönlichkeit der Hopi-Erzähltradition. Eines Morgens, als ihre Mutter ihr die Haare zu den »Schmetterlingslocken« der Hopi-Jungfrauen richtete, näherten sich Feinde dem Dorf Oraibi. Mit unfertiger Frisur griff das Mädchen zu Pfeil und Bogen, rannte ins Dorf und organisierte die Verteidigung, bis die Männer von den Feldern zurückkehrten. Neil David erweist Hé'e'e augenzwinkernd seine Reverenz, indem er die Kachina im Stile eines impressionistischen Portraits darstellt.

LYELL ISLAND
SUPPORT RALLY
FRI DEC 6TH
ROBSON SQUARE
1:00 PM
SOLIDARITY
WITH THE
HAIDA
NATION

Abb. 217
Laurenza F. Rosso, Nordwestküste: »Eagle Box Design«, ca. 1987-1990. Siebdruck in zwei Farben, 76 x 56 cm. Slg. Nuzinger 1991. Inv.-Nr. IV A 9514.
Dieser Siebdruck ist die graphische Umsetzung der Schmalseite einer Kiste mit Reliefschnitzerei. Zentrales Motiv ist ein Adler, dessen Binnenformen nach dem Prinzip des »Horror vacui« mit weiteren Formen ausgefüllt sind.

»Once I began to look at the development of these European artists, I knew what they were looking at, and when I dug down, I realized that they were doing the same things as artists always do, looking into the past and picking up the energies and spirits and the work of the so-called primitive artists. I was doing the same thing when I looked back at the kiva murals« (Michael Kabotie, zitiert in Abbott 1994: 108).

Die Nordwestküste: Kunst gegen Umweltzerstörung

Lange vor der Entdeckung und Erforschung der Nordwestküste durch die Europäer haben die Indianer dieser Region einen Kunststil geschaffen, der sich in seinen wesentlichen Elementen bis heute erhalten hat. Seine kräftigen Formlinien verleihen ihm einen betont graphischen Charakter, wie dies beispielsweise bei den farbig bemalten Reliefschnitzereien auf Holzkisten zum Ausdruck kommt. Daher bedurfte es in der Zeit um 1960 nur eines kleinen Schrittes, diese Formen als Siebdrucke auf Papier zu bringen. Zunächst beschränkten sich die Künstler der Nordwestküste auf traditionelle Motive in den Farben Rot und Schwarz. Später begannen sie, mit anderen Farben, Hintergründen und Motiven zu experimentieren. Aus zweidimensionalen Formen wurden perspektivische Landschaften, die traditionelle Symbolik wurde mit christlichen Motiven oder der Darstellung historischer Ereignisse angereichert. Diese meist in limitierter Auflage hergestellten Siebdrucke fanden schnell einen Sammlermarkt und gehören heute ebenso wie die geschnitzten Masken oder Wappenpfähle zum »typischen« Erscheinungsbild der Kunst der Nordwestküste (Hall et al. 1981).

Wenige Künstler haben bisher versucht, die traditionellen Formen in Gemälde umzusetzen. Lawrence Paul Yuxweluptun (»Mann der Maske«), ein Coast Salish, der heute in Vancouver lebt, hat dabei Pionierarbeit geleistet. Seine großformatigen Acrylgemälde, die teilweise wie Landschaftsbilder Salvador Dalis gestaltet sind, greifen aktuelle Themen wie Umweltzerstörung oder Prostitution auf und sollen bewußt provozieren (Abb 218). Er selbst bezeichnet seine Malerei als »Erlösungskunst« (Salvation Art), mit der er das Recht einfordert, als Indianer auf dem unzerstörten Land seiner Vorväter zu leben (Paul et al. 1995).

Als seine Bilder 1989 erstmals in Europa gezeigt wurden (Gerber und Katz-Lahaigue 1989), war Lawrence Paul selbst in Kanada noch wenig bekannt. Doch bereits sechs Jahre später wurde die Kunstgalerie der Universität von Britisch Kolumbien in Vancouver mit einer Solo-Ausstellung seiner Werke eröffnet. Seine Gemälde befinden sich heute in bedeutenden Sammlungen und Kunstmuseen Kanadas. Dies bedeutet, daß damit ein Kunststil Anerkennung gefunden hat, der im weitesten Sinne als politisch zu bezeichnen ist. In formaler Hinsicht hat Lawrence Paul die traditionellen Elemente und Farben des Nordwestküsten-Stils weit hinter sich gelassen, und doch erkennt man sofort, in welcher Region Nordamerikas seine Kunst angesiedelt ist. Sein Malstil ist noch zu neu und ungewohnt, als daß sich bisher so etwas wie eine »Schule« bilden konnte. Daher muß man abwarten, ob sich andere Künstler von ihm beeinflussen lassen.

Indianische Kunst im Museum

In den USA und Kanada gibt es eine ganze Reihe von Kunstmuseen, die moderne indianische Malerei in ihre Sammlungen aufgenommen haben. Aber selbst in diesen Ländern sind überwiegend die Museen mit ethnologischen Sammlungen

LYELL ISLAND
SUPPORT RALLY
FRI DEC. 6TH
ROBSON SQUARE
1:00 PM
SOLIDARITY
WITH THE
HAIDA
NATION

Abb. 218
Lawrence B. Paul (Yuxweluptun), Coast Salish: »Downtown Vancouver«, 1987. Acryl auf Leinwand, 174 x 127 cm. Slg. Bolz 1989. Inv.-Nr. IV A 9510.
Die Kombination von Stilelementen der Nordwestküste und ihren maskenhaften Formen mit der Körperlichkeit europäischer Aktmalerei durchzieht das gesamte Werk Lawrence Pauls. Über diese Szene im Zentrum der Stadt Vancouver sagt der Künstler selbst: »Das Leben in der Stadt, Prostituierte auf den Gehsteigen in der Innenstadt von Vancouver, im Vergnügungsviertel... Das ist ein Teil der indianischen Welt, hier mitten im Stadtzentrum von Vancouver« (Gerber und Katz-Lahaigue 1989: 116).

für die Kunst der Indianer zuständig. In Europa hingegen sind es ausschließlich die ethnologischen Museen.

Bei seiner Reise nach New Mexico erwarb Horst Hartmann 1975 erstmals einige moderne Gemälde für das Berliner Museum. Bis 1984 kamen durch ihn und den Ethnolinguisten Ekkehart Malotki weitere hinzu. Die kleine Sammlung von 19 Arbeiten aus dem Südwesten besteht etwa zur Hälfte aus Gemälden im traditionalistischen Stil, vorwiegend mit Darstellungen von Kachina-Tänzen; die anderen zehn Arbeiten stammen von Künstlern der Artist Hopid. Damit war der Grundstock für eine weiterführende Sammeltätigkeit gelegt.

Mit den 1989 erworbenen Gemälden von Jerry Ingram, Kevin Red Star, Harry Fonseca und Lawrence Paul sollte ein anderes Ziel verfolgt werden: Die Entwicklung der modernen indianischen Kunst an ausgewählten Beispielen zu dokumentieren. Mit den vorhandenen Mitteln konnte allerdings keine umfangreiche Sammlung angelegt, sondern lediglich ein Anfang markiert werden. In den folgenden Jahren gelang es, weitere Gemälde und Graphiken zu erwerben, darunter zwei Blätter von Fritz Scholder und je ein Gemälde von George Longfish und Frank LaPena. Letzte Erwerbung im Jahre 1999 war ein frühes Gemälde von Norval Morrisseau.

Über die Sammlung moderner indianischer Kunst am Ethnologischen Museum Berlin, zu der auch einige wenige Skulpturen gehören, kann zum jetzigen Zeitpunkt kein Urteil abgegeben werden, da sie sich noch in der Aufbauphase befindet und keinesfalls als repräsentativ anzusehen ist. Zukünftiges Ziel sollte es sein, ihren Bestand so zu vervollständigen, daß die wichtigsten Stilrichtungen und Innovatoren der indianischen Moderne vertreten sind.

Bibliographie

Abbott, Lawrence (Hg.)
1994 *I Stand in the Center of the Good. Interviews with Contemporary Native American Artists.* Lincoln und London: University of Nebraska Press.

Ackerman, Lillian A. (Hg.)
1996 *A Song to the Creator. Traditional Arts of Native American Women of the Plateau.* Norman und London: University of Oklahoma Press.

Akinscha, Konstantin, und Grigori Koslow
1995 *Beutekunst. Auf Schatzsuche in russischen Geheimdepots.* München: Deutscher Taschenbuch Verlag.

Amerika 1492–1992
1992 *Amerika 1492–1992. Neue Welten – Neue Wirklichkeiten.* 2 Bde. Berlin: Stiftung Preußischer Kulturbesitz.

Anonymus
1824 *Verzeichniß der sich im Museum befindenden Naturalien, Waffen und Kunstsachen. Vom Nord- und Südpol, und aus anderen entfernten Weltgegenden.* [Objektliste des Wandermuseums von Samuel Hadlock. Original im Museum zur Geschichte der Stadt Leipzig.]

Anonymus
1876 Die californischen Indianer. *Globus* 29: 310–314, 325–328.

Bankmann, Ulf
1997 The »Esquimaux-Indians« in Berlin: Drawings and Prints. *European Review of Native American Studies* 11 (2): 21–26.
1998 Exzerpte und Transkriptionen der Akte Deppe im Museum für Naturkunde Berlin. Unveröffentlichtes Manuskript.
1999 Zwischen Pazifik und Lietzensee. Ferdinand Deppe, Gärtner und Sammler für die Berliner Museen. *Mitteilungen des Vereins für die Geschichte Berlins* 95 (4): 566–579.

Barrett, Samuel A.
1908 Pomo Indian Basketry. *University of California Publications in American Archaeology and Ethnology* 7 (3): 133–308. Berkeley: The University Press.

Bartels, Max
1893 *Die Medicin der Naturvölker. Ethnologische Beiträge zur Urgeschichte der Medicin.* Leipzig: Th. Grieben.

Bartsch, Ekkehard
1998 Karl Mays Winnetou – Die Entwicklung einer literarischen Gestalt. In: *Auf der See gefangen.* Karl May's gesammelte Werke 80: 441–503. Bamberg und Radebeul: Karl-May-Verlag.

Bastian, Adolf
1883 *Amerika's Nordwest-Küste. Neueste Ergebnisse ethnologischer Reisen. Aus den Sammlungen der Königlichen Museen zu Berlin.* Herausgegeben von der Direction der Ethnologischen Abtheilung. Berlin: A. Asher.

Bates, Craig D.
1982 *Feathered Regalia of Central California: Wealth and Power.* Occasional Papers of the Redding Museum 2. Redding: Redding Museum and Art Center.

Bates, Craig D., und Martha J. Lee
1990 *Tradition and Innovation. A Basket History of the Indians of the Yosemite-Mono Lake Area.* Yosemite National Park, Ca.: Yosemite Association.

Benndorf, Helga, und Arthur Speyer
1968 *Indianer Nordamerikas, 1760–1860. Aus der Sammlung Speyer.* Offenbach: Deutsches Ledermuseum.

Berkhofer, Robert F.
1988 White Conceptions of Indians. In: Wilcomb E. Washburn (Hg.), *Handbook of North American Indians, Vol. 4: History of Indian-White Relations,* 522–547. Washington: Smithsonian Institution.

Bernau, Nikolaus
1995 Von der Kunstkammer zum Musenarchipel. Die Berliner Museumslandschaft 1830–1994. In: Alexis Joachimedes et al.: *Museumsinszenierungen. Zur Geschichte der Institution des Kunstmuseums. Die Berliner Museumslandschaft 1830–1990,* 15–35. Dresden, Basel: Verlag der Kunst.

Bibby, Brian
1996 *The Fine Art of California Indian Basketry.* Sacramento: Crocker Art Museum in Association with Heyday Books, Berkeley.

Biegert, Claus
1979 *Indianerschulen: Als Indianer überleben – von Indianern lernen. Survival Schools.* Reinbek: Rowohlt.

Bilang, Karla
1992 Das Museum für Völkerkunde. In: Helmut Engel et al.: *Geschichtslandschaft Berlin. Orte und Ereignisse. Bd. 4: Zehlendorf,* 176–196. Berlin: Nicolai.

Blackburn, Thomas C. und Travis Hudson
1990 *Time's Flotsam. Overseas Collections of California Indian Material Culture.* Ballena Press Anthropological Papers 35. Menlo Park: Ballena Press.

Boas, Franz
1886 Sammlung aus Baffinland. *Original-Mittheilungen aus der ethnologischen Abteilung der königlichen Museen zu Berlin* 1 (3): 131–133.
1897 The Social Organization and the Secret Societies of the Kwakiutl Indians. *Report of the United States National Museum 1895.* Washington: Smithsonian Institution.

Boden, Gertrud und Martina Gockel
1995 Native North American Collections in Western European Museums. Replies to a Questionnaire. *European Review of Native American Studies* 9 (1): 49–54.

Boger, Jan
1990 *Western-Hobby heute. Die letzten Mohikaner.* Stuttgart: Motorbuch Verlag.

Bolz, Peter
1987 Life Among the »Hunkpapas«: A Case Study in German Indian Lore. In: Christian F. Feest (Hg.): *Indians and Europe. An Interdisciplinary Collection of Essays,* 475–490. Aachen: Rader.
1988 Die Berliner Dakota Bibel, ein frühes Zeugnis der Ledger-Kunst bei den Lakota. *Baessler-Archiv* N.F. 36: 1–59.
1992 Die Rückkehr der »Berliner Bisonroben«. *Museumsjournal* 6/IV: 52–54.
1994 Indianer als Öko-Heilige? Gedanken zur Entlarvung eines neuen Klischees. In: Wolfgang Lindig (Hg.): *Indianische Realität. Nordamerikanische Indianer in der Gegenwart,* 47–55. München: Deutscher Taschenbuch Verlag.
1995a »Ethnographische Gegenstände aus Nord-America«. Die Sammlung des Prinzen zu Wied im Museum für Völkerkunde Berlin. In: Maximilian Prinz zu Wied, Jäger, Reisender, Naturforscher. *Fauna und Flora in Rheinland-Pfalz,* Beiheft 17: 191–214.
1995b Die Bedeutung Möllhausens für die Ethnologie Nordamerikas. In: *Balduin Möllhausen (1825–1905). Ein Preusse bei den Indianern. Aquarelle für Friedrich Wilhelm IV.* (Ausstellungskatalog): 18–23. Berlin-Brandenburg: Stiftung Preussische Schlösser und Gärten.

Bolz, Peter, und Bernd Peyer
1987 *Indianische Kunst Nordamerikas.* Köln: DuMont.

Bonar, Eulalie H.
1996 *Woven by the Grandmothers. Nineteenth-Century Navajo Textiles from the National Museum of the American Indian.* Washington und London: Smithsonian Institution Press.

Brand, Stewart
1988 Indians and the Counterculture, 1960s–1970s. In: Wilcomb E. Washburn (Hg.): *Handbook of North American Indians, Vol. 4: History of Indian-White Relations,* 570–572. Washington: Smithsonian Institution.

Brasser, Ted J.
1976 *»Bo'jou, Neejee!« Profiles of Canadian Indian Art.* Ottawa: National Museum of Man.

Bründer, Birgitta
1993 Frank Hamilton Cushing und das Königliche Museum für Völkerkunde in Berlin. *Baessler-Archiv* N.F 41: 383–411.

Burmester, Heinz
1988 *Weltumseglung unter Preußens Flagge. Die Königlich Preußische Seehandlung und ihre Schiffe.* Hamburg: Ernst Kabel.

Burnham, Dorothy K.
1992 *To Please the Caribou. Painted Caribou-Skin Coats Worn by the Naskapi, Montagnais, and Cree Hunters of the Quebec-Labrador Peninsula.* Toronto: Royal Ontario Museum.

Callaway, Donald, Joel Janetski und Omer C. Stewart
1986 Ute. In: W. L. D'Azevedo (Hg.): *Handbook of North American Indians, Vol. 11: Great Basin,* 336–367. Washington: Smithsonian Institution.

Catlin, George
1841 *Letters and Notes on the Manners, Customs, and Condition of the North American Indians.* 2 Bde. London: Tosswill and Myers.

Cestelli Guidi, Benedetta und Nicholas Mann (Hgg.)
1998 *Photographs at the Frontier. Aby Warburg in America 1895–1896.* London: Merrell Holberton Publishers & The Warburg Institute.

Cole, Douglas
1985 *Captured Heritage. The Scramble for Northwest Coast Artifacts.* Seattle: University of Washington Press.

Collins, Henry B.
1984 History of Research Before 1945. In: Damas, David (Hg.): *Handbook of North American Indians, Vol. 5: Arctic,* 8–16. Washington: Smithsonian Institution.

Corum, Charles Ronald
1975 A Teton Tipi Cover. Depiction of the Sacred Pipe Myth. *South Dakota History* 5 (3): 229–244.

Cushing, Frank Hamilton
1895 Katalog einer Sammlung von Idolen, Fetischen und priesterlichen Ausrüstungsgegenständen der Zuñi- oder Ashiwi-Indianer von Neu-Mexiko (U.S. Am.). *Veröffentlichungen aus dem Königlichen Museum für Völkerkunde* IV (1): 1–12. Berlin: Geographische Verlagshandlung Dietrich Reimer.

Damas, David (Hg.)
1984 *Handbook of North American Indians, Vol. 5: Arctic.* Washington: Smithsonian Institution.

Dilworth, Leah
1996 *Imagining Indians in the Southwest. Persistent Visions of a Primitive Past.* Washington und London: Smithsonian Institution Press.

Disselhoff, Hans Dietrich
1935 Bemerkungen zu einigen Eskimo-Masken der Sammlung Jacobsen des Berliner Museums für Völkerkunde. *Baessler-Archiv* 18: 130–137.
1936 Bemerkungen zu Fingermasken der Beringmeer-Eskimo. *Baessler-Archiv* 19: 181–187.
1937 Nordamerikanische Kinderwiegen im Berliner Museum für Völkerkunde. *Baessler-Archiv* 20: 73–91.

Dockstader, Frederick J.
1977 *Great North American Indians. Profiles in Life and Leadership.* New York: Van Nostrand Reinhold Company.

Dorgerloh, Hartmut
1994 Museale Inszenierung und Bildprogramm im Neuen Museum. In: *Berlins Museen. Geschichte und Zukunft*, 79–86. München und Berlin: Deutscher Kunstverlag.

Dorsey, George A.
1901 Certain Gambling Games of the Klamath Indians. *American Anthropologist* N.S. 3 (1): 14–27.

Dräger, Lothar, Rolf Krusche und Klaus Hoffmann
1992 *Indianer Nordamerikas. Ausstellung im Blockhaus»Villa Bärenfett« des Karl-May-Museums.* Radebeul: Karl-May-Stiftung.

Dreier, Franz Adrian
1981 Die Kunstkammer im 19. Jahrhundert. In: *Die Brandenburgisch-Preußische Kunstkammer*, 35–44. Berlin: Staatliche Museen Preußischer Kulturbesitz.

Duff, Wilson
1976 The World is as Sharp as a Knife: Meaning in Northern Northwest Coast Art. In: Roy L. Carlson (Hg.): *Indian Art Traditions of the Northwest Coast*, 47–66. Burnaby: Simon Fraser University Archaeology Press.

Duncan, Kate C.
1989 *Northern Athapaskan Art. A Beadwork Tradition.* Seattle: University of Washington Press.

Dürr, Michael, et al.
1992 *Franz Boas: Ethnologe, Anthropologe, Sprachwissenschaftler; ein Wegbereiter der modernen Wissenschaft vom Menschen.* Berlin: Staatsbibliothek zu Berlin.

Dutton, Bertha P.
1983 Commerce on a New Frontier: The Fred Harvey Company and the Fred Harvey Fine Arts Collection. In: Christine Mather (Hg.): *Colonial Frontiers. Art and Life in Spanish New Mexico. The Fred Harvey Collection*, 91–104. Santa Fe: Ancient City Press.

Ehrenreich, Paul
1898 Dr. Paul Ehrenreichs Reise in Nordamerika. *Globus* 74: 214–215.
1899 Ein Ausflug nach Tusayan (Arizona) im Sommer 1898. *Globus* 76: 53–54, 74–78, 91–95, 138–142, 154–159, 172–174.

Eisleb, Dieter
1973 Abteilung Amerikanische Archäologie. In: 100 Jahre Museum für Völkerkunde Berlin. *Baessler-Archiv* N.F. 21: 175–217.

Ewers, John C.
1968 *Indian Life on the Upper Missouri.* Norman: University of Oklahoma Press.

Fane, Diana, et al.
1991 *Objects of Myth and Memory. American Indian Art at the Brooklyn Museum.* Brooklyn: The Brooklyn Museum.

Feder, Norman
1987 Bird Quillwork. *American Indian Art Magazine* 12 (3): 46–57.

Feest, Christian F.
1988 The Indian in Non-English Literature. In: Wilcomb E. Washburn (Hg.): *Handbook of North American Indians, Vol. 4: History of Indian-White Relations,* 582–586, 665–666. Washington: Smithsonian Institution.
1998 The North-west Coast of America and the Arctic. In: Brigitta Hauser- Schäublin und Gundolf Krüger (Hgg.): *James Cook. Gifts and Treasures from the South Seas*, 268–276. Munich: Prestel.

Feest, Christian F., und Sylvia S. Kasprycki
1999 *Peoples of the Twilight. European Views of Native Minnesota, 1823 to 1862.* Afton, MN: Afton Historical Society Press.

Fiedermutz-Laun, Annemarie
1990 Adolf Bastian. In: Wolfgang Marschall (Hg.): *Klassiker der Kulturanthropologie. Von Montaigne bis Margaret Mead*, 109–136. München: C. H. Beck.

Fienup-Riordan, Ann
1996 *The Living Tradition of Yup'ik Masks. Agayuliyararput, Our Way of Making Prayer.* Seattle: University of Washington Press.
1998 Yup'ik Elders in Museums: Fieldwork Turned on Its Head. *Arctic Anthropology* 35 (2): 49–58.

Fleming, Paula Richardson und Judith Luskey
1986 *The North American Indians in early Photographs.* New York: Harper & Row Publishers.
1988 *Die Nordamerikanischen Indianer in frühen Photographien.* München: C. H. Beck.

Frank, Robert
1994 Der Martin-Gropius-Bau und sein Umfeld. In: *Berlins Museen. Geschichte und Zukunft*, 221–230. München und Berlin: Deutscher Kunstverlag.

Frye, Melinda Young
1979 *Natives & Settlers. Indian and Yankee Culture in Early California. The Collections of Charles P. Wilcomb.* Oakland: The Oakland Museum.

Gaehtgens, Thomas W.
1992 *Die Berliner Museumsinsel im Deutschen Kaiserreich.* München: Deutscher Kunstverlag.

Gerber, Peter, und Vanina Katz-Lahaigue
1989 *Susan A. Point, Joe David, Lawrence Paul. Indianische Künstler der Westküste Kanadas.* Zürich: Völkerkundemuseum der Universität.

Gerhards, Eva
1980 *Blackfoot-Indianer.* Innsbruck: Pinguin.

Goetzmann, William H., et al.
1984 *Karl Bodmer's America.* Omaha und Lincoln: Joslyn Art Museum und University of Nebraska Press.

Graf, Andreas
1991 *Der Tod der Wölfe. Das abenteuerliche und das bürgerliche Leben des Romanschriftstellers und Amerikareisenden Balduin Möllhausen (1825–1905).* Berlin: Duncker und Humblot.

Green, Jesse (Hg.)
1979 *Zuñi. Selected Writings of Frank Hamilton Cushing.* Lincoln und London: University of Nebraska Press.
1990 *Cushing at Zuñi. The Correspondence and Journals of Frank Hamilton Cushing 1879–1884.* Albuquerque: University of New Mexico Press.

Haas, Richard
1992 Indianerkulturen der Nordwestküste. In: *Amerika 1492–1992. Neue Welten – Neue Wirklichkeiten.* Katalog, 127–157. Berlin: Stiftung Preußischer Kulturbesitz.

Hall, Edwin S., et al.
1981 *Northwest Coast Indian Graphics. An Introduction to Silk Screen Prints.* Vancouver: Douglas & McIntyre.

Hartje, Katrina
1984 *Signale indianischer Künstler.* Berlin: Galerie Akmak.

Hartmann, Günther
1973 Hundert Jahre Museum für Völkerkunde Berlin – Ursprünge und Entwicklungen. *Zeitschrift für Ethnologie* 98: 12–18.
1986 *Xingú. Unter Indianern in Zentral-Brasilien.* Berlin: Museum für Völkerkunde.

Hartmann, Horst
1963 George Catlin und Balduin Möllhausen. Zwei Interpreten der Indianer und des Alten Westens. *Baessler-Archiv* N.F., Beiheft 3. Berlin: Dietrich Reimer (2. Aufl. 1984).
1973a Abteilung Amerikanische Naturvölker. In: 100 Jahre Museum für Völkerkunde Berlin. *Baessler-Archiv* N.F. 21: 219–258.
1973b *Die Plains- und Prärieindianer Nordamerikas.* Berlin: Museum für Völkerkunde (2. Aufl. 1979).
1978 *Kachina-Figuren der Hopi-Indianer.* Berlin: Museum für Völkerkunde.

Helm, June (Hg.)
1981 *Handbook of North American Indians, Vol. 6: Subarctic.* Washington: Smithsonian Institution.

Hinsley Curtis M., und David R. Wilcox (Hgg.)
1996 *The Southwest in the American Imagination. The Writings of Sylvester Baxter, 1881–1889.* Tucson: The University of Arizona Press.

Hipszer, Hermine
1971 Les Masques des chamans du Musée Ethnographique de Berlin. *Baessler-Archiv* N.F. 19: 421–450.

Hodge, G. Stuart, et al.
1973 *Art of the Great Lakes Indians.* Flint, MI: Flint Institute of Arts.

Hoffmann, Klaus
1992 Zur Geschichte des Karl-May-Museums, seiner indianischen Sammlungsobjekte und deren Präsentation. In: Lothar Dräger et al.: *Indianer Nordamerikas. Ausstellung im Blockhaus »Villa Bärenfett« des Karl-May-Museums,* 89–115. Radebeul: Karl-May-Stiftung.

Höpfner, Gerd
1993 Die Rückführung der »Leningrad-Sammlung« des Museums für Völkerkunde. *Jahrbuch Preußischer Kulturbesitz* 29: 157–171.

Howard, Kathleen L., und Diane F. Pardue
1996 *Inventing the Southwest. The Fred Harvey Company and Native American Art.* Flagstaff: Northland Publishing Company.

Hudson, Travis, und Thomas C. Blackburn
1982 *The Material Culture of the Chumash Interaction Sphere. Vol. I: Food Procurement and Transportation.* Los Altos: Ballena Press.

Ives, Joseph C.
1861 *Report upon the Colorado River of the West, explored in 1857 and 1858 by Lieutenant Joseph C. Ives, Corps of Topographical Engineers.* Washington: Government Printing Office.

Jacobsen, Johan Adrian
1884 *Capitain Jacobsen's Reise an der Nordwestküste Amerikas 1881–1883 zum Zwecke ethnologischer Sammlungen und Erkundigungen nebst Beschreibung persönlicher Erlebnisse für den deutschen Leserkreis bearbeitet von A. Woldt.* Leipzig: Max Spohr.
1977 *Alaskan Voyage, 1881–1883. An Expedition to the Northwest Coast of America. Translated by Erna Gunther from the German Text of Adrian Woldt.* Chicago und London: University of Chicago Press.

Kaemlein, Wilma R.
1967 *An Inventory of Southwestern American Indian Specimens in European Museums.* Tucson: Arizona State Museum, The University of Arizona.

Kardiner, Abram, und Edward Preble
1961 *They Studied Man.* New York: Mentor Books.
Kasprycki, Sylvia S.
1997 Quilled Drawstring Pouches of the Northeastern Woodlands. *American Indian Art Magazine* 22 (3): 64–75.
Kasten, Erich
1990 *Maskentänze der Kwakiutl. Tradition und Wandel in einem indianischen Dorf.* Berlin: Museum für Völkerkunde.
1992a Franz Boas: Ein engagierter Wissenschaftler in der Auseinandersetzung mit seiner Zeit. In: Michael Dürr et al.: *Franz Boas: Ethnologe, Anthropologe, Sprachwissenschaftler; ein Wegbereiter der modernen Wissenschaft vom Menschen*, 7-38. Berlin: Staatsbibliothek zu Berlin.
1992b Masken, Mythen und Indianer: Franz Boas' Ethnographie und Museumsmethode. In: Michael Dürr et al.: *Franz Boas: Ethnologe, Anthropologe, Sprachwissenschaftler; ein Wegbereiter der modernen Wissenschaft vom Menschen*, 79–102. Berlin: Staatsbibliothek zu Berlin.
King, Jonathan C. H.
1981 *Artificial Curiosities from the Northwest Coast of America. Native American Artefacts in the British Museum collected on the Third Voyage of Captain James Cook and acquired through Sir Joseph Banks.* London: The British Museum.
1999 *First Peoples, First Contacts. Native Peoples of North America.* London: British Museum Press.
Kitz, Hermann
1986 *50 Jahre Wyoming Club Frankfurt am Main, 1936–1986.* Frankfurt a. M.: Wyoming Club.
Klann, Kilian
1999 *Die Sammlung indianischer Ethnographica aus Nordamerika des Herzog Friedrich Paul Wilhelm von Württemberg.* Wyk auf Foehr: Verlag für Amerikanistik.
Kleivan, Inge
1984 History of Norse Greenland. In: Damas, David (Hg.): *Handbook of North American Indians, Vol. 5: Arctic*, 549–555. Washington: Smithsonian Institution.
Knopp, Werner
1994 *Die Stiftung Preußischer Kulturbesitz.* Berlin: Stiftung Preußischer Kulturbesitz.
Knötsch, Carol Cathleen
1992 *Franz Boas bei den kanadischen Inuit im Jahre 1883–1884.* Mundus-Reihe Ethnologie Band 60. Bonn: Holos.
Koch, Gerd
1973a Abteilung Südsee. In: 100 Jahre Museum für Völkerkunde Berlin, *Baessler-Archiv* N.F. 21: 141–174.
1973b Kriegsbedingte Verlagerung von Sammlungen und deren Rückführung – Schloß Celle. In: 100 Jahre Museum für Völkerkunde Berlin, *Baessler-Archiv* N.F. 21: 377–383.
Koepping, Klaus-Peter
1983 *Adolf Bastian and the Psychic Unity of Mankind. The Foundation of Anthropology in Nineteenth Century Germany.* St. Lucia: University of Queensland Press.
Krause, Aurel
1885 *Die Tlinkit-Indianer. Ergebnisse einer Reise nach der Nordwestküste von Amerika und der Beringstraße.* Jena: Hermann Costenoble.
Krause, Aurel und Arthur
1984 *Zur Tschuktschen-Halbinsel und zu den Tlinkit-Indianern 1881/82. Reisetagebücher und Briefe von Aurel und Arthur Krause.* Berlin: Dietrich Reimer.
Krause, Fritz
1921 *Die Kultur der kalifornischen Indianer (in ihrer Bedeutung für die Ethnologie und die nordamerikanische Völkerkunde).* Leipzig: Otto Spamer.
Krickeberg, Walter
1910 Amerika. In: Georg Buschan (Hg.): *Illustrierte Völkerkunde*, 29–164. Stuttgart: Strecker und Schröder.
1914 Einige Neuerwerbungen der nordamerikanischen Sammlung des Königlichen Museums für Völkerkunde. Verhandlungen der Berliner Gesellschaft für Anthropologie, Ethnologie und Urgeschichte. *Zeitschrift für Ethnologie* 46, Heft IV–V: 678–745.
1929 Das Kunstgewerbe der Eskimo und nordamerikanischen Indianer. In: H. Th. Bossert (Hg.): *Geschichte des Kunstgewerbes aller Zeiten und Völker,* Bd. 2: 154–244. Berlin: E. Wasmuth.
1939 Amerika. In: Hugo A. Bernatzik (Hg.): *Die große Völkerkunde*, Bd. 3: 18–258. Leipzig: Bibliographisches Institut.
1954 Ältere Ethnographica aus Nordamerika im Berliner Museum für Völkerkunde. *Baessler-Archiv* N.F. 2: 1–280.
Kroeber, Theodora
1970 *Alfred Kroeber. A Personal Configuration.* Berkeley: University of California Press.
LaFleche, Francis
1898 An Illustrated and Descriptive Catalogue of Articles used by The Omaha Tribe of American Indians collected by Francis LaFleche (Member of the Tribe). Unveröffentlichtes Manuskript. Berlin: Museum für Völkerkunde.
Lange, Charles H.
1959 *Cochiti. A New Mexico Pueblo, Past and Present.* Austin: University of Texas Press.
Leden, Christian
1927 *Über Kiwatins Eisfelder. Drei Jahre unter kanadischen Eskimos.* Leipzig: F. A. Brockhaus.
Lips, Julius
1928 Die Anfänge des Rechts an Grund und Boden bei den Naturvölkern und der Begriff der Erntevölker. In: W. Koppers (Hg.): *Festschrift P. W. Schmidt*: 485-494. Wien: Mechitharisten-Buchdruckerei.
Lister, Robert H., und Florence Lister
1978 *Anasazi Pottery. Ten Centuries of Prehistoric Ceramic Art in the Four Corners Country of the Southwestern United States.* Albuquerque: University of New Mexico Press.
Lutz, Hartmut
1985 *»Indianer« und »Native Americans«. Zur sozial- und literaturhistorischen Vermittlung eines Stereotyps.* Hildesheim: Georg Olms.
MacDonald, George F.
1983 *Haida Monumental Art. Villages of the Queen Charlotte Islands.* Vancouver: University of British Columbia Press.
McKenney, Thomas L.
1839 Beschreibung indianischer Objekte für Friedrich Ludwig von Roenne. Manuskript im Geheimen Staatsarchiv Preußischer Kulturbesitz, Berlin, IHA, Rep. 90 C, Nr. 110.
McLennan, Bill
o. J. Captain Carpenter, Heiltsuk Painter (1841–1931). Im Druck.
McLuhan, Elizabeth, und Tom Hill
1984 *Norval Morrisseau and the Emergence of the Image Makers.* Toronto: Art Gallery of Ontario.
Macnair, Peter
1998 Power of the Shining Heavens. In: Peter Macnair et al. (Hgg.): *Down from the Shimmering Sky. Masks of the Northwest Coast*: 36–185. Seattle: University of Washington Press.
McNitt, Frank
1962 *The Indian Traders.* Norman: University of Oklahoma Press.
1966 *Richard Wetherill: Anasazi.* (Revised Edition) Albuquerque: The University of New Mexico Press.
Mark, Joan
1988 *A Stranger in Her Native Land. Alice Fletcher and the American Indians.* Lincoln: University of Nebraska Press.
Maurer, Evan M., et al.
1992 *Visions of the People. A Pictorial History of Plains Indian Life.* Minneapolis: The Minneapolis Institute of Arts.
May, Karl
1967 *Old Firehand und andere Erzählungen.* Karl May's gesammelte Werke 71. Bamberg und Radebeul: Karl-May-Verlag.
1982 *Winnetou Band 1.* Berlin: Verlag Neues Leben.
1998 *Auf der See gefangen und andere Erzählungen.* Karl May's gesammelte Werke 80. Bamberg und Radebeul: Karl-May-Verlag.
Merrill, W. L., E. J. Ladd und T. J. Ferguson
1993 The Return of the Ahayu:da: Lessons for Repatriation from Zuni Pueblo and the Smithsonian Institution. *Current Anthropology* 34 (5): 523–567.
Messling, Guido
1995 Historismus als Rekonstruktion. Die Ägyptische Abteilung im Neuen Museum. In: Alexis Joachimedes et al.: *Museumsinszenierungen. Zur Geschichte der Institution des Kunstmuseums. Die Berliner Museumslandschaft 1830–1990*, 51–66. Dresden, Basel: Verlag der Kunst.
Michelson, Truman
1921 The Owl Sacred Pack of the Fox Indians. *Smithsonian Institution, Bureau of American Ethnology Bulletin* 72.
Möllhausen, Balduin
1999 *Reliquien. Erzählungen und Schilderungen aus dem westlichen Nordamerika. Zwei Bände.* Hildesheim: Georg Olms (Nachdruck der Ausgabe Berlin 1865).
Moratto, Michael J.
1984 *California Archaeology.* Orlando: Academic Press.
Müller, Ulrich
1993 Ein Hauch von Exotik in Preußen. In: *Die Seehandlung. Preußische Staatsbank. Handel – Verkehr – Industrie – Bankwesen*, 26–33. Berlin: Geheimes Staatsarchiv Preußischer Kulturbesitz.
Nelson, Edward W.
1899 The Eskimo About Bering Strait. *Bureau of American Ethnology Annual Report for 1896–1897,* Vol. 18, (1). Reprint New York 1971: Johnson Reprint Corporation.
Nevermann, Hans
1937 Fünfzig Jahre Berliner Museum für Völkerkunde. *Museumskunde* N.F. 9: 27–31.
O'Swald, J. C. H. Wilhelm
1917 *Bericht von J. C. H. W. O'Swald über die zweite Expedition um die Welt mit dem Königl. Preußischen Schiff »Prinzeß Louise« in den Jahren 1825 bis 1829.* Hamburg: Privatdruck.
Pardue, Diane F.
1996 Marketing Ethnography: The Fred Harvey Indian Department and George A. Dorsey. In: Weigle, Marta, und Barbara A. Babcock (Hgg.): *The Great Southwest of the Fred Harvey Company and the Santa Fe Railway*: 102–109. Phoenix: The Heard Museum
Paul, Lawrence, et al.
1995 *Lawrence Paul Yuxweluptun. Born to Live and Die on Your Colonialist Reservations.* Vancouver: Morris and Helen Belkin Art Gallery, University of British Columbia.
Peterson, Harold L.
1971 American Indian Tomahawks. *Contributions from the Museum of the American Indian,* Vol. 19. New York: Museum of the American Indian.
Pettit, Jan
1990 *Utes. The Mountain People.* (Revised Edition 1994). Boulder: Johnson Books.
Peyer, Bernd
1994 Wer hat Angst vor AIM? In: Wolfgang Lindig (Hg.): *Indianische Realität. Nordamerikanische Indianer in der Gegenwart*: 56–75. München: Deutscher Taschenbuch Verlag.
Phillips, Ruth B.
1998 *Trading Identities. The Souvenir in Native North American Art from the Northeast, 1700–1900.* Seattle: University of Washington Press.

Plessen, Marie-Louise, und Daniel Spoerri
1981 *Le Musée Sentimental de Prusse.* »Aus großer Zeit«. Eine Ausstellung der Berliner Festspiele GmbH. Berlin: Fröhlich und Kaufmann.
Powers, William K.
1988 The Indian Hobbyist Movement in North America. In: Wilcomb E. Washburn (Hg.): *Handbook of North American Indians, Vol. 4: History of Indian-White Relations,* 557–561. Washington: Smithsonian Institution.
Rockwell, Wilson
1956 *The Utes. A Forgotten People.* Denver: Sage Books.
Rousselot, Jean-Loup
1983 *Die Ausrüstung zur Seejagd der westlichen Eskimo, untersucht in ihrem kulturellen Kontext.* Münchner Beiträge zur Amerikanistik 11. Hohenschäftlarn: Klaus Renner.
Russell, Frank
1975 *The Pima Indians.* Re-edition with Introduction, Citation Sources, and Bibliography by Bernard L. Fontana. Tucson: The University of Arizona Press.
Sanner, Hans-Ulrich
1996 Karl von den Steinen in Oraibi, 1898. A Collection of Hopi Indian Photographs in Perspective. *Baessler-Archiv* N.F. 44: 243–293.
1999 Die Sammlung des Berliner Museums für Völkerkunde von Fotografien, Objekten und Tondokumenten der Hopi (1896–1906): Eine Rekonstruktion in ethnologischer und wissenschaftshistorischer Perspektive. Unveröffentlichtes Manuskript. Berlin.
Schaefer, Jack
1966 *Adolphe Francis Alphonse Bandelier.* Santa Fe: The Press of the Territorian.
Schindlbeck, Markus
1997 Die Südsee-Ausstellungen in Berlin. In: Gestern und heute – Traditionen in der Südsee. Festschrift zum 75. Geburtstag von Gerd Koch, *Baessler-Archiv* N.F. 45: 565–588.
Schlick, Mary Dodds
1994 *Columbia River Basketry. Gift of the Ancestors, Gift of the Earth.* Seattle und London: University of Washington Press.
Schmidt, Dorothea
1988 *Indianer als Heilsbringer. Ein neues Klischee in der deutschsprachigen Literatur?* Frankfurt a. M.: Brandes und Apsel.
Schoolcraft, Henry R.
1851–1857 *Historical and Statistical Information Respecting the History, Condition and Prospects of the Indian Tribes of the United States.* Sechs Bände. Philadelphia: J. P. Lippincott & Co.
Schulze-Thulin, Axel
1987 *Indianer der Prärien und Plains. Reisen und Sammlungen des Herzogs Paul von Württemberg (1822–24) und des Prinzen Maximilian zu Wied (1832–34) im Linden-Museum Stuttgart.* Stuttgart: Linden-Museum.
Schumacher, Paul
1876 Die Inselgruppe im Santa Barbara-Kanal in Kalifornien. *Aus Allen Welttheilen. Illustrirtes Familienblatt für Länder- und Völkerkunde* 7 (12): 353–355. Leipzig.
Seifert, Wolfgang
1998 *Patty Frank. Der Zirkus, die Indianer, das Karl-May-Museum. Auf den Spuren eines ungewöhnlichen Lebens.* Bamberg und Radebeul: Karl-May-Verlag.
Smith-Ferri, Sherrie
1996 »Hidden at the Heard«: The Harvey Company Pomo Collection. In: Weigle, Marta, und Barbara A. Babcock (Hgg.): *The Great Southwest of the Fred Harvey Company and the Santa Fe Railway*: 125–140. Phoenix: The Heard Museum.
Steensby, Hans Peder
1910 Contributions to the Ethnology and Anthropogeography of the Polar Eskimos. *Meddelelser om Grönland* 34 (7): 255–408.
Stresemann, Erwin
1954 Ferdinand Deppe's Travels in Mexico, 1824–1829. *The Condor. Journal of the Cooper Ornithological Society* 56: 86–92.
Stryd, Arnoud
1976 Prehistoric Mobile Art from the Mid-Fraser and Thompson River Areas. In: Roy L. Carlson (Hg.): *Indian Art Traditions of the Northwest Coast:* 167–182. Burnaby: Simon Fraser University Archaeology Press.
Sturtevant, William C.
1956 Osceola's Coats? *Florida Historical Quarterly* 34: 315–328.
Sydow, Eckart von
1923 *Die Kunst der Naturvölker und der Vorzeit.* Berlin: Propyläen.
Taylor, Colin F.
1994 *The Plains Indians. A Cultural and Historical View of the North American Plains Tribes of the Pre-Reservation Period.* London: Salamander Books.
1997 *Yupika. The Plains Indian Woman's Dress. An overview of historical developments and styles.* Wyk auf Foehr: Verlag für Amerikanistik.
Tedlock, Barbara
1992 *The Beautiful and the Dangerous. Encounters with the Zuni Indians.* New York: Viking Penguin.
Teit, James A.
1900 The Thompson Indians of British Columbia. Franz Boas (Hg.): *Memoirs of the American Museum of Natural History 2, Anthropology 1 (4): Publications of the Jesup North Pacific Expedition 1 (4).*
1906 The Lillooet Indians. Franz Boas (Hg.): *Memoirs of the American Museum of Natural History 4 (5): Publications of the Jesup North Pacific Expedition 2 (5).* Leiden und New York: E. J. Brill und G. E. Stechert & Co.
Teiwes, Helga
1996 *Hopi Basket Weaving. Artistry in Natural Fibers. With Photographs by the Author.* Tucson: The University of Arizona Press.
Thalbitzer, William
1914 Ethnographical Collections from East Greenland (Angmagsalik and Nualik) Made by G. Holm, G. Amdrup and J. Petersen and Described by W. Thalbitzer. The Ammasalik Eskimo, 1 (7). *Meddelelser om Grönland* 39: 319–755. Kopenhagen.
Theuerkauff, Christian
1981 Zur Geschichte der Brandenburgisch-Preußischen Kunstkammer bis gegen 1800. In: *Die Brandenburgisch-Preußische Kunstkammer,* 13–33. Berlin: Staatliche Museen Preußischer Kulturbesitz.
Thode-Arora, Hilke
1989 *Für fünfzig Pfennig um die Welt. Die Hagenbeckschen Völkerschauen.* Frankfurt und New York: Campus.
Thompson, Judy
1977 *The North American Indian Collection. A Catalogue.* Bern: Bernisches Historisches Museum.
Torrence, Gaylord
1994 *The American Indian Parfleche. A Tradition of Abstract Painting.* Seattle: University of Washington Press.
Turski, Birgit
1994 *Die Indianistikgruppen der DDR. Entwicklung – Probleme – Aussichten.* Idstein: Baum Publications.
Übersicht über die Amerikanischen Sammlungen des K. Museums für Völkerkunde.
1888 Zusammengestellt für die 7. Tagung des Internationalen Amerikanisten-Kongresses. Berlin: H. S. Hermann.
Vane, Sylvia Brakke und Lowell John Bean
1990 *California Indians: Primary Resources. A Guide to Manuscripts, Artifacts, Documents, Serials, Music and Illustrations.* Menlo Park: Ballena Press.
Viola, Herman J.
1968 Washington's First Museum: The Indian Office Collection of Thomas L. McKenney. *The Smithsonian Journal of History* III, 1–18.
Völger, Gisela
1976 *Indianer Nordamerikas, Zirkumpolare Völker.* Offenbach: Deutsches Ledermuseum.
Wade, Edwin L. und Lea S. McChesney
1981 *Historic Hopi Ceramics. The Thomas V. Keam Collection of the Peabody Museum of Archaeology and Ethnology, Harvard University.* Cambridge: Peabody Museum Press.
Warburg, Aby M.
1995 *Images from the Region of the Pueblo Indians of North America. Translated with an interpretive essay by Michael P. Steinberg.* Ithaca und London: Cornell University Press.
1996 *Schlangenritual. Ein Reisebericht.* Berlin: Klaus Wagenbach.
Washburn, Dorothy
1984 Dealers and Collectors of Indian Baskets at the Turn of the Century in California: Their Effect on the Ethnographic Sample. *Empirical Studies of the Arts* 2 (1): 51–74.
Washburn, Wilcomb E. (Hg.)
1988 *Handbook of North American Indians, Vol. 4: History of Indian-White Relations.* Washington: Smithsonian Institution.
Weigle, Marta, und Barbara A. Babcock (Hgg.)
1996 *The Great Southwest of the Fred Harvey Company and the Santa Fe Railway.* Phoenix: The Heard Museum.
Westphal-Hellbusch, Sigrid
1973 Zur Geschichte des Museums. In: 100 Jahre Museum für Völkerkunde Berlin, *Baessler-Archiv* N.F. 21: 1–99.
Weygold, Friederich
1903 Das Indianische Lederzelt im Königlichen Museum für Völkerkunde zu Berlin. *Globus* 83: 1–7.
Whipple, Amiel W.
1856 *Report of Explorations for a Railway Route, near the Thirty-Fifth Parallel of North Latitude, from the Mississippi River to the Pacific Ocean.* Washington: A. O. P. Nicholson.
Wied, Maximilian Prinz zu
1839–1841 *Reise in das Innere Nord-America in den Jahren 1832 bis 1834.* 2 Bde. Coblenz: J. Hoelscher.
Wild, Beate
1990 Die kriegsbedingte Verlagerung und Rückführung der Sammlungsbestände der ehemaligen Abteilung Amerika am Museum für Völkerkunde, Berlin. Unveröffentlichtes Manuskript. Berlin: Museum für Völkerkunde.
Wright, Barton
1979 *Hopi Material Culture. Artifacts Gathered by H. R. Voth in the Fred Harvey Collection.* Flagstaff: Northland Press.
Wright, Robin K.
1987 The Traveling Exhibition of Captain Samuel Hadlock, Jr.: Eskimos in Europe, 1822–1826. In: Christian F. Feest (Hg.): *Indians and Europe. An Interdisciplinary Collection of Essays,* 215–233. Aachen: Rader.
1998 Two Haida Artists from Yan: Will John Gwaytihl and Simeon Stilthda Please Step Apart? *American Indian Art Magazine* 23 (3): 42–57, 106–107.
Württemberg, Paul Wilhelm, Herzog von
o. J. *Ethnographische Sammlung. Gesammelt von Sr. königl. Hoheit Herzog Paul von Würtemberg.* [Auflistung von 307 Objekten, gedruckt vor 1867.]

Index

Achumawi 142
Adam, Leonhard 186
Ahtna 197
Aleuten 166, 215, 216
Algonkin 51, 191
American Indian Movement 20
Anasazi-Kultur 103, 124, 126, 129
Apache 13, 33, 104, 105, 113, 126, 129
Arapaho 88, 96, 100
Arikara 86
Arizona State Museum, Tucson 128
Arluk, George 214
Artist Hopid 230, 233
Assiniboin 60, 88, 93, 97
Athapasken 191
Atsina 78, 93
Awat'ovi 124

Baffinland-Eskimo 211, 213
Bandelier, Adolph 105, 106, 108, 109, 124, 129
Barrett, Samuel A. 142, 145
Bastian, Adolf 30, 31, 32, 33, 34, 35, 42, 52, 60, 90, 105, 106, 109, 113, 114, 134, 151, 152, 153, 162, 168, 170, 182, 183, 196, 218, 221
Bear Chief 99
Bella Bella 36, 170
Bella Coola 183, 185
Beuthner (Sammler) 105, 129
Biegert, Claus 20
Binnen-Salish 148, 153
Black Chicken 94
Blackfeet 39, 60, 64, 88, 90, 93, 94, 96, 97, 99, 101
Boas, Franz 34, 47, 62, 64, 92, 183, 185, 189, 210, 211, 212
Bodmer, Karl 18, 57, 73, 74, 78, 84
Böhm, Frau von 29, 88
Bolz, Peter 45
Bowers, Stephen 135
Brice, Pierre 13
British Museum 153
Buffalo Bill 15, 16, 18
Bullock, William 25, 163, 192
Burkert, Paul 211

Carpenter, Captain 170
Castaneda, Carlos 20
Catlin, George 14, 28, 42, 49, 74, 88
Cherokee 51, 55, 57
Cheyenne 72, 96, 99, 100
Chickasaw 51, 55
Chipeta 158
Chippewa 36, 57, 60
Chitimacha 62
Choctaw 51, 55, 62, 65
Cholamuch 153
Chumash 131, 134
Coast Salish 33, 180, 185, 231
Cochiti 107, 109, 126, 230
Cole, George L. 124, 126, 129
Cole, Jay C. 124
Colorow, Chief 157, 158
Comanche 11, 28, 39, 55, 96
Comer, Captain George 212
Cook, James 25, 163, 165, 188, 192
Cree 86, 97, 192, 194, 198, 199, 212
Creek 51, 55
Crow 84, 85, 86, 88, 90, 94, 100, 139, 159, 225
Cushing, Frank H. 109, 113, 122, 129

Da, Popovi 126
Dakota 60, 78, 83
David, Neil 230
Davis, Ann 101
Delaware 64, 68
Dengler, Hermann 17
Deppe, Ferdinand 27, 53, 132, 166, 188, 189
Dieck, J. (Sammler) 151, 152, 153, 155, 158, 159
Disselhoff, Hans Dietrich 42
Dorsey, George 138, 139, 150, 155
Drygalski, Erich von 209

Eber, Elk 17
Edenshaw, Albert Edward 174
Ehrenreich, Paul 115, 116, 122
Ende, Hermann 30
Engelmann, Georg J. 28, 62, 72, 105, 106, 194
Eskimo 26, 33, 40, 97, 180, 201, 203–221

Field Museum Chicago 122, 138, 150
Fienup-Riordan, Ann 219, 220, 221
Fischer, M. (Sammler) 126
Flathead 148
Fletcher, Alice C. 90
Flinsch, Alexander 99
Fonseca, Harry 227, 233
Forrer, Alphonse 149, 150, 155, 158, 159
Forster, Johann Reinhold 165, 194
Fox 62, 64
Frank, Patty 16, 17
Fred Harvey Company 94, 122, 124, 126, 138, 139, 155
Freuchen, Peter 210
Friedmann, Clara 126

Gabrielino 134
Garrick, Will 138
Gerlich, Konsul 107, 109
Gibson 109
Gros Ventres 78, 92, 93
Güttner, Vittorio 17

Haas, Richard 45
Hadlock, Samuel 26, 53, 194, 206, 211
Hagenbeck, Carl 33, 180, 209, 211
Haida 33, 36, 45, 53, 81, 166, 170, 174, 185, 189
Hantzsch, Bernhard 213
Hartje, Katrina 188, 189
Hartmann, Günther 45
Hartmann, Horst 36, 39, 42, 44, 45, 57, 65, 68, 83, 101, 122, 126, 128, 233
Harvey, Fred (siehe Fred Harvey Company)
Havasupai 103
Hebenstreit, Konsul 28, 54, 55, 68
Hegemann, Kapitän 209
Heiltsuk 170
Heimann, Albert 62
Heinemann, H. E. (Sammler) 214
Hemenway-Expedition 129
Henry, Jean 24, 26
Herrera, Joe 230
Hidatsa 74, 78, 86, 90
Hiersemann, Karl 210
Hinner, Paul 149
Historisches Museum Bern 149
Hoffman, Walter J. 62, 90
Hohokam 103, 104
Höpfner, Gerd 45, 47
Hopi 103, 104, 113, 114, 115, 122, 124, 126, 128, 129, 223, 230
Hopi-Tewa 129
Huckel, J. F. 139
Humboldt, Alexander von 28, 80, 88
Hunt, Calvin 188
Hunt, George 174
Hunt, Robert 174
Hupa 131, 139
Huronen 53, 57, 64
Iglulik 212
Ingalik 196, 197, 201
Ingram, Jerry 233
Inupiaq 203, 205, 218
Irokesen 51, 53, 56, 62, 64, 68, 227
Iron Shell, Burnette 101

Jacobsen, Fillip 185
Jacobsen, Johan Adrian 33, 34, 36, 45, 47, 64, 113, 124, 129, 149, 152, 153, 162, 168, 170, 174, 176, 180, 182, 183, 185, 188, 189, 196, 197, 201, 205, 209, 213, 216, 218, 219, 220
John, Paul 221
Jones, William 62
Joseph, Chief 148
Jost, Dr. 64

Kabotie, Fred 230
Kabotie, Michael 230
Kaemlein, Wilma 128
Kall, Konsul 206
Karibu-Eskimo 212
Kasten, Erich 44, 186, 189
Kawaika'a 124
Keam, Thomas 116, 122, 124, 129
Kiowa 11, 88, 96
Klamath 149, 150, 155
Klikitat 155
Klostermann, Paul 48, 99
Köhler, Friedrich 28, 30, 45, 48, 57, 69, 79, 80, 81, 84, 88, 194
König, Herbert 213
Kontschnitt, Konsul 62
Krause, Arthur 170, 183
Krause, Aurel 170, 183
Krickeberg, Walter 34, 35, 39, 42, 53, 57, 64, 85, 86, 99, 145
Kroeber, Alfred L. 142, 143
Kupfer-Eskimo 212, 213
Kutchin 196
Kwakiutl 33, 168, 174, 180, 183, 185, 186, 188, 189, 213
Kwikpakmiut 196

La Flesche, Francis 91, 92
Labrador-Eskimo 211, 212, 213
Lachpitzi-Sihrisch 78
Lakota 72, 83, 92, 94, 99
Landsberg, Frederick 185
LaPena, Frank 227, 233
Ledebur, Leopold Freiherr von 26, 28, 29, 30, 55, 60, 90
Leden, Christian 97, 99, 198, 199, 201, 210, 212
Lenders, E. W. 39, 64, 94, 99, 126
Lichtenstein, Heinrich 25, 163
Lillooet 155
Lomakema, Milland 230
Longfish, George 227, 233
Lüders, H. (Sammler) 157
Luiseno 224
Luschan, Felix von 183

MacKenzie, Alexander 174
Maidu 131, 139, 227
Malecite 64
Malotki, Ekkehart 126, 128, 233
Mandan 74, 78, 86
Mandeh-Pahchu 74
Maricopa 113
Martinez, Maria 105, 126
Mato-Tope 74, 86, 88
May, Karl 10, 11, 12, 13, 14, 15, 16, 17
May, Klara 16
McKenney, Thomas L. 28, 53, 54, 72
Meade, Marie 220
Menominee 62, 64

Mentor (Schiff) 23, 27, 165
Métis 85, 191, 194, 195
Michelson, Truman 64
Micmac 64
Missionsindianer 139
Mississippi-Kultur 68
Mogollon-Kultur 103
Mohave 103, 105
Möllhausen, Balduin 10, 14, 42, 49, 94, 105, 158
Monache 139
Montagnais 199, 203
Montoya, Juan 108
Mooney, James 84
Morrisseau, Norval 228, 233

Naha, Nona 129
Nampeyo 105, 122
Naskapi 194, 199
Nassau-Siegen, Johann Moritz von 25
Nationalmuseum Kopenhagen 206, 210, 212
Navajo 104, 105, 122, 126, 129, 157, 229
Nelson, Edward W. 218
Netsilik 212
Nez Percé 148, 155, 159
Nootka 33, 64, 163, 176, 186, 213
Nootka Sound 25, 27, 163, 166, 176, 192

O'odham (Pima und Papago) 103, 113, 129
O'Swald, Wilhelm 166
Oglala-Sioux 11, 93, 100
Ojibwa 56, 57, 62, 228
Old Shatterhand 11, 14
Olfers, Ignaz Maria von 28, 80, 215
Omaha 84, 91, 92
Onondaga 62
Oraibi 115, 116, 122
Osage 99
Osceola 28, 57
Oto 88
Ottawa 64
Ouray 158

Paiute 148, 158
Palmer, E. (Sammler) 134
Papago 33, 104
Paul, Bruno 37
Paul, Lawrence 231, 233
Pawnee 92, 96
Peary, Robert 210
Pehriska-Ruhpa 74, 78, 84
Penobscot 64
Petersen, Johan 210
Petka 219
Piegan-Blackfeet 78, 99
Pima 33, 113
Polar-Eskimo 210
Polelonema, Otis 230
Pomo 131, 134, 139, 142
Potawatomi 88, 90
Preuss, Konrad Theodor 34, 35, 39, 142, 143, 149, 210, 212
Preußen, Prinz Carl von 206
Priklowski, Jakutsk 197, 201
Princess Louise (Schiff) 23, 27, 166, 215
Pueblo-Indianer 33, 103, 104, 105, 106, 107, 109, 113, 124, 126, 128, 129
Purpus (Sammler) 152

Rasmussen, Knud 210
Ratzel, Friedrich 152
Red Star, Kevin 225, 233
Renner, Egon 68
Roenne, Friedrich Ludwig von 27, 53, 54, 72, 80, 215
Röver, Frederick 28, 85, 86, 194
Running Antelope 90

Sammlung für Völkerkunde Göttingen 149
San Ildefonso 126, 223
Sanner, Hans-Ulrich 129
Sarrasani (Zirkus) 15
Sauk 56
Schmidt, Max 34, 38
Scholder, Fritz 224, 225, 233
Schönig, von 196, 201
Schulze, Paul 168, 170, 189
Schumacher, Paul 135
Schweizer, Hermann 139
Seattle (Häuptling) 21
Seler, Eduard 34, 90, 122, 124, 126, 138, 142, 143, 210, 212
Seminole 51, 57, 69
Serzisko, Franz 99
Shongopavi 122, 124
Shoshone 148, 157, 158
Sierra Miwok 134
Sioux 11, 13, 17, 39, 57, 60, 74, 80, 88, 90, 93, 94, 96, 99
Smith, De Cost 62
Smithsonian Institution 60, 134, 135, 211, 218
Sommer, C. H. 28, 206
Speck, Frank G. 199, 201
Speyer, Arthur 68, 78, 100, 126, 192, 197, 199, 201
Steinen, Karl von den 34, 62, 92, 115, 116, 122, 138, 139, 185, 189
Stilta (Haida-Häuptling) 174
Stoch-Sarrasani, Hans 16
Stolper Galleries 68, 99, 186
Stumpf, Carl 91

Talaswaima, Terrance 230
Tanaina 196, 197, 201
Teit, James 153, 155
Thompson-Indianer 153, 154, 155
Thomsen (Sammler) 206
Thule-Kultur 203
Tlingit 170, 183, 185, 186, 189
Tsimshian 174, 185, 186
Turner, L. M. (Sammler) 211
Tuskarora 56
Two-Two, Edward 16

Uhde, Carl 29, 134
Umlauff, J. F. G. 96, 185, 197, 199
Uncompagreeh 157
Ute 11, 148, 157

Vander Horck, Alexander 90
Virchow, Rudolf 30, 90, 153, 183
Voth, Heinrich 115, 116, 122, 124

Walapai 103, 105
Walpi 115, 116
Warburg, Aby 114, 115
Wasco 155
Waterman, T. T 142
Wetherill, Richard 126
Weygold, Frederick 83
Whipple, A. M. 105
Whymper, Edward 210
Wied, Maximilian Prinz zu 15, 28, 29, 42, 45, 48, 56, 64, 73, 74, 78, 79, 101, 128, 211
Wilcomb, Charles P. 143, 155, 185
Winnebago 64
Winnetou 10, 11, 12, 13, 14
Wintun 142
Wissler, Clark 92, 93
Wodziwob 148
Woldt, Adrian 33, 170
Wolf, Eugène Armin 157, 158
Wovoka 148
Württemberg, Herzog Paul von 8, 29, 39, 57, 60, 88, 90, 157
Wyman, Walter C. 64, 94

Yavapai 103
Yokuts 139
Yuman 33, 103, 113, 129, 131
Yup'ik 196, 203, 205, 218, 220, 221
Yurok 131

Zuni 105, 109, 113, 124, 126, 129